自然法

── 聾児の言語指導法 ──

NATURAL LANGUAGE FOR DEAF CHILDREN

ミルドレッド・A・グロート 著

岡 辰夫 訳
齋藤佐和 監修

NATURAL LAMGUAGE FOR DEAF CHILDREN

by

MILDRED A. GROHT, D. Ped.
Academic Principal, Lexington School for the Deaf
New York City

With a Foreword by

CLARECE D. O'CONNOR, M, A. , L. H. D,
Superintendent, Lexington Scool for the Deaf

ALEXANDER GRAHAM BELL, ASSOCIATION FOR THE DEAF, INC.

「知恵が進み、背丈も大きくなり、
神と人に愛されて」成長するであろう
あらゆる所に住む聾児に愛と希望をこめて贈る。

ルカ伝 2 章 52 節

目　次

監修者まえがき……………………………………………………　6
訳者まえがき………………………………………………………　14

序　言………………………………………………………………　18
序　文………………………………………………………………　20
謝　辞………………………………………………………………　22

序　章………………………………………………………………　24
第Ⅰ章　幼児と言語………………………………………………　33
第Ⅱ章　成長のとき………………………………………………　47
第Ⅲ章　知ることへの育ち………………………………………　65
第Ⅳ章　行動によって学ぶ………………………………………　89

第Ⅴ章	新しい世界の探求	119
第Ⅵ章	自己表現の型の確立	147
第Ⅶ章	想像力は表現を豊かにする	175
第Ⅷ章	自立への成長	209
第Ⅸ章	表現の自由	267
第Ⅹ章	広がる地平線	297
第Ⅺ章	自分自身で	315
第Ⅻ章	意志あるところに道あり	339

原著者による脚注……………………………………………366

参考文献……………………………………………………368

各章冒頭引用文の監修者注………………………………369

監修者まえがき ── 出版までの長い道のりと本書の意義 ──

　本訳書の原著は、アレキサンダー・グラハム・ベル協会から1958年に刊行されたグロート（Mildred A. Groht）著「Natural Language for Deaf Children」である。筑波大学附属聾学校に長年勤務された岡辰夫先生は、訳者まえがきで初版を1978年にガリ版刷りで訳出、その後第8版を参照して修正、1989年にワープロ版として完成したと述べておられる。岡先生は1989年3月に定年退職され、A4版155頁におよぶワープロ打ちのコピーは同校幼稚部教員など複数の聾学校教員に託して残された。この時点で岡先生は筆者を監修者に指名されていたのであるが、筆者が実際にその監修に手をつけることになったのは、25年以上の時を経て2015年になってからである。筆者の退職の時を待って、岡先生の同僚であり後輩であった藤浪武都子先生が長年保管してこられた本訳書コピーを送ってくださった。監修者序の頁のみが空白で残っているのを見たとき、過ぎ去った時間の長さに胸がつまり、せめて岡先生が2013年に逝去される前にお会いして、監修の責任を果たして出版したいとお伝えすべきだったという悔いは大きい。

　出版に至るまでには幾つかの関門があった。岡先生のご遺族への連絡、翻訳対象の原書版本の特定、残されたコピーからのテキストファイル化などである。ご遺族からは快く出版への理解とお許しが得られた。初版本は附属聾学校（現筑波大学附属聴覚特別支援学校）図書室にあり、岡先生が修正のために使ったと書かれた第8版については都築繁幸教授（前愛知教育大学）からコピーをいただき、その後古書としても入手できた。比較対照の結果、第8版は実は第8刷（printing）であり、1958年刊初版と異同はないことが確認された。このため今回の監修に当たっては、岡先生の翻訳を初版本と対応して監修した。

古いコピーからの電子ファイル化は藤浪先生、出版作業はジアース教育新社が積極的に引き受けてくだった。また筑波大学附属聴覚特別支援学校は 2016 年秋に第 50 回全日本聾教育研究大会開催を控えており、本訳書をその記念出版の一つとして位置づけていただくことになり、出版への大きな追い風になった。この他にも多くの方々のお知恵や労力をお借りして、本訳書の完成にこぎ着けることができた。お力添えいただいた全ての方々に深く感謝申し上げたい。

　原著は、米国レキシントン聾学校口話法時代の指導的教師であり、執筆当時 Academic Principal（研究主任）であったグロートが聾学校教師や教師志望者を対象に執筆したものである。初版以来 60 年近い年が経ち、その間の聴覚障害児教育を巡る様々の変化は国際的にも国内的にも非常に大きい。教育方法上の変化にとどまらず、聴覚障害教育、さらには障害のある子どもの教育の基本にある哲学も、1975 年の国連「障害者の権利宣言」の頃から大きな変革期に入った。障害概念は個人の中に障害を見る「医学モデル」から、物理的・社会的障壁が個人の活動や参加を制限すると見る「社会モデル」へと変わり、また障害のある人自身の自己決定の尊重も重視されるようになった。日本では 2007 年 4 月、長年続いた盲・聾・養護学校を中心とする特殊教育制度から特別支援教育制度へと転換された。さらに 2006 年に国連採択「障害者の権利に関する条約」の批准に向けて 2013 年 6 月「障害者差別解消法」が公布され、2016 年 4 月に施行となった。同法には半世紀にわたる障害に関わる社会の考え方の変化が法律として表れていると言えよう。法律は枠組みであり、内実を作るのはこれからの課題であると言える。

聾教育においては、この半世紀の間に、一方で乳幼児聴覚検査法の開発と補聴器や人工内耳の発展に伴う聴覚補償可能性の増大、他方で国際的、国内的な潮流としての手話の復権が大きな変革要因として経験され、厳しくも活性化した議論が展開されてきた。

　早期発見は今や新生児期にまで及んで、結果として０歳代からの療育・教育が可能になった。補聴器の小型化、高出力化、多様化や人工内耳の普及により、聴覚補償の利益は確実に実感されている。しかし、そのことがかえって聴覚障害児の指導に関わる専門性を希薄化し、その共有や継承の困難性を招いたと指摘されるようになった。

　手話の復権は手話の言語としての認知と平行するもので、手話通訳制度等、情報保障のための制度整備が進められてきた。また映像技術の発展に伴なって記録、再生、遠隔コミュニケーションが可能になったことが、手話の普及、発展を後押ししてきた。手話の復権によって聴覚口話法も大きな影響を受けたが、この経験は聾教育に携わる教師に、聾者にとっての視覚的情報、とくに手話の意味の大きさを再確認させるものであった。世紀の変わり目を挟んで、コミュニケーション手段や言語の違いが聾教育の場に対立的な議論に引き起こすこともあったが、この議論が緊張を生んできた結果、私達の教育に対する思考は多様化しつつ深まり、教育の段階で本当に必要なことに向けて折り合いが求められてきている考えられる。現在までに、手段の併用や選択的活用、当事者の意思の尊重と個別的対応の重要性、社会の中での聾学校（聴覚特別支援学校）の役割など、私達が学んできたものは多い。ただ聴覚に障害のある子どもにとって日本語の習得に一定の困難や制約が伴う現実はまだ解消されているとは言えない。

　聴覚活用の可能性の増大、手話の復権という大きな変化の時を受けて、聴覚活用を味方に付け、視覚を十分活用して、年齢段階に応じて

日本語習得を円滑に進めるにはどうしたらよいか、私達には聾教育の役割の一つである言語指導の専門性を再整理することが改めて求められている。グロートの原書は、そのための考え方の一つを示すものとして、口話法という時代的制約を含みつつも、英語の教育および日本語の教育に、今も多くの示唆を与えてくれるものと思われる。

レキシントン聾学校は1867年に口話法の学校として開校されたことで知られている。20世紀末の大きな変革期を経て、現在は同校のホームページのよれば、トータル・コミュニケーション体制で、聴覚活用もバイリンガル教育も含み、重複教育にも力を入れるニューヨーク州の支援を受ける大規模聾学校である。グロートがレキシントン聾学校で活躍したのは、聴覚活用もまだ限定的で、早期教育もやっと3、4歳開始という時代であった。現在から見れば大きな制約がある時代に、彼女はレキシントン聾学校での教育経験を通じて、聾児に対し、教師が創意工夫して年齢に添って適切な関わりを確実に続けていけば、聞こえる子ども達が身近の人とのコミュニケーションを通じて自然に身につけるのと同じように英語を習得し、自分のことばとして使いこなすようになるのだと、強く主張している。分析的指導法に基づくドリルより、適切な活動を用意して子どもの必要に即して言語使用を誘い、促すことが言語指導の基本だということを繰り返し述べており、Natural Language for Deaf Childrenとは、そのことを指している。しかも、それは幼児期にとどまるものでなく16-17歳の最終学年に至るいろいろな段階を通して展開されるもので、現在私達が小学部以上では国語科指導あるいは自立活動（言語）で指導していることと数多く重なっている。言ってみれば、私たちに馴染みの生活言語から学習言語へという言語習得支援のあり方を息長く追っているのである。子

どもの成長に添って子ども自身が使える英語を広げ深めていくという筋が一本通っていると言えよう。

　話し言葉と書き言葉は徐々に混じり合い、後半は書くこと（作文）の様々な教材例や授業実践例も登場し、小学校以降の学習言語獲得・拡充への教育的ヒントが数多く提供されている。口話法時代の著作ではあるが、コミュニケーション手段が一つであれ複数であれ、教師と子どもの間に語り合いたい内容が通じ合っていれば、それを教育目標言語でより適切な表現にしていく言語指導の「もう一歩」へのヒントを見いだすことが可能である。英語と日本語の違いもあり、日本語指導への直接の手がかりは得られないが、活き活きと再現される授業記録を読みながら「私だったら、どうしよう。あの子達だったら、どう展開しよう。」と教師としての心を揺さぶり、考えさせてくれる。岡先生は訳者まえがきにおいて、グロートの時代以降の聴覚活用教育の進歩があってこそ自然法の素晴らしさは発揮されると述べておられるが、岡先生の頃よりさらに早期教育も聴覚活用もコミュニケーション手段の考え方も進展した今、実際的で有効なヒントを数多く読み取ることができると思われる。

　最終の12章で、グロートは、子どもの生活とは関係のないテキストやドリル中心で展開されていた当時のレキシントン聾学校の分析的言語指導法を、全学年にわたって自然法へと移行していった経緯を述べている。現在では古典的な分析法（構成法）が対立軸として明確でないため、かえって自然法は指導法としての姿が見えにくいが、本書は改めてその原点に戻らせてくれる。また筆者も含めて、自然法は幼稚部を中心とする生活言語習得段階のものという思い込みもあったと思われるが、グロートは英語の基礎が出来てきた子ども達の力を引き続

き育てるため、思春期以降も場面や話題に応じた使用語彙・表現の拡充や精緻化、適切な選択などの実践例を紹介している。さらに新しく学んだ言葉を日常生活の中で使いこなすことの重要性について繰り返し言及している。子ども達が、より広い世界に向けて自分自身で旅立つまで、言語指導は、ひとりひとりの発達に応じて息長く続けていく道程であることを、グロートは信念をもって伝えているのである。

　長いまえがきの終わりに、岡先生の原訳監修にあたり心がけたことを以下に記したい。

〇訳語や表現は、岡先生の時代からの変化を考慮して、現在の読者にできるだけわかりやすくということを心がけ、必要と思われるところは変更した。訳における誤りは監修者の責任に帰すものである。結果的に岡先生らしい言い回しや漢字表記が反映できなかったところも多いが、お許しいただけるのではないだろうか。岡先生らしい文体は訳者まえがきで味わっていただければと思う。なお、訳者まえがきには今日では差別的とみられる表現も含まれているが、歴史的に使われていた事実に基づくものであり、その表現のままとした。
〇 laguage は頻繁に使われている語であるが、より抽象的な言語発達、言語指導などを指す場合は言語とし、子ども達が習得していく具体的なものを指していると思われるところは言葉とした。また speech は多くの場合、話し言葉としたが、発音指導に関わると思われる箇所では発音とするなど、文脈に即して適宜訳語を選んでいることをお断りしたい。
　なお、岡先生は訳者まえがきでグロートが発音指導にはあまり重きを置いていないことに疑問を呈しておられるが、岡先生は発音指

導の大家でもあったため、当然の疑問だったと思われる。米国ではlanguageとspeechは概念上の区分がはっきりしていて、グロートはlanguage指導の専門家であったことが、見解の違いの一要因であると思われる。

〇原著は各章とも段落が繋がる形の展開である。訳文では読みやすさを考慮して、内容のまとまりごとに1行空きを入れた。また何枚か掲載されていた授業場面の写真は、肖像権に配慮して割愛した。

〇内容の理解に原文の英語表現が必要と思われるところは、岡先生の方針通りに英文を残すか併記した。また原文がイタリック体の語や表現は、訳語もイタリック体とした。

〇詩文などの短い引用が各章の冒頭を飾っている。翻訳書の存在するものは引用し、それ以外は英語版Wikipediaなどを参照の上、短い説明を参考図書のあとに、章別にまとめて付した。

〇アメリカ合衆国の大学を除く学校制度は、日本のように全国一律に示すことが難しいが、一般的には概ね5-6歳に始まる就学前（原書ではPreschool）1年と小学校段階（Elementary School、一部をPrimary schoolと言う場合もある）5年または6年、中学校段階（Middle School）3年または2年、高校段階相当（High School、原書ではUpper School）4年である。それ以前の幼稚園段階をグロートはナースリースクール（Nursery School）と記している。日本とは違いがあるところから、原語をカナ表記するか原語に近い形で訳した。各章には対象年齢の記述が含まれているので手がかりになると思われる。当時のレキシントン聾学校は3、4歳でナースリースクールに入る子もいれば、5歳、あるいはそれ以降の編入もあったことが記述から窺える。

　岡先生は「自然法による指導の伝統と実際」と題して、聾児の言語

指導法が構成法から自然法へ変わってきた経緯を研究的にまとめておられる（1989年『重度聴覚障害児の教育』聾教育研究会）。また言語指導とともに発音指導を深く極められ、実践的指導書『たのしいはつおんきょうしつ』（1990年コレール社）を残されている。そして川崎聾学校での教員向け談話をまとめた『土曜の午後のろう教育』（1995）において、戦前戦後を通じて厳しい社会の中で生きてこられた聾者である御両親のことを愛情深く回想しておられる。岡先生にとって手話はまさに母なる言葉であった。御両親の時代にはなかった聴覚活用に新たな可能性を見出し、発音指導にも連動させて熱心に取り組まれていた。岡先生のおかげで筆者も長い聾教育との関わりの終盤で、グロート原書を読み通す経験を得ることができた。若い頃に読んでいたとしたら、変革の時代を経験した現在の理解とは明らかに違って一面的なものであっただろうと思う。今になって読めたことをむしろ幸せであると感じている。改めて、この仕事を残してくださった岡先生、翻訳の作業に協力されたご家族と当時の筑波大学附属聾学校幼稚部の先生方に深い感謝の気持ちと敬意を表したい。

齋藤佐和　2016年5月

訳者まえがき

　本書は、ちょうど 10 年前の 1978 年に訳されたものであり、ガリ版刷で筑波大学附属聾学校幼稚部の先生方に何かの参考にと配付したものである。筆者が初めて英語に接した中学校時代は、当時、大東亜戦争と呼ばれていた第二次世界大戦の 1943 年から 1947 年であり、英語は敵性言語（？）として排斥されていた時代であった。生来からの怠けものの筆者は、これ幸いと専ら英語は避けて通ったために聾教育に入るようになってからの苦しみは一様なものではなかった。しかも、当時の校長萩原浅五郎先生の方針もあって、technical term は無論のこと、日常の単語すらさえもが英語という有様で、「candle に fire して breath する」とか「gymnastics は ramping room で—」といった会話は日常茶飯事で、附属聾学校に転任したばかりの田舎教師には、到底、追い付けるものではなく、徒らに焦燥の念に駆られるばかりであった。そこで、せめて読むことだけでもと、当時、聾教育で最も基本とされていた「Straight Language for the Deaf」を翻訳したのが、筆者のまともに英語に立ち向かった最初であった。これを手始めとして、おぼつかないながら、雑誌や図書のいくつかを読むことをはじめ、米国の聾教育の片鱗を知ることができるようになった。1960 年ごろから附属聾学校では Straight Language for the Deaf の基本的考え方である「構成法」から「自然法」への脱却が始まったが、蒙昧な筆者は理念としては理解したとしても、具体的な指導では構成法の良さを信じ、構成法を主体とした指導を考え、筑波大学国府台研究室に居られた星龍雄教授と屢々、論争をしたものであった。しかし、聴覚補償の教育が進むにつれて、次第に、構成法の具体的成果に疑問を持つようになった。その折、たまたま、本書を見出し、訳出して自然法についての実

際と方法を知ることができ、これが筆者をして全面的に自然法に傾けさせ自然法についての実際となったのである。

　現在、我々の聾教育においては、聴覚活用の教育は必須であり、発音・発語指導を行なうことは充分可能であるということが実証されている。原著は、1958年に初版が発行されており、当時の聾教育では当然であったのであろうが、聴覚活用に関することは殆ど述べられていない。また、若干、奇異に感じられるのであるが、米国の聾教育の歴史がそうさせるのであろうか、発音・発語指導については、「ここで付け加えることは、これらの表現が発音指導の対象とはならないことである。プレスクールの子供たちの発音は、まず近似したものが与えられるだけで良いのである。」（第Ⅲ章）また、「幼い子供というものは、とにかく、喋りたいという願望をもっており、そして、考えたことを表現できるとしたら、彼等の発音が何だというのだろうか。幼児の時代に発音を正しくすることを教師が期待することは、殆どできない問題であり、子供のお喋りに正しい発音ということは一例もないであろう。」（第Ⅲ章）と述べて、これを取り上げていない。

　しかし、我々の附属聾学校では、既にこの発音を幼児の時代から取り上げて成功し、かつ、この発音指導によって得られる子供たちの音韻表象なしには、彼等の言語はいつまでも曖昧な、不明白な概念しか作り上げられないということを知っている。しかし、この故に、原著が時代遅れで、現代に役立たないとは決して考えられない。ここに述べられている言語指導法は、そのまま今日の聾教育に適用できるものであり、特に、自然に指導すればよいとする誤った考え方に厳しく批判しており、また、聴覚障害児に対する言語の重要さ、言語素材に対する考え方といったものについては、今日、なお、充分考えさせられる内容を示唆しており、今日のともすると安易に流れがちになる聾教

育に対して厳しい警鐘を鳴らすものと考えるのである。

　自然法は、決して、健聴児と同じように指導すれば良いというものではないということを原著は繰り返し述べている。近年、時折健聴児と同じように指導すれば良いかのような説を聞くことがあるが、もし、そのように指導すれば、自然は聾児を「唖でつんぼ」にしてしまうのである。また、自然法は「語彙・文型」を軽視しているかの理解も見受けられるが決してそうではなく、原著者が現在完了形や、have動詞、be動詞の用法について如何に重視しているか、STRAIGHT LANGUAGE FOR THE DEAF の Vocabulary building などから如何に多くの知識を伝承しているかについて知ることができる。（第Ⅷ章）

　原著書の初版が発刊されたのは、1958年であるが、もし、Augiology がこの頃のままであったなら、自然法の教育は、ここまでの進歩は遂げられなかったであろう。今日の自然法があるのは、聴覚活用教育、もしくは、聴覚補償教育が進歩したからであるということも見逃すことはできない。読話は、聴覚障害者（児）に欠くことのできない言語獲得法であるが、晦渋で不明白な点も見逃し得ない。これに、ほんの僅かでも聴覚的な情報が得られることで言語理解は極めて大きなものとなり、明白なものとなるようである。自然法を採択するにあたっては、このことを見逃すことはできず、これがあって、はじめて、自然法の素晴らしさが発揮されるのだと考えるのである。

　本書は、最初のガリ版刷りのものが原著の1958年度版によって訳され、原著1977年度版（第8版）によって修正されたものである。原著は、既に8版が発刊され、米国の聾教育教員養成諸機関での必修必読の図書とされていると聞く。もとより浅学非才の身、不適切な訳あり、

誤訳ありすると思われるが、その点は御容赦頂き、本書が述べようとしている大要を掴んで頂けるようお願いしたいものである。

　原著は当然のことながら、英語について述べてある。従って、日本語の構文とは無縁のことが多く書かれているが、英語の具体的な文構造ということよりも、文構造に対する考え方、取り組み方を知る上では参考になる点が多いと考えられる。そこで、文構造の理解と指導という点で必要と思われる箇所ではできるだけ原文を併記することとした。その際、文法が主体となると思われるものについては英文を、内容が問題になると思われるものについては和文を先に書くことを原則とした。その場合、子供の年齢水準などを考慮してかなり極端な意訳をしてある場合もある。なお、第XI章後半以下は、内容が主体となっていると考えられたので、英文の併記は省略した。

　最後に、本書を再読して書き換え、訂正を加えるなどして下さった日高雄之、庄司和史、関根秀子、板橋初恵の諸子の労を謝し、加えて、瞬かい援助の手を差し伸べて下さり、監修の労をとって下さった筑波大学　齋藤佐和助教授に深く感謝するものである。

　　　　　　　　　　　　　　　　　　岡　辰夫　1989年　1月

序　言

　仲間とコミュニケートする人間の能力は、動物と人間を分かつところの偉大なスキルである。耳の聞こえる我々大多数の人間が苦もなく手にする、この言語という何物にも替え難い贈り物は、幸福で有益な生活に必要な教育上、職業上、社会生活上の成功や市民としての資格を得るための鍵であり、アリババの「開けゴマ」に等しいものである。これなくしては、我々は、この地球上で自己の運命を決定する能力を持たないままに動き回る動物に過ぎないものになるであろう。

　何世紀もの間、聾として生まれた子どもはどんな言語的スキルも発達させることはできないと考えられ、このため教育を受けることはできないと信じられてきた。その結果、彼等は社会的な権利も責任も付与されないのが慣習となる状況にあり、多くの場合、優しくはあっても、どうすることもできず、希望も見いだせない聾児の両親によって、世間の目からは覆い隠されてきたのである。

　過去数世紀の間に、聾者は捨て置かれた状況から徐々に解放されて、今日では第一級の市民権レベルの獲得も可能となった。この解放の主要因は、言うまでもなく言語であり、これが知識、理解そして自己実現への扉を開く魔法の鍵となったのである。

　わが国では、前世紀あるいはさらに以前から、多くの有能な人々が、聾児にできるだけ普通のコミュニケーションスキルの習得を確実にするような多くのアイディアと技法を生み出してきた。これらの貴重な貢献の中には、言語を教える、いわゆる「システム」が多く含まれていた。各システムは、聾児の言語能力の有効な発達のために、若干は役立ち、また現在もある状況下では役立っている。しかし、それぞれのシステムは、その形式主義的な本質によって、耳の聞こえる兄弟姉

妹とは異なった方法でコミュニケーション能力を伸ばさざるを得ず、この制限の重みはいかんともし難く、また長い時間を要するため、聾児のことばの流暢性は、必然的に耳の聞こえる兄弟とほぼ同等であったり近似であったりすることはできないのである。

　この本の著者であるグロート Groht 博士は、米国の聾に関する、特にコミュニケーション部門の分野で傑出した教師の一人である。グロート博士は、「自然法（Natural Method）」として知られてきた方法を通じて、聾児も耳の聞こえる子どもに匹敵する英語の円滑な使用ができるという原理を絶えず説明してきたし、また彼女自身の聾児に対する熟練した指導および教師指導を通じて、この方法は問題なく実行に移せるのだということを証明してきた。彼女の著作、デモンストレーション、講義を通して、そして今この素晴らしい著作の各章を通して、彼女はこの特別な分野での豊富な経験から得た恵みを彼女と共に働く人々に惜しげもなく分け与えているのである。

　グロート博士と27年間レキシントン聾学校で共に過ごしてきたことは、私にとって大いなる特典であった。私は人間としての彼女に深い愛着を感じ、また教師としての彼女に無限の敬意を払っている。私は誇りと確信をもって、この著作を全ての聾教育者に推薦したい。

レキシントン聾学校長
クラレンス・D.・オコーナー
Clarence D. O'Connor

序　文

　この序文では、本書が聾教育の指導書でも、言語についての概論あるいは聾学校の言語学習のカリキュラムラムでもないということを、主として述べたいと思う。本書は、言語について、そしてどのようにしたら聾児が彼らの生活全般において言語能力を高められるかについて書いた本である。

　私の意図は、読者に言語のもつ価値と重要性についての洞察を提供すること、また日常生活のコミュニケーション媒体としての言語の深い理解を通して、聾児のためにより良い言語指導の方法と意味を見つけ出し、聾児にとって自然な言語の発達と使用について提案することにある。

　この本は、耳の聞こえる人がコミュニケーション、思考、話し合い、推理のため、時にはもっぱら楽しみのために用いている言語運用能力を、聾の生徒にもより良く確かな方法で与えたいと熱望している多くの教師の強い願いに応えて書かれたものである。この期待し期待されるアプローチは、多くの場合は望み薄であった。というのは、現在入手可能な聾児のためのワークブックとか、テキストブックといったものは、分析的なドリルと練習から成り立っているからである。その結果として、非常に多くの聾者や聾児は、型にはまったオウム返しのような、また制限された言語―自発性のない、不自然な、あるいは自分らしくない言語―の使用を余儀なくされてきたのである。心ではなく記憶能力を発達させるような言語指導システムでは、学習者が身を置くそれぞれの場面や状況において、彼に最も必要な言葉を使用する力

には到達することはできないことだろう。

　この本で私が望むのは、聾児と共に学習し、彼らに最大限の知識と言語力を与えようと願っている全ての教師の願望と必要を満たすことである。この本を使うことで、聾児たちは、耳の聞こえる人々とともに住む世界―コミュニケートする能力が最高に求められる世界―において、幸福で調和のとれた、そして充足した生活を送る機会を得ることができることだろう。

ミルドレッド・A・グロート

謝　　辞

　以下の方々に、心からの深い感謝の気持を表します。

　本書の刊行に当たって支援して下さり勇気付けて下さったアレキサンダー・グラハム・ベル聾協会理事会、そしてレキシントン聾学校理事会の方々に。

　クラレンス・オコーナー博士（Clarence D. O'Connor）には、変わることなく関心と理解と支援を示してくださったことに対して、また、ご一緒に働いた経験が私にもたらしたすべてのことに対して。博士は聾児に対する言語指導に関し、自然法（natural method）の基礎となる哲学に完全な承認を与えてくださり、かつ言語指導のすべての段階に関する実験や研究を私の自由にさせてくださいました。レキシントン聾学校の先生方が言語指導の計画と実施を家族のように一致協力してやり遂げられたのは、この聾学校の生徒の言語習得達成に強い関心と期待を示してくださったオコーナー博士に負うところが大きいのです。

　アレキサンダー・グラハム・ベル聾協会に前事務局長として勤務されたアリス・ダムラー女史（Miss Alice Dumlar）は、この本の編集に非常に貴重な援助を惜しまず、とりわけ、絶え間なく刺激を与えてくださいました。そのおかげで本書は形を為してきたのです。

　また、同協会の事務局長補佐であるミニー・ヒル女史（Miss Minnie M. Hill）の示唆と助言と知恵は、本書の完成に大いに力にな

りました。またアレキサンダー・グラハム・ベル協会の全てのスタッフには、好意的な関心をもって原稿をタイプしていただいたり、詳細な照合作業を助けていただいたりしました。

　ベアトリス・オスタン女史（Miss Beatrice Ostern ）には草稿を読んでいただき、多くの示唆をいただき、また本書に含まれる材料を集めることにも計り知れない御協力をいただきました。オスタン女史の聾の人々の言語の問題への深い理解、またこの問題への聡明な対処能力によって、レキシントン聾学校の言語プログラムに対する彼女の貢献は言葉に尽くせないほど大きいものです。

　本書に含まれている哲学を創意的かつ効果的に応用し、また、聾児に自然法による言語指導を行なう基盤となる着想、理念、精神の実現のために日夜努力して下さったレキシントン聾学校のすべてのスタッフに対して。先生方の一人一人に対する私が感じる恩義は本当に大きなものです。また第11章冒頭の引用文は下記から採りましたので、ここに合わせて謝意を表します。

> Flesch, Rudolf Franz（ed.）, *The Book of Unusual Quotations*, New York : Harper & Brothers, 1957

序　章

　著者の教師生活の初期に、ペンシルバニア州マウント・エアリーにあったペンシルバニア聾学校で長年、高学年の言語指導を担当された故サミュエル・G・デイヴィッドソン Sammuel G. Davidson 博士主宰の夏期キャンプに参加し、聾の少年たちとともに勉強ができたことは、著者にとって幸運であったと言える。デイヴィッドソン博士は、13歳の時に聾になられたが、聾者に言語を教えることに成功したことで広く知られている。「言語学習を通しての精神発達」（Mental Development through Language Study）と題された論文の中で、博士は言語指導について素晴らしいアドバイスを行っている。もし、それがもっと取り上げられていたならば、多くの聾教育教師が用いている指導技術は大幅に改善されたことだろう。[*1]（著者脚注：巻末参照）以下はその一部である。

　　私は20年以上も英語の専門教師をしてきたが、英語を仕事の主目標とみなしたわけではない。私は精神発達をさせるための一手段として言語を教えてきたし、また期待をもって―その期待は一度も裏切られたことはないが―言語を教えてきたのである。その期待とは、能力が次第に高次に訓練されていくにつれて言語習得の困難さは減少し、また教育の媒体が手話でなく英語である場合、表現力は、知識の進歩や論理的かつ自由に判断する能力と常に歩調をそろえていくというものである。

　　教師は、自分たちの仕事は言語自体を教えるのではなく、言語を通して生徒の能力を発達させることなのだと、常に心しておかなけ

ればならない。そう考えることによって教師の指導方法は自然なものになり、また殆ど自動的に、この目的に向って進むようになるであろう。一方、もし教師が言語を形式的学習として捉えるなら、その教師の教育方法は形式的で機械的で味気のないものとなってしまい、思考も言語も発達させることにはならないだろう。

　生徒に説明文、解説文、物語文の一つ一つを、その意味を捉えるように素早く一度で読ませ、それから自分の言葉で言い直させると、観念相互の連繋を素早く理解する訓練となり、物事についての記憶を発達させることになるだろう。そして、このような素早い読み取りによって刻み込まれた言葉を子どもの既習の言葉に組み込むことは、子どもの言語的表現力の発達にとって考え得る最上の方法であると言える。

　生徒に同じ説明文、解説文、物語文を言葉が記憶に刻みこまれるまで、再三再四、繰り返して学ばせることは、言語発達の上からも精神発達の上からも彼にとって益はない。それは受容する能力や物事の関係を即座に理解する能力を弱めてしまうのであって、記憶のための唯一の方法は、実際の場面で数多く使用することである。そのことが、最初に認知したときから物事を心に永久にとどめるのである。

　物語学習（Story Work）においては、生徒の考えを求めるような質問や、明示されず、それとなく暗示されていることに基づく答は、思考力や言語力の発達を大いに促がすことになるだろう。それに対して本の中にあることばをただ単に繰り返すことで答えられるよう

な質問は、殆と価値もなく役にも立たない。

　博士による次の興味深い観察も——それは当時と同様に今日でも真実なのだが——ぜひ引用しておくべきものであろう。

　　子どもが学校で使う本の中でよくお目にかかり、勉強のためのレッスン例として出版されているような読み物のたぐいは、コカインかモルヒネ、あるいは、その他の催眠薬同様に禁止されるべきである。そのような言語の勉強の仕方は、しばしば高学年生徒の知的空虚、能力不全の背景になっていると見てよい。こういったものに影響された子どもたちは、思想の表現としてではなく、ただ、でき上がった順序で教師を満足させる程度に修正された一連の語連鎖としてしか、言語を用いようとしないのである。

　米国における聾教育の歴史を振りかえってみようとする教師は、ごく初期の教育者の先駆的な考え方を読んで驚かされることだろう。それは、後の時代になって進歩的教育の優れたリーダー達によって周知されて来たような考え方であり、また「現代的アプローチ」として論議されてきた考え方である。我々は、アレキサンダー・グラハム・ベル、クルーター A.L.E.Crouter、デイヴィッドソン S.G.Davidson、サラ・フューラー Sarah Fuller、デイヴィッド・グリーン David Green、ハリス・テイラー Harris Taylor、キャロライン・イェール Caroline Yale その他、多くの人達が書いたものをいくつか読むだけで、聾教育の分野におけるこれらの初期のリーダー達が当時の時流より遥かに先んじていたことを発見するに相違ない。言語指導技法についての現代のテキストブックは、多くの場合、これらの人々によって遙か昔に

極められた真理を単にむし返しているに過ぎないものである。不思議なのは、これらの先駆者に続いた教師達が、聾児の生活や興味や欲求を言語指導の焦点として活用することを忘れたり、知的発達と言語獲得は互に関係し合って起こるものだということ、聾児の創造力と論理的思考力は言葉の使用によって発達させることのできるものであること、また、新しい言葉は連合の過程を経て獲得され、記憶は興味と理解を通じてのみ研ぎ澄まされていくのだということを理解しない者が出てきたことである。

　一体どうして教師は真に*教える*ということを忘れ、教育の立場にありながら、聾児の頭の中に無意味な言葉をいっぱい詰め込もうとするようになったのか、そしてオウムのような子どもの返答で満足するようになったのだろうか。こうした機械的な行為は、子どもにとって、殆どあるいは全く持続的価値のないことを*知って*いるべきであったのに。そのうちに、聾児の言葉は、あまりにも多くの事例において「ロボット言葉」と言われるものになってしまったのである。聞こえる子ども達の言葉のような普通の、自然で流暢な、そして意味と楽しさに満ちているようなものではなかった。デビッドソン博士がしばしば述べていたように、それは教師を満足させるには十分正しいものであった。しかし子どもを満足させるものだったのだろうか？　型にはまった言葉は、今日の聾児を満足させるだろうか？　子どもの個性を最大限にまで発達させるものなのか、それとも退屈で無意味で、子どもにとって無用で楽しくないものなのだろうか？

　このような展開が我が国（訳者注：米国）で、ある特定の時期に起こってきたのは、聾児の言語の欲求について異なった考え方をもつ多くの

教育者が現われてきたためであると思われる。

　これらの教育者は明らかにこう思ったに違いない、即ち、子どもの聴力の不足のために、言語を使うにあたって単純化しないかぎり上達は望めないのだと。その結果、言語は文法的に分析的に少しずつ損なわれてしまったのである。

　これらの教育者たちは、真面目で誠実で能力もある人々であった。私は彼らの教育技術上の変化の背景にある動機に敬意を表するが、彼等の哲学の基底にある仮説の妥当性を検証する必要もあると思う。自然的アプローチを採用する人々も、聾児が言葉に習熟する困難をよく承知している。しかし、聾児が言葉を使いこなせるようにする方法は、言語それ自身を変容させることではなく、言語を子供にとって望ましいもの、生き生きとしたものにし、子どもの欲求に適うものにすることであると信じているのである。心理学者が我々に語るところでは、学習の過程は聾児も聞こえる子どもと全く同じなのであるから。

　聾教育の教師は、まず普通の教師であり、またそうでなければならない。聾教育における技術の面において専門的であらねばならないとしても、特別な人種ではない。特別な技術は教師の仕事の一部に過ぎないのである。その教師が助けていくべきものは子どもの生命全体の成長であり、教師は子どもの欲求、あこがれ、長所と欠点を感知しなければならず、子ども自身が充分に満足できる方法を発見しなければならないのである。我々は、聾児が聞こえる子どもとは掛け離れていたり、将来の見通しや習慣や知識において違った存在であることを望まないので、聾児をその同世代の他の子どもたちにするように、早期に教育を始めなければならない。聾成人の社会における地位は、彼らだけの集団に多くを依存しており、もし彼等がもっと一般の人達と密接に関わっているならば、彼等の暮し向きはもっと良いものになるで

あろうと、長年言われてきている。もし我々の世代の聾児たちについてもこういうことを言われたくないなら、彼等がきこえる人々と同等の立場をとっていけるよう育てていくことに責任をもつべきである。聾ということが社会的あるいは知的なハンディキャップとなってはならない！　また、それは聞こえる人たちの中での幸せな成功した生活を妨げるものではないはずである。さらには聞こえる人々と協調していく能力が、聾者社会に参加しないことを意味しているわけでもないのである。

　聾からの開放に大きな力を持つものの一つは言葉を使いこなす力であり、それはコミュニケーションのため、自己表現のため、学習や楽しみのため、また自らの考えを述べ広めるため、社交のため、彼等が住むべき世界を理解するために役立つのである。それ故に、言語を教えることは、聾教育の仕事の中でおそらく最も困難な部分であると言えよう。話したり、書いたり、英語を理解する能力なしでは、他の教科の勉強をすることもできず、他の人々との日々の生活に真に参加することも起り得ない。実際、言語指導は一日中続いているものなのである。言語は、全ての学習や成長がそれを通してなされる手段なのである。言語指導はこの目的へ到達するための道であって、それ自体を目的とするものではない。

　聾児が耳の聞こえる人々と同じように言葉を用いることが出来ることを信じない教師たちは、聾児の能力と可能性への信頼に欠けている。事実、聞こえる子どもよりも英語を自在に駆使することができ、隣人と同じよう口語体英語を用いることができる聾児も多いのである。もし、平均的な知能の聾の少年・少女たちが英語を正しく使うことができないなら、我々はちょっと立ち止まって、その理由を考えてみるべ

きである。前述の引用文の一つで述べたように、それは彼らの受けた初期トレーニングが、正しいことばの概念やいろいろなことばの使い方を欠いたものだったからである。言葉は彼らの一部ではなく、重要なものでも有用な道具でもなく、彼らにとって意味のない、ともに生きていくようなものではなかったのである！　教師が、子ども達は言葉を習得することが出来るということを信じない限り、また教え方の改善のために絶えず学び、言語指導の方法に関わる知識を増やしていかない限り、生徒たちは話したり読んだり書いたりする能力を獲得できないことであろう。教師が練習問題やドリル、多種多様な教材を与えたとしても、教師がそうする理由について、また結果が努力に値するものであるかについて考えるのでなければ、望んだ結果は得られないのである。我々は、聾児の言語指導のために提供された教材に盲目的に従ってはならない。それを注意深く検討し、徹底的に考えぬき、それを用いることでどんな利点があるかを我々自身で見極めなければならない。どんな教材であれ、それを与える前に教師は以下の問に肯定的な答えを見出しているべきである。即ち、このタイプの言語学習は子どもを知的に発達させるだろうか、自分自身で考えるように、物事を論理的に考えるようにさせるだろうか、新しい情報を既知のことと関係付けるのを助けるだろうか、この学習は授業中およびその後も子どもにとって役立つものだろうか、子どもの自己成長の欲求に適うものだろうか、また子どもの目的にかなうものだろうか、といった問に対してである。

　教師は、生徒が正当に保有すべきすべての言語技能の使用能力を与えられるように、指導計画や指導方法を先導していかなければならない。絵の一部を見るより、その本全体を眺めるほうがより楽しいもの

である。教師が描く一人一人の子どもの絵は、その子どもの全てを包括していなければならず、狭い考え方や誰かの指図や教材による限定された見方で、どこかが影になったり、隠されてしまってはならないのである。

　以上のように、この本の目的は、聾教育の教師に言語指導の方法を最も高い水準にまで到達させることを助けるようとすることであり、聾児の言語への欲求についての私の考えや、私が経験から学んだ子どもの欲求に応じていく方法を、彼らと共有したいということである。

第Ⅰ章
幼児と言語

人間が創造した全てのものの中で
言語こそ最も驚異的なものである。
　　　　　　　リットン・ストレイチー
　　　　　　　ことばと詩

聞こえる子ども

　聾児に言語を教える立場に置かれた人は、誰でもかなりの時間をかけて言語―聾に関わる言語ではなく、すべての人々の人生に影響を及ぼす言語―について熟考し、学習しなければならない。

　ウェブスター辞書によれば、言語とは「感覚や思考を表現したりコミュニケートしたりする、声またはその他何らかの手段。言語表現能力であり、人間の交流においてことばを使う能力」とある。ここで大切なのはコミュニケートする（*communicating*）という言葉である。では、コミュケートするということはどんなことだろうか。感覚や思考とは何なのか！　自分自身の、そして他者の感覚や思考とは。本当の言語は、暗唱によって教えることはできない。説明や機械的なドリルによっても獲得させることはできない。言語の社会的な重要性を剥奪することも、社会的な位置付けを取り払うこともできない。本物であるためには、言語は意味に満ち満ちていなければならない。言葉を使うには理由が必要である。その理由は、自分の思考、アイディア、必要、欲望、希望、想像、喜びや困惑を知らしめたいという個人の切実な欲求から生ずるものなのである。

　言語は二通りの仕事を持っている。その一つは、私が今述べたように言語を使用することであり、もう一つは、他の人の言語を理解することである。この相互作用が言語の適切な使用を望ましい完成度に導くのである。

　教師は、聾学校教師向けに特に出版されたものばかりでなく、聞こえる子どもを教育する教師のために刊行された言語に関するいくつかの図書を読むことが望ましい。これらの図書の題名のいくつかは本書の末尾に掲げてある。ここから得られる情報は、言語指導における諸々

第Ⅰ章　幼児と言語

の問題についてより深い理解を与えてくれるとともに、聾教育でこれらの事柄を扱う時に成功する道筋や方法についてより広い知識をもたらすことだろう。

　聾児に自然な言語を指導するための基礎知識を得られる、たいへん実際的でとても楽しい方法として、聞こえる子どもの言語使用の発達と成長を相当の年数にわたり観察するというやりかたがある。多くの問を投げかけ答を見つけ出すことは、聾児と学習を始めるとき、教師により深い洞察と技術を与えることだろう。答を見い出すべき、いくつかの問とは以下のようなものである。

　　赤ん坊はどのようにして初語を発するのか？
　　いつ、この試みが育ってきたのか？
　　初語とはどんな語か？
　　どのようにして一語発話が語句や語連鎖になるのか？
　　最初に真の文と言えるのは何か、またどうしてそうなるのか？
　　子どもはどんなことを言いたがるものか？
　　どんな質問が子どもにとって最も大切と思われるか？
　　最もよく尋ねられる特別の質問は何か？
　　何が、あるいは誰が、子供のお喋りの最大の対象になるか？
　　どんな品詞が一番多く現われるか、最も少ないのは何か？
　　どんな状況のもとで、誘発された会話が最も長く続くか？

　これらの問や他の多くの問への答は、聾学校教師に生徒のニーズに気付かせるはずである。というのも、子どもは聞こえるか否かにかかわらず子どもであり、乳児期にも幼児期にも普遍の言語が存在するからである。

聞こえる幼児と共に過ごす教師は、子どもが言葉を使おうとする強い衝動を発見するであろう。子どもが話をするのは、話すべき何かがあるからであり、何かについて知りたいと願うからであり、または違いを見つけ出したいからであり、あるいは何かの考えを知りたいと望むからである。友達に話を聞いてもらいたいためかもしれないし、時には自分の話し声が好きなためかもしれない。時々、あまり意味がない話をしたり、ほんのちょっとしか話さないこともある。

　非常に重要なのは、聞こえる子どもが多くの言葉を習得するのは、言葉を多くもてばもつほど、いっしょに住む家族、身近な人々、遊び友達やその他自分と運命を共にする人々との関係が緊密になるからであり、彼が理解し使用する言葉が増えれば増えるほど、郵便配達員、バスの運転手、店員、その他彼の小さな世界の中で大きく見える人々への関心はますます拡がっていくのである。

　聞こえる子どもの言葉の使い方の個人差は大きい。今ここでの必要を満たすため、ごく貧弱な語彙しか使わない子どももいれば、そういう限られた言葉の使用を越えていく子どももいて、新しい言葉を喜んで用いる。彼らはしばしば「この言葉はどんな意味なの？」と尋ねる。こういう子ども達は、大人による刺激や暗示がなくても毎日の話の中に絶えず新しい語を取り入れていくことだろう。

　例えば、ある日、私が３歳半になる甥と町を散歩していた時、私が「お前の姿が窓に映って見えるよ。ピーター」と言うと、彼は冷静な声で「あれは僕の影 (reflection) だよ。」と答えた。ピーターは言葉が好き、言葉が正確であることが好きで、新しい語を憶えると喜んでそれを使っていた。数年後、私はピーターの４歳の弟が玩具を洗っているのを見た。私は「注意して，マイク！それは壊れやすいんだよ。」といった。するとマイクは生意気にも「あー知ってるよ。もろい (fragile) んだよ。」

と答えたものである。言葉は、この子ども達にとって極めてはっきりした意味を持っている。それは心にはっきりした意味を運んでくるので、繰り返し、正確に、そして楽しみという報酬を伴って用いられるのである。

　幼児の場合の語彙発達は、家庭の雰囲気に大きく左右される。よい英語を使い、限定されない語彙を使用する両親の場合、子どもの言語も素晴らしいものになる傾向にある。そのことは、両親が子どもによく話し掛けてやったり、よく本を読んでやったりするということで一層顕著になる。

　家庭の外では、教師が子どもの言語獲得について大きな影響力を持っている。教師は、子どもに言葉を自由に使いこなす必要や会話能力を高めたいという願望に気付かせ、また話したり書いたりする中で見いだされる喜びを自覚させることができる。子どもの社会性が高まるほど、その子の言語の使い方は拡がるのであり、子どもの経験が増えるほど語彙と表現はより豊かになるのである。

　聞こえる子どもは、時には両親がうろたえるほど、多くのところから言葉を取り込んでくる。家庭、教会、学校、運動場、公園、海浜、その他、町であれ田舎であれ、どこにいようと子どもは言葉の襲撃を受ける。当然、多くの言葉を聞けば聞くほど、より自由に操れる言葉も多くなる。子どもははっきりと自己表現するための道具をもったのであり、必要を感じたり、興味関心が大きくなったら、それを使うのである。

　言語についての権威であるルース・ストリクランド Ruth Strickland は、「子どもが言語を自発的に使用するのは、その子の安心感の表われである。もし、その子が年齢相応に自発的に自由に、そして明瞭に

スピーチを用いているのなら、その子は申し分のなく育っているのである。」*1 と述べている。そうであれば、私達は、自然に成長している幼児は言葉を自由に使いこなすものだと想定できる。新しい経験の一つ一つが、言語能力を育て続ける機会を子どもに提供していることだろう。

　大人は、幼児がひっきりなしに喋り立てる言葉をいつも面白がっている。大人たちは「どこで憶えたのだろうか」とか、「どこで聞いて来たのだろうか」とか思い続ける。ちょっと前のこと、私は3歳の男の子のいる家庭の夕食に招かれた。その男の子はずっと喋り続けていたが、驚くほどそのことばに誤りがなかった。その子は、これ以上できない位やすやすと長い構文で喋った。彼は父親に「お父さんたちが食事をしている間、僕はこの椅子に座っていることにするよ。」と言った。そしてその後、みんなで私のホテルに自動車で向かった時、彼は「お母さん、お母さんが小さい女の子だった時の住んでいた家を見せて。」と言ったのである。これは本物の言葉であり、目的的で社交的で、しかも見事に正しい言葉である。この子は1年生に入学する子どもの平均であると一般に考えられている6000ないし7000語以上の語彙を理解していると推測できる。それは、その子が彼の回りで起こっていることに鋭い関心をもち、また深い社会的感受性や、知ったり知られたりしたい欲求をもっているからであると、私は信じている。

　聞こえる子どもの言語は飛躍的に発達する。それは機能的であり創造的である。子どもは言語の構造については何も知らないが、彼の必要と感受性と思考と感情によって、ひとりでに理解するようになるのである。

　マリオ・ペイ Mario Pei は、「言語本来の目的は、一人の人間の脳から他の人間の脳へと思考を移動させること、即ち意味を運ぶことであ

る。それをしないならば、それは言語ではなく単なる音や光、あるいは意味のないゼスチュアに過ぎない。」と述べている。*2　生まれて間もない頃に、聞こえる子どもは言葉には目的があることを学ぶ。赤ちゃんにとっては、言葉が哺乳瓶やボールをもたらすし、あるいはことばによって抱き上げてもらえるのである。言葉は世話をしてくれる人に、彼の心の中にあること、必要なこと、好きなこと、感じたことを伝える。赤ちゃんは、非常に早い時期から、彼を安心させ、おもしろがらせ、喜ばせ、また彼の回りで起きていることを知らせるために使われる沢山の言葉を聞いてきている。赤ちゃんは適切に使いこなすずっと前から、言葉の理解ができている。やがて自分自身で表現できる頃には、彼の理解の程度は非常に高度なところにまで到達しているのである。

　聞こえる子どもは意識的な努力や余計なプレッシャーなしに言語を理解し使用する能力を獲得する。言語を獲得すること自体が楽しい報酬なのである。子どもが聞いたことを模倣すると、その子だけでなく周囲の人たちにも大きな満足を与える。子どもたちの気持ちや経験、願望などについて、コミュニケーションの最も単純な形から積極的な会話に到る進歩がいかに早いものか、目を見張るばかりである。自らを表現したいという欲求は、人生を通して最も重要なものであり、聞こえる子どもは早くからこの欲求を満たす方法を見出しているのである。普通の条件のもとで、子どもは、身のまわりの環境や、家庭や学校で彼の友人やその他の彼と接触する全ての人々とうまく折り合っていくのに必要な言語のすべてを使う能力を発達させていくのである。

聾　児

　聾児の場合の言語獲得の仕方は何と違っていることか！
　聾児が聞こえる子どもと違うのは聞くことができないことであり、また耳が聞こえないことで普通の方法ではコミュニケーションができないということだけである。聾児のハンディキャップは、彼の思考、欲求、願望を表現するための言葉が不足しているということから、非常に大きなものになる。

　1955 年、クラレンス・オコーナー博士は、聾児について、次のように述べている。「自然は、聾児に生まれながら厳しい聴力障害をもつという重荷を背負わせている。聾児は、聞くという恩恵なしにコミュニケートする能力を発達させなければならないばかりでなく、満足な生活をするための教育的かつ職業的スキル、知識、技能といったものの殆ど全てを目を通して獲得しなければならない。加えて、生涯にわたり、音のない世界、聴覚的なスピーチを通して得られる意味の陰影の影響のない世界での日々の経験を通して、一連の精神的、道徳的価値を自分自身の中に作り上げなければならないのである。聾児は、このようにあらゆることを沈黙の壁に抗して、また彼の問題に共感や理解を欠いた人々とに立ち向かいつつ、成し遂げていかなければならないのである。」[*3]

　ヘレン・ケラー He1len Keller は、自分が聾であることについて次にように述べている。「私は盲であると同時に聾でした。聾であることの問題は、盲の問題よりも重大でないとしても、より深刻、より複雑です。聾であるということは、盲であることより一層たいへんな不

運です。それは最も重要な刺激―つまり、言語をもたらし、思考を活発にし、私たちを知的社会に住まわせる音声の喪失を意味するからです。」＊4

　かつてこれ以上の真実の言葉が語られたことはない。私は、聞くことよりも光を失うことの方が辛いという盲人を知らない。盲ということは厳しい身体的ハンディキャップであるが、聾であることは、精神的ハンディキャップ―人と人との間の話し言葉ばかりでなく書き言葉をも含んだ言語的コミュニケーションからの疎外―である。聾ということからくるハンディキャップは打破することができるが、それは言語の獲得なしにはできない。

　我々みんなが知っているようにヘレン・ケラーの言語理解と使用の達成度は高かったので、彼女は話し言葉でも書き言葉でも、コミュニケーションの分野においても何の支障もなくなっていた。事実、彼女は言語の理解と使用という点で、殆どの聴者より遥かに優れていた。彼女はきわめて特別な人であり、数え切れないくらい多くの人々や子ども達が彼女の生涯と功績をよく知っているのである。

　ヘレン・ケラーは天賦の才能を持った例外の人ではある。しかし、今日では多くの聾者もいろいろな職業と活動の分野で大きな成功を収めている。その道は険しく遠いけれども、終局的には、これらの人々は彼等の目標を達成している。

　聾者は重いハンディキャップを背負って人生を出発する。彼は助けなしには自己表現することを学ぶことができない。従って、彼は言語に関わる限り、非常に特別な方法でアプローチされなければならない。彼は聞こえる子どもがするように彼自身で言語を獲得することは難しい。しかしながら、彼もまたコミュニケートしなければならない！エドナ・レヴィン Edna Levine 博士は、聾児は「行動の言語、即ち行為、

気分、態度などの言語でコミュニケートしようとする。つまり聾児は身振りやパントマイムといったほんの僅かの自分流のシステムを通して、世の中との意味的なコンタクトを計ろうとベストを尽くす。しかし、ずっと以前からこのやりかたは不完全であるということが知られている。やがて聾児は、身振りだけでは自分が探し求める深い理解は得られないばかりでなく、彼の内に逆巻く感情や欲求を他の人にはっきり伝えることもできないということに気付くのである。身ぶりは彼の好奇心を充分に満足させられず、そして彼をフラストレーションという重荷から解放してくれることもない。」*5 と講演の中で述べている。では、いったいどのようにして、幼い聾児に言語で表すわざのあることを気付かせることができるのであろうか。聾児を助ける最初の人は、両親である。早いうちから両親が聾児を一人の子どもとして―他の全ての子ども達と同じ子ども、愛され、祝福され、そして生き方に沿って育てられ助けられる子ども、理解と特別の手引きを求めている子どもとして―受けとめることを知っているなら、その聾児は幸いである。

　自分の子どもが聾であるという事実に適応できている両親は、子どもの人生のよりよいスタートが切れるように助けることができる非常に良い位置にいる。なぜなら、彼らは子どもを扱うにあたり、まずは赤ちゃんや幼児がしてほしいように扱うからである。彼らは子どもに話し掛け、子どもと一緒に絵本を見てやり、子どもが持っている物や知っている人々について名前を言ってやり、していることを言葉で表わすことに努めることだろう。このことを両親は聞こえる子どもと話すのと同じやり方でやっていく―「返答」を求めるのでもなく、言葉を教え込もうとするのでもなく、また子どもの方で準備ができる前から言語学習を強いるのでもなく、子どもがうまく答えられなかった時

に不安を示すこともなく、読話の開始に心を悩ますこともない。このような両親は子どもと無邪気に打ち興じ、一緒に遊んでやるとともに、喜んだり、驚いたり、何かを知らせたりする時に、単に相手の顔を見るようにさせるばかりでなく、経験することが楽しくて、話し掛ける人を見るのが好きになるように仕向けている。

　今まで述べてきたことの全ては、あとで幼稚園や学校で言語を学習するための基礎として働くものである。幼い聾児は、きちんとした言葉が教えられるまえに、*まず理解できる語彙*を持たなければならない。聞こえる子どもが自分から言葉を使い始めようとするずっと前から語や表現の意味するものを知っているのと同様に、聾児も特別な語を教え込まれる前に、たくさんの語や表現を知らなければならない。聾児の課題は、なによりもまずスピーチというのではなく、人間関係の中にある言語に気付いていくことである。いかなる*学習*や*習得*においても、*理解*することは*使用*に先立つはずである。話されることをよろこび、話されていることが（時折、身振りやその他の方法の助けを借りて）分かる幼い聾児は、やがて母親、父親、またその他の人々のすることを真似るようになるであろう。これはスピーチとは呼ばれないかも知れないが、それはコミュニケーションの中で言語を使う道へしっかり歩み出したことを示しているのである。

　残念なことに、すべての聾児がこのような道を早期から始められるわけではない。多くの聾児は、身振りとかパントマイム以外のコミュニケーション方法に導かれるのに、ナースリースクール（幼稚園）に行くようになるまで待たなければならない。しばらく前のこと、私は魅力的で聡明で、愉快で、周囲の関心を引く男の子の母親に、彼女が家で彼に良く話し掛けているかどうかと尋ねた。すると、その母親は

「いいえ、私は彼にあまり話し掛けたことはありません。彼は耳が聞こえないので、私の話を聞くことはできないからです。」と答え、更に付け加えて「でも、うちの子は私が弟や妹に話し掛けていると、よく私のことを見ているんですよ」と言ったのだった。

　この同じ子が、ナースリースクールで彼がしていることについて、立ち止まって彼に話しかける人がいると、誰とでも会話を続けることが出来るようになったのである。彼は持っている本について「コメントする」ことが好きであった。「コメントする」ということばを括弧付きにしたのは、子どもが話そうとする試みとでも言うべき状態だったからである。周囲の人は、子どもが話そうとしていることを、多くの場合、いっしょに示される表情や身ぶりから推量しなければならなかったが、彼がコミュニケートすることを強く望み、自分の思いを共有したがっている様子は心温まる光景であった。我々は、幼い聾児が必要とする最大のものは、何よりも愛されてる、望まれていると感じることだと受けとめている。子どもは家庭では安らぎを感じ、また自分が家族の一員であると感じるべきである。子どもは家族のグループの中で、両親やその他の人々から話し掛けられることが必要である。話すことにはしばしばいくつかの身振りを伴うかもしれないが、家族のグループの一員であることが、その子にとって何よりも必要なことである。もし子どもが何を言われているのかを理解したなら、そこではそれで十分である。また彼が言葉通りに反応したりしなくても気にすることはない。聞こえる子どもも言われた通りには反応しないことがあるものだが、それでも人は子どもに話しかけ続けるではないか。

　ドローシア・マッカーシー Dorothea McCarthy は、聞こえる子どもについて「子どもが言葉を理解する前に身振りを理解するということは、ごく一般的に認められることであり、事実、子どもは言葉その

ものを使用するかなり前から、自分で身振りを使っている。」*6 と述べている。　私は幼い聾児も聞こえる子どもと同じ様に、何気ない普段の生活の中で言語を獲得するようになるに違いないと信じている。やり方がしっかり身につくのはそれほど早くはないだろうが、子ども達によい基礎を与えれば、その上に立ってコミュニケーションの方法としての言語の意味と用法への真の導入が可能になるだろう。

　もし、言葉が聾児にとっていつでも生き生きしたものであるとすれば、それは聾児が言葉を練習そのものとしてではなく、自分自身や他の人々を理解するのに必要な役に立つ楽しい方法への意味あるアプローチとして手に入れたからに違いない。人々が何を考え、何を言っているのかを分かるために、その人の顔を注視することは、彼の第2の天性となるはずである。話されていることを理解したり、物事をはっきりした自明のものにするキーワードやキー表現を捉えたりするのに、聾児は私達が思うより長い時間をかけるかもしれない。しかしながら、忍耐をもって、そして結局は彼は理解するという正しい態度と信念をもっていれば、成功はやってくるのである。聾児には同じ年代の聞こえる子どもよりもずっと多くの時間が必要であるが、彼らはこの特別の時間をもつ権利があり、その時間は惜しむことなく無条件で与えられるべきである。

　平均的な知能をもち、他に問題となる障害がない場合、聾児は非常に幼いうちから言葉の意味と用法を習得できるし、そうなっていくだろう。もしそれがうまく行けば、聾児は彼なりのスピードで伸びていけるし、またこの方法に沿っていけば、どんな困った障壁にも出会わないはずである。両親の取り越し苦労や形式的すぎる語彙指導、不自然すぎる読話練習、しつこい繰り返しなどは、古典的な障壁の実例で

あり、こういったことが始める前から聾児を挫折させてしまうのである。

　家庭は聾児にとって幸福な場所であるべきである。最も賢明な両親と一緒にいたとしても、彼は聞こえていたとしたらできたように言語を習得することはないだろう。それでも、聾児に良いスタートが適時に与えられることで、生来の能力と与えられた指導の方法によって、彼のハンディキャップに対して十分に満足のいく適応の方法を彼自身が見出していくだろう。現代の聾児は、過去の聾児よりもずっと幸福な、満ち足りた未来に向かっているのである。というのは、教育の全ての分野において、学習や教育そして学力について、より深く理解されてきているからである。今日、聾児が言語の理解と使用の能力によって、高等学校やカレッジや技術学校を終え、数多くの専門分野やビジネス分野の職業についているのは、珍しいことではなくなっている。

第Ⅱ章

成長のとき

若者をその行く道にふさわしく教育せよ。
そうすれば、年老いてもそこから離れない。

旧約聖書　箴言 22-6
（日本聖書刊行会訳）

言語についての考えをもつこと―言語とは何か、それは聾児にとって何を意味するのか―、それは聾教育の道筋の最初のステップである。いっしょにそこへ進もうではないか。

　子どもの生涯における大きなできごとの一つは、ナースリースクール（幼稚園）に入ることであろう。ここで彼は大きい友達も小さい友達も見つけ出し、玩具と遊び友達と幸福で健全な活動を発見するのである。そして何よりもコミュニケーションの喜びを学ぶことだろう。

　幸福なスタートは、（聾学校の）ナースリースクールに入園した聾児にとって最も重要なことである。全てが新しいので、母親は求められるだけ長く、目に見えるところ手の届くところにいるべきである。この期間は、子どもが新しい環境に適応する状況によって１日から１週間ぐらいかかるだろう。最初の登園時間は短く、たぶん１，２時間程度である。子どもは食事をしに家に帰るか、（母子）寮に住む子どもなら、母親と一緒に食事に出かけるか、学校で母親と一緒に食べることになるだろう。それぞれの子どもはそれぞれのやり方で、ナースリースクールに慣れていくものである。ある子は、始めから母親にしがみついているかも知れないし、他の子はすぐに活動の中に入り込んで、彼を惹きつける玩具で楽しく遊ぶかもしれない。

　幼い聾児に関わって考えなければならない大事な問は、なぜ聾児のためのナースリースクールがあるのか、という問である。そこにある考え方が、幼い聾児にちゃんとした発音、読話、言語、読みを３歳,４歳といった早い年齢の時から教え始めるためということであれば、ナースリースクールは全くそれには向かない仕組みである。それは聾児の指導をむしろ水割りしただけのプログラムで、水割りプログラムと名付けるべきだろう。ナースリースクール年齢の平均的子どもは、フォーマルな学習には、生理的にも心理的にもまだ不向きである。ナー

スリースクールを支える全体的考え方は、耳の聞こえる兄弟姉妹が享受するのと同じ人生のスタートを聾児にも与えることなのである。

　したがって聾学校のナースリースクールは、健聴児のナースリースクールと全く同じ原理の上に立つべきであり、そこに携わる人たちは、聾教育の訓練を受けたものではなく、彼らが小さい聾児をいかに愛しているとしても、ナースリースクールの教師として徹底して訓練された者でなければならない。なぜ、そうでなければならないのか。その理由は、ナースリースクールのレベルでは、幼児といっしょに活動するテクニックの集中的訓練を受けた教師を必要とするからである。このような教師は、観察やディスカッションを通して、幼い聾児とのコミュニケーションへの適切なアプローチ感覚を発達させることができるのである。

　ナースリースクールの充実したプログラムは、身体的成長や情緒的、社会的、知的発達を遂げるのに必要な共通の経験を子どもたちに提供する。それは子ども一人一人のニーズに配慮して、子どもをあるがままに受け入れるものでなくてはならない。こういうプログラムを通してこそ、コミュニケーションスキルの発達の基礎となる背景が作り上げられるのである。聞こえる子どもは、生活の豊かな背景の中で言語とスピーチの理解と使用を発達させるのであるが、このことは聾児の場合も全く同様である。

　レキシントン聾学校では、3歳児の全部についてではないが、幼稚部の中に個別指導の場がある。いつ、その子を個別指導室へ行かせるべきかという決定は、かなりの程度まで子ども自身による。我々は、ある子どもについては、直ちに読話についての特別の学習の用意ができたと判断し、一方他の子どもはなお数週間、準備が必要と判断する。個別指導の目的は、思いを伝える言語コミュニケーションの基礎がで

きるように、個々の子どもに個別の支援を提供することである。

　メリー・フランクとローレンス・フランク（Mary and Lawrence Frank）の著書を読むと「就学前の幼児は、他の人々とコミュニケーションすること、質問、欲求、命令あるいは気持ちを表す方法として言葉を使うことを次第に学んでいく。彼の身体運動や良いこと悪いことについての考え方と同様に、小さい子どもの言葉は、きちんとした正確な意味を一時に発達させたりしないものだ。」＊1 と書かれている。著者達は聾児のことではなく、聞こえる子どもについて述べているのであるが、子ども達の言葉はきちんとした*正確な意味*を一時に発達させるわけではないと言っている。聞こえる子と関わる人は誰でも、この事実に気付くはずである。では、聾児がきちんとした正確な意味の言葉を*一時*に獲得することが必要と広く信じられているのはなぜなのか？　そんなことは必要ではない！

　ナースリースクールの教師は、聾児に話したいと思わせ、話すことを好きにさせ、話そうとさせることを目指すべきである。そして、その目的を達成させるためには、幼い聞こえる子どものことをいつも心に留めていなければならない。話そうとする場を聾児にどうやって与えれば良いのだろうか。答えは簡単である。遊びの中でみんなが聾児に楽しく話し掛ければいいのだ。繋がる喜びを感じるのは、話し掛けられる子どもも話し手も、両方ともである。始めのうち、その会話が一方的なものであったとしても、それが何であろうか。聞こえる子どもの母親は、赤ちゃんが答えなくても答えられなくても、話すことを止めようとしない。母親は子どもが答えることができる日まで、語りかけ続けるものである。母親はその会話を単語で話すということはない。もしそうしたならば、それは会話とはならないだろう。単語では自分の思っていることや感じたこと、あるいは表現したいことを伝え

ることができないからである。

　教師は、聾児は聞こえないけれども、*見る*ことはできるのだということを銘記しなければならない。聾児は、教師と他の人たちとの会話に伴っている親密な交流を感じ取ることができる。聾児は、人々が彼に対するのと同じように他の人たちとも多くの話をしているということを、非常に幼いうちから学ぶことができる。聾児は、教師の顔と唇に、見たこと起こったことを結びつけていくだろう。聾児は自分で推量するようになるだろう―おそらく1回や2回でなく、時には52回でも駄目かも知れないが、結局はやりとげることだろう！

　読話は、家庭と同様にナースリーでも直ちに始めなければならない。読話はことばなのだから、決して早すぎるということはない。読話の全てを通じて強調されるべきことは、単語をあまり重視せず、考え（アイディア）をより重視するということである。ナースリーにおける読話は、他でも同様であるが、学習されるべき*科目*ではない。それは、一日の特定の時間だけの、教室での芸当のようなものであってはならない。子どもが答えられるからといってご褒美をもらったり、できないからといって渋い顔をされたりするようなものではない。ヴァン・ライパー（Van Riper）が、「語は、適切な文脈の中でのみ提示され、思い起こされるようにしなければならない。ただ語だけを示すやり方は決して行ってはならない。語は、子どもにとって彼の周囲の環境をコントロールするのに役に立つものでなければならない。これらの語を教えたり提示したりしていいのは、子どもが集中しており、楽しそうで、反応しやすい時だけである。」[*2]　と述べているとおりである。*走って、跳んで、倒れて、お辞儀をして*といった命令を与えるという習慣は、私は有害だと考える。なぜ*お辞儀をする*のような動詞を教えようと悩むのだろうか。誰が、毎日、お辞儀をして回るだろうか。こ

のような動詞は、読むことを学ぶ時に扱えばよいのであって、ナースリーや幼稚園はそのような知識を教える場ではない。子どもに部屋の中を走り回らせるような命令は、走るという動詞を教えるには良くない方法である。子どもは、読話の特別の時間を除けば、部屋の中を走り回ることが許されないことになるのだから。それに、なぜメアリーは戸を閉めるようにと言われ、次に開けるようにと言われるのであろうか？これらの命令は、*開ける*と*閉める*をよく分かって使うためには不向きであろう。いったい小さな子どもたちにとって、こういう命令に何の興味があるだろうか？　何もないはずである！

　動詞を学ぶ際のアクション・ワークの扱いの背後に、そうすることで反復して読話できるという考えがあるのは疑いないことである。しかし、これは概念をもつ言語の指導ではない。アクション・ワークを取り上げようとする教師は、幼児は活動的なことが好きだし、この種の練習は子どもたちの興味に基づいていると考えているのだろう。しかしながら、アクション・ワークを基礎とする授業をよく見てみれば、その目的は教師のために役立つのであって、子どものためではないということが直に明らかになる。一例として、スキップをするように言われた子どもは、そこで直ちに部屋の中を元気良くスキップして回る。彼がスキップに夢中になり出すと、教師は本当に部屋の中を駆け回らせようとは考えてはいないので、すぐに止めさせてしまう。即ち、教師はただスキップという語が読話できるかどうか、確かめようとしているだけなのである。子どもに必要な言葉を教える普通の方法はたくさんある。動詞にせよ名詞にせよ、あるいはその他の品詞にせよ、語を使用するのに、はるかに良い方法は、自然な場面の中で語を使わせるようにすることである。教師は、一日中、明けてから暮れるまで、起こり得る一つ一つの場面や経験を活用しなければならない。教師の

発言は、その必要があるときに「走ってはいけない。歩きなさい。」というふうに発せられるべきである。子どもと一緒に校庭に出て、「トミーに続いて走りなさい。」「メアリーを捕まえよう。」「速く走ろう。」「誰が一番速く走るかな？」と言うことも出来るだろう。動詞走るについてなら、その機会は際限なくあることだろう。

　もう一つ、*開く*と*閉める*の例を挙げてみよう。これらの語は、小さな子どもにとって役に立つ語であるけれども、ドアを開くあるいは閉じることによって、これらの語を獲得させようとすると、役に立つとは言えなくなる。考えられる使い方としては、例えば「ここは暑いね。窓を開けよう」とか、「この箱の中に何が入っていると思う？ どうして開けないの？」などがある。これらの動詞を使う必要が<u>生じたとき</u>に、子どもへの話しかけの中で何度も何度も繰り返される―<u>意味をもった繰り返し</u>こそが<u>重要</u>なのである。賢明な教師は、この非常に必要性の高い繰り返しを継続させる方法を知っている。子どもは言語が与えられた時、状況に助けられてその意味を理解する―つまり、その子がしたり考えたりすることと関連して言葉が与えられると、よく理解できるのである。

　聾児にも、どんどん大きくなる言語への欲求を生み出す堅固な土台を与えることが絶対に必要である。この土台は、生活、学習、そして、言語の理解と使用において子どもの成長に責任を負う人たちによって、ナースリースクールの間に形成されなければならない。多くの聾の生徒に言語の幅広く知的な使用において不十分なところが見られるが、それは、彼らが生活の文脈から離れた語―感情や思考につながらない単に物や動作に名前を付けただけの語や、考えることも求められず新しい経験を提供されることもない語―を教えられて、それを言語と捉えてしまうように指導されたからである。

言語の使用を通して自ら考え、感じとり、表現することを学ぶことは、ナースリースクールの子ども達にとって第一に必要なことである。ナースリースクールの子ども達は、一日中ぺちゃくちゃと喋っている聞こえる子どもと同じように、彼の周りにいる人々と話してみたいと強く願っているのである。したがって言語の導入にあたっては、始めから、子どもにとってそれがご褒美のような良いものでなくてはならない。幼いナースリー時期の子ども、あるいは言語指導を受ける聾児なら、どの年齢でも指導が型どおりの決まり切った不自然な繰り返し訓練方式でなされてはならない。訓練は言語を作り上げるものではなく、それをするのは会話である。

　ナースリースクールの子どもと楽しく話し合ううちに、たくさんの語が立ち現れ、子どもにとって親しいものになる。彼はすぐにお家 home、ママ mommy、パパ daddy といった語を読話からだけでなく、もし聞き取るだけの残存聴力があれば、補聴器を通しても理解することができるようになるであろう。これらの語は、彼にとって極めて重要なものである。彼は、家族の写真によって家庭にいる人々や物を思い出して語と結びつけるであろう。たとえば、前もって用意された家族の名前のリストは必要ではない。他の子どもと同様、彼にとって家族は一つの個別のグループなのだから。私は、３歳の聾児が個人指導の先生の新しいドレスをびっくりした表情で見詰めていたのを憶えている。その幼子は話そうとして、「ママ、同じ、うち Mommy, same, home」と言った。教師が「何ですって！お母さんは、私のと同じドレスを着ているの？」と尋ねると、その子は「同じ。同じ。」と何度も繰り返して言った。そこで、教師は「同じような洋服ね The same kind of dress. そう、そうなの！あなたはその洋服が好きなの？　お母さんはその洋服が好きなの？」と言った。私はこの出来事を教師と

子どもの間のコミュニケーションの例として述べた。後で、その子が遊戯室へ行ってから、他の子にその同じ洋服の偶然の一致について話そうとしていることが観察されたのである。

　私は、生徒に教えるべき語彙表を誰かが教師に提示することを賢明なこととは思わないし、実際、それは僭越ではないかと考える。子どもはそれぞれ自分の語彙表を発展させていくべきである。子ども達の個々のリストにはたくさんの類似した語があるだろうが、それらは違った状況から発展してきたのである。教師は、新しい語彙を教える正しいアプローチができる条件と場面について油断なく注意していることが要求される。例として、「セーター」という語を取り上げよう。小さなメアリーの場合は、彼女が破れたセーターを着て個別指導室に現われた時、以下のように展開になった。教師は驚きと関心を示しながら、「貴方のセーターはどうしたの？」と尋ねた。身振りとしぐさによって、メアリーがブランコの鎖に引っ掛けてセーターを破ったのだということが明らかになった。会話は「お母さんに別のセーターをくださいとお願いしましょう。素敵なきれいなものをね。もしかすると、今晩お母さんがこのセーターを直して下さるでしょう。」と続いていく。新しいセーターが登場したら、会話は次のように展開されるだろう。教師が「まあ、素敵できれいな白いセーターね。」と話すと、マリーは自分から身振りとスピーチを使って、母親が家でこのセーターを洗ったのだということを話すだろう。個人指導の教師は、この話を言語化して「あなたがうちに居る時、お母さんがこのセーターを洗ったのね。だから素敵できれいなのね。このセーターはもう破れていないね。さあ、これを着ましょう。これを着るとかわいく見えるよ。」と言ってあげる。メアリーは、誉められていることを知り、うれしくて頷くだろう。もちろん、メアリーはこの時はまだ「セーター」とい

う語を十分に分かっていないのは確かだが、時が来れば分かるようになるであろう。教師はその語を心に留めておき、後になってそれを使う機会を見つけださなければならない。例えば、人形のセーターを着せ替えする時に使ったり、他の子どものセーターのことについて話したりできるし，あるいはセーターを着ている小さな男の子と女の子の絵を見せたり、セーターをスーツケースに片付けるためたたんだりする時にも使うことができる。

　ジェニーがこの語に触れたのはまた別の状況だった。それは、誕生日に新しいしゃれたセーターを着て、得意になって皆に見せながらナースリーにやって来た日だった。この時の話し合いは次のようであったに違いない：「ジェニー、きれいなセーターね。お母さんがあなたに下さったのでしょう。かわいいセーターね。見て、上に花飾りが付いているわ。後で中庭でパーティーをするのでしょう。あなたはその可愛いセーターを着て来ていらっしゃい。新しいセーターを着ているあなたを見て、みんながとっても素敵ね！って言うわよ。」ジェニーは、彼女のセーターが特別にきれいで、誉められているということを教師の表現からすぐに理解するだろう。ジェニーも「セーター」という言葉を知らなかったのだが、マリーと同じように、そのうちに分かることだろう。その後、何週間かの間、セーターをなくしたり、忘れたり、洗濯をしたり、汚したり、ペンキをつけてしまったり、友達とセーターを取り替えっこしたり、お気に入りの人形に新しいセーターを上げたりするなど、さまざまなことが起こるだろう。時と経験とくり返しのおかげで、ジェニーや他のナースリーの子どもたちは、セーターという語を読話することを学ぶのである。

　以上のようなタイプの教え方は、セーターの絵を衣類の図版に貼り付けて、子どもに「セーターはどれ？」とか「コートを指して」と問

うような、古くて面白くないやり方といかに異なっていることだろうか。くり返しを要するそのような方法は、子どもにとって真に価値あるものではない。それはコミュニケーション手段としての語の概念を育てるのに、何の役にも立たない。メアリーやジェニーが一つの語彙を習得した様子を例に挙げたのは、ナースリーの子どもの語彙が、個別的に、それぞれにとって意味をもって、気持ちよく育っていくものだということを示すためである。ことばが子どもにとって有用になるには、そこに意味を与えることが必要である。そうすれば、子どもは使用を通じてその意味を吸収するにちがいないし、将来もそうだろう。

　読話は、聾児にとって計り知れない価値をもっている。それは全ての言語学習にとって基礎となる。読話がよくできる子どもは、男の子も女の子も、言葉が何であるかということを理解するだろうし、他の人々との関わりの中で言葉の重要さを感じ取っていくだろう。そして、子どもは、話すこと（あるいはコミュニケーション）が、他の人達と望ましい関係を作り、理解や表現、友情や幸福を作るものであるという事実をあたりまえのことと思うだろう。

　ナースリースクールでは、読話が上手にできるようになる最初のステップが踏み出される。ナースリースクールの教育プログラムの恩恵を受けている子ども達は、そうでない子ども達より明らかに有利である。良いスタートが切れた子ども、簡単でリラックスしたやりかたで唇を読むということを学ぶ子ども、知らず知らずのうちに人の話を注視することによって、物事について学び、行い、幸福な時を過ごし、安全で、愛され必要とされていると感じている子ども、そんな子どもに対して、プログラムは全く違った世界をもたらすことだろう。彼は唇だけを読むのではなく、子どもに話し掛ける人の顔の表情や癖や性格、およびその人の全体的な特徴というものを読んでいるはずである。

子どもは、顔に表れる喜び、希望、不愉快、援助、期待の表現をよく見ることも学ばなければならないし、しばしば強調される語に気付かなければならない。そしてなによりも、そういう強調される語は子どもにとって有用であるべきで、単に名詞と動詞といったものだけでなく、他の品詞であっても構わない。例えば、「これはあなたのゴム靴です。それをしまいなさい。」とか、「あなたのコートを持ちなさい。ジェーリーのじゃなくてあなたのです。」とか、「これはあなたの家の絵です。」とか、「今日はあなたのセーターは要りません。暖かいでしょう。」とか、あるいは「あなたのコートは汚れていますね。ブラシをかけなさい。」といったふうに教師は話すことが出来るのである。幼い聾児とともに過ごす教師にとって、子どもが如何に多くの表現を自分の力で見つけ出すか、驚くほどである。

　レキシントン聾学校でナースリーを始めた時、3歳以下の幼児が数人入学した。ある日の出来事が、意味のある条件下での絶え間ない反復が、この赤ちゃん達に使える言葉をもたらすことを、私達にはっきりと示してくれた。毎日、ナースリーの教師たちは子どもたちに手を振って、「バイバイ」と言っているが、これは日常茶飯事のことであり、我々はそれを大したことではないと考えていた。しかし、ある朝、レキシントン聾学校のメアリー・ニュー（Mary New）元副校長が、一人の赤ん坊に話かけ、子どもがよく見て、感じて、音の響きを聞けるようキーワードを強調するやり方をデモンストレーションしたことがあった。それが終わって、その子を保育室に戻そうとして、彼女が「さあ行きなさい。バイバイ」と言った。すると、その小さな子はいったん部屋の外に出たが、すぐに自分の帽子と上着をもって戻ってきた。いつも家に帰る時、「バイバイ」と言っいることが根付いたと言えよう。この語が違った意味でも用いられることは、これから学ばなければな

らないとしても。読話に対して正しく向き合っているナースリー年齢の小さい子どもは、話し手の顔と表現に注目することを自然なこととして受け入れているのである。

　読話は一つの技術（art）であり、それを早くからマスターした聾児—話の内容あるいはキーワードを捉えて、話し手の言っている語をそのまま繰り返すことは出来ないにしても、話の要点を捉えることを学んでいる聾児—に幸福をもたらすものである。それ（そのまま繰り返すこと）が必要なのだろうか？　聞こえる私達も人に語りかけられたことを、そのままに繰り返すことなどできない。私達も切り離された語単位に聞くのではなくて、*内容*を聞いているのである。聾児も同様であり、コミュニケーションの内容を明らかにする手がかりに注意しているにちがいないのである。

　既に述べたように、幼児全部が同じ時に特別の個別指導（読話、口声模倣、補聴器による学習）を受ける準備が出来ているわけではない。どの子どもにもプレッシャーをかけてはならない。学ぶことは、子どもが個別指導を受けるために指導室に入っていくにしろ、遊戯室や中庭に行くにしろ、一日中続くものである。何よりもまず、彼等は聞こえる子どもと同じように発達することが必要である。幼い子どもは、グループに参加したり、みんなといっしょに学んだり、自分で何かをすることを学んだり、創造力を発達させたりするのには時間がかかるものである。このことは、ナースリーでの訓練の重要な側面である。小さな聾児達は、すべての子どもと同様に着飾ったり、まねっこ遊びしたりするのが好きである。色とりどりの古いお財布やスカーフ、帽子、スカート、靴やそれに類する物が入っている衣裳箱は、子どもたちに限りない創造性を発揮させる供給源となる。子どもたちは、これ

らの宝物を見つけ出すと、すぐに乳母車に赤ちゃんを乗せて押す母親をまねたり、買物に出掛けたり、お父さんと一緒に散歩をしたり、一人でパラソルをさしてぶらぶら歩きをしたり、家の中で遊んだり、パーティーを開いたりする真似をする。これら活動の幾つかは、あるいは全部といっていいが、教師には会話を引き出すまたとない良い機会を与えてくれる。例えば、「あら、お店へ行くところかな？」、「それは素敵なお財布だね。」、「あなたの赤ちゃんはとても可愛いね。」、「あなたはお母さん（お父さん）なの？」というふうに。

また大きなブロックで家を建てたり、橋をかけたり、道を造ったりすることはコミュニケーションの機会やその時々の読話の機会を引き出してくれる。実際、お話、絵本、おやつ、昼食、お昼寝や幼児らしい普段の活動、ミルクをこぼした、ペンキをひっくりかえしたといった偶然起こる出来事など、保育の領域には、言語を使う限りない機会がある。これらすべて、またその他の毎日起こるできごとが、言葉を使う機会を与えてくれる。子どもたちは、「手を洗いなさい。」、「お昼ごはんの時間ですよ。」、「クッキーをもらいなさい。」、「ジェニー、今日はあなたがクッキーを配る当番よ。」、「コートをかけて。」「ブーツをはきなさい。」など、繰り返される表現の読話を自然に学んでいくことだろう。

レキシントン聾学校には二つのナースリーがあり、子ども達はナースリーⅠ（2歳半から3歳開始）から、ナースリーⅡ（4歳開始）に移る。

ナースリーⅡのプログラムは第Ⅰ期のプログラムとあまり異なっているわけではないが、既に指導を受けてきて多くの言語を理解するようになったこども達の場合は、個別指導の先生と過ごす時間が少し増えて、多くの場合一対一の学習ができ、模倣と触知覚を通して多くの

音声を真似て返すという学習が可能になる。しかし、ここでも発音のフォーマルな練習はしないということは付け加えておきたい。もし、ある子どもが言おうとした語の中できれいな［ｋ］音が言えたとしても、それは結構なことであるが、教師は、まだ言えるようになっていない他の音を完成させようと苦労することはない。

　子ども達はしばしばちょっとしたお出かけをして、またそれについて話し合う。買物に、見学に、見物に、遊びに、そして新しい経験をするために出かける。お話しはもっと長くなり、４歳児向きの本を見たり読んだりする。子どもたちは本を借りるために学校図書館へ行く。視聴覚室で年齢に応じた短い映画やスライドを見る。それらを見る前後には、個別指導の先生がお話しをしてくれる（映画は８〜１０分より長くてはいけない）。ナースリーⅡの子どもたちはナースリーⅠの子どもたちと同じ様にリズム体操に行くが、１歳年長であるため、プログラムは年長児のニーズと好みに合わせてある。彼らはナースリーの範囲でのお絵かきと粘土細工に加えて、美術クラスにも行くようになる。彼等の語彙は増えて、それぞれの子どもが、自分が持っているもの、大好きなもの、あるいは知っているものの絵を貼りつけた本を持っている。

　４歳児は読み書きはまだ学ばない。多くの聞こえる子どもと同じように、この年代の子どもたちは自分の名前は認知できるし、他のいくつかの語を「自分で」認知する子どももいる。しかし、この子どもたちは、まだ口頭での言語の使用と意味についてせいいっぱい経験しているところであり、また大人ばかりでなく、子供たち同志でやりとりをすることを絶えず試みているところである。

　彼らはいくつかの印刷された語を認知することを学んでいるが、それは読むことを教えられたからではなく、教師がナースリーでの活動

に関係して作った簡単な図の中で、印刷された語（文字）が日常的に目に入ってくるからである。例えば、この年齢の子供たちは、服を吊す物入れや絵画製作物、あるいは子どもがクッキーのお皿を持っている絵に、自分の名前や友達の名前が書いてあるのをくり返し見ているうちに、自然それが分かるようになるのである。クッキー皿の下に名前が入る溝があり、そこに誰がお皿を配る当番か、名前が差し込まれるようになっているのである。

　子どもたちに読むことや数えることのレディネスを育てる指導の方法は、他にももっとたくさんある。ナースリーⅡでは、教師は子どもが大好きな色とりどりの出席表を用意しており、それにはナースリーの子どもと大人のそれぞれの絵が描かれている。毎朝、出席チェックのとき、出席の子どもは自分の絵に被さっているおおいをとって、それから出席した男の子と女の子の人数を数える。こうして、子ども達は印刷された名前を認知するのと同じように、まったく無意識のうちに数えることを学ぶのである。さらに、子ども達はまだ正確には読むことが出来ないにもかかわらず、ナースリーの先生が、運動場にいくときにいつもドアのところに文字カードを掛けて行くのを見たりしているうちに、印刷された語は意味を伝えるのだということが分かるようになる。いくらも経たぬうちに、子どもたちは、出かける前にそのカードをドアの所に掛けることを先生に思い出させるようになるのである。こういったことが真の読みのレディネスと言えるだろう。

　さらに言えば、読話のための定まった語リストというものはなく、幼児はそれぞれ自分の語彙をもっている。しかし、たいていの場合、子ども達の語彙には同じ語や表現が多いものである。子どもたちは多くの類似した行動や経験に関心をもち、また同じ様な物を持ち、かつ同じ様な考えやアイディアをもつものだからである。子どもの成長と

ともに、そして活動の拡がりとともに、これらの個々の語彙も育っていくのである。

　記憶しておくべき重要なことは、3歳であるにせよ4歳であるにせよ、ナースリースクールは学級（クラスルーム）ではなく、従って学級のように進めてはならないということである。ナースリースクールは遊ぶところであり、学ぶところであり、言語に気付き、その使用を発達させところであり、そして社会性を身につけ、愛と理解の両方を得るところである。ナースリースクールは、どの学校にあっても重要な部分であり、最上の設備とスタッフと指導体制を必要とするところである。

第Ⅲ章
知ることへの育ち

少し学び、少し遊び、我らは歩み続ける。
　― そして、来たるは良き日
ほのかな温かみ、ほのかな光、愛の贈りもの
　― そして、来たるは良き夜
　　　　　　　　ジョルジュ・デュ・モーリエ
　　　　　　　　トリルビー

プレスクールは準備の場所であり、そこではナースリースクールの学習を終了した５歳児が、小学１年生に入る前に必要な基礎を作ることができる。ここは、子どもが言語の真の理解－言語の意味と働き－を強化するところである。プレスクールで子どもが達成することは、これからの学校生活や更にその先まで大きな影響を与えることだろう。したがってプレスクールの教師の責任は非常に重大である。プレスクールの教師は、真の*教育*とは何かを知っていなければならず、また豊かな知識と同様に想像力や独創性も必要である。プレスクールの教師は、あらゆる５歳児のニーズと、特に聾児のニーズについて知っていなければならない。子どもが進んでいく方向を知り、そこに至るために何を知る必要があるか、分かっていなければならない。

　プレスクールで達成されることについて詳しく述べる前に、一般的な学習について、および特に言語学習について述べられ書かれてきたことについて、少し見直しておいた方がよいと思われる。私達は適切な行動によってのみ学習が成立すると言ってきた。私は*適切*という語を強調したい。教師がこのことを心にとどめているならば、下に（under）という前置詞の使用法として「テーブルの下に花を置きなさい。」とか、「ハンカチを椅子の下に置きなさい。」といった言い方はしないことだろう。教師は、誰もが事物は使われている状態で学ぶべきであるということを忘れてはならないし、また子どもの真の学習にとって、正しい動機付けの提示法があることを知っていなければならないのである。

　教師自身が柔軟であるとともに、より柔軟な指導法を活用できることが求められる。これに加えて、担当する子ども達を効果的に指導することができなければならない。教師はスーパーマンであれ、ということだろうか。そうではない。子どもを愛し、理解し、良心的で、十

第Ⅲ章　知ることへの育ち

分に準備して、子どもたちを適切な学習の道へ導きたいと深く願っている教師は、最高の資質に到達できることだろう。聾学校の教師は、間違いなく、献身において欠けることはないと言える。

　子どもの言語習得に関して聾学校教師が銘記すべき確かな真実がある。「*幼児における学習の発達*」という本に、「語や文の意味の理解は、発音したり自発的なスピーチの中で語を使ったりする前に習得されるであろう」と述べられている。[*1] このことから、発音や読み書きの発達に働きかける以前に、読話を多く扱い、また若干のサイレントリーディング（silent reading：観念読み）を用いる方法に重点が置かれているのだと考えられる。また同書で、著者は「言語を使用する能力は、練習（実際に使うこと）を通して発達するのだということに、常に留意しなければならない。」[*2] と述べている。もし、聞こえる子どもが言語を使用するために練習が必要ならば、聾児の場合、その必要性はもっと大きくなり、それを聾児は聞こえる子どもと同じ自然な方法で行うことが必要となる。こういうことを知っていれば、教師は、子どもが既出の語や文に十分習熟する前に、急いで次から次へと新しい言語を与えすぎたり加えすぎたりしないよう、気を付けるようになるはずである。

　言語は、それを使うことで子どもが考えや気持ちを表現できるように教えられるべきである。子どもは言語を使用することで、知的に情緒的にどのくらい成長しているか、日々の生活の中で、どのように私（I）から私たち（We）へと変って行くのかを表してくれるのである。
　聾児も自分の言葉を、彼の要求、気持ち、経験から発達させていくべきである。

聾児の教師は、どのように（how）教えるべきか、いつ（when）教えるべきかということと同時に、どんな（what）言葉を教えるべきかということを知っていなければならないが、何にも増して、教師の仕事すべてのなぜ（why）を理解していなければならない。言語を教える*理由*がまず始めに定まっているべきである。例えば、ある言語規則について、誰かが特定の時に子どもに与えるべきと考える、その時に教えるのか、あるいは子どもがそれに対して非常にはっきりした欲求を示したから教えるべきなのか？　当然、後者が正しい答である。

　次に来るのが、*何を*（what）教えるべきか、である。子どもに教えるべき言葉は、子どもの欲求に応えなければならず、子どもが考え、感じていることを表現したいという意欲を彼の心の中に育て、さらにきちんと正確にそうできる道具を与えなければならないのである。ある言葉の使い方をいつ（when）教えるべきであるか、という問への答は：子どもを取り巻く環境や条件が問題の言葉の意味を明らかにする状況で、子どもが自分自身で理解でき、またその言葉を使う必要を感じることができる時、と言えるだろう。

　新しい言語をどのように（how）教えるかの問題―多くの教師を困惑させる問題―が最後に来る。その答は、*自然な方法で*（in a natural way）、子供たちの経験や興味、ニーズを十分に考慮して行なわれるべきということである。個人的な興味もなく、その言葉を教わる子どもの欲求からも全く離れた的外れな教材やドリル文や、わざとらしい練習を通して教えることは決してなされるべきではない。

　それぞれのレベルでの言語指導を試みる前に、教師なら誰でも心に留めておくべきことは、言語が自発的であるためには、それが十分に理解されていて、楽しい気持であふれ出てくるようにすべきだという

第Ⅲ章　知ることへの育ち

ことである。教師は文法の仕組みを知っていたり、全ての言語規則や構造を使うスキルをもっているだけでは十分ではない。教師は言語についての*精神*（spirit）を発達させなければならない。つまり、子どもに話したり書いたりすることに熱中させ、また*語*（words）の中に考えを込めることを第2の天性としなければならない。易しく自由な思考は自然な表現を引き出すのである。不機嫌な、いらいらしている、嫉み深い、あるいは喧嘩好きな子どもは、興味をもって学習するということがないし、言語を難しい勉強だと考える子どもも同様である。

　あるクラスが非常に形式的なやり方でしつけられてきたようだと教師自身が思う場合は、徐々に安心と友愛の精神を発達させなければならない。このことは時間と根気のいる仕事であるが、子どもたちが皆いっせいに嬉しそうな態度を示すとは期待できないにしても、やがて達成できることである。親しみある関わりによって壁は取り去ることができ、子どもは友愛によって仲間になることができ、教師とクラスの友だちとともに、楽しく協力しあって学習するようになるのである。

　聾児が自然な表現をするようになるには、言語を使用する能力と同じくらいの精神がなければならない。聾児は十分な励ましと援助を受けることがなかったことから、時には彼の能力を遥かに下回ったことしか成し遂げられないことがある。援助が方向付け程度のものならば、あまり子どもを助けることはできないだろう。

　言語を理解し使用する能力の重要さと必要性について考えてきたが、ここで5歳から6歳の間のクラスの指導プランの基本事項に立ち返ってみよう。ここでは、スピーチ、読話などの口話によるコミュニケーションや読むことの準備としてのスキル（prereading）に重きを置き、書くことの準備としてのスキル（prewriting）については若干

触れる程度にする。簡単な日常的な表現については、使うように励ますだけでなく、必要と思われるときは必ず使うようにさせる。言語の価値と必要性は、常に強調されなければならず、そうすれば、子どもたちはいつも言語を使って考え、彼等自身の言葉で表現しようと試みることだろう。

　ナースリースクールとプレスクールの間の大きな相違は、5歳児では、より多くの直接的学習が可能であり、短い時間、小さな集団で座っていることができ、話し合いに参加し、長い文を使おうとすることができるという点である。
　プレスクールのクラスの理想的な人数は6、7人であるが、この人数にできるのは稀である。教師が賢明に計画すれば、8人までなら掌握できるであろう。真の成果を期待するならば、もっと多い人数ということは考えられない。
　プレスクールのクラスは、きちんとしたフォーマルな教室（schoolroom）として設定されるべきではない。個人用のテーブルと椅子の他に、部屋が遊ぶ場所にもなるように、人形、ベッド、テーブル、お皿類、アイロン台、玩具のコップ掛け、ストーブ、積木、自動車、ボート、その他の玩具を備えておくべきである。図書コーナーには、テーブルと書棚が必要である。
　語や句、また文の概念を明確にし、拡げるための読話は、引き続き重要である。多くの聾学校教師は、聾児が唇から語を読み取ることを知っているが、それでも聞こえる子どもが理解するようには言語を理解できないと考えている。それは記憶上の見せかけに過ぎず、知的な発達に全く関わっていないかもしれない。このような場合、子どもたちは思いを伝え合うなかで語の意味を理解するということは出来な

い。聾児の言語力を伸ばしていくのであれば、子どもは言語を完全に理解しなければならない。5歳でプレスクールに入る前までに話しかけられることに慣れてきた幼児は、言語によって物事を考えることができるようになっている。物語の終わりがどうなるかを感じたり、絵や創造的な遊びによって示唆された場面の手掛かりを見つけ出したりすること、こういったことのすべてが、コミュニケーションや思考のなかで語の意味の意識が育っていることを示してくれるのである。

　5歳から6歳の間にある子どもたちは、自分の経験を言葉で考え、教師の助けを借りて、クラスの他の子どもたちに、何が面白くて、何を見、何を発見し、何を買ってきたかを語ることができなければならない。もし、その話が新鮮で興味深いものであるならば、教師はそれをそのまま黒板に手書きで書いてみよう。そうすることで、子どもたちはその話を話されたと同じように書かれた形で見ることができる。黒板が最初に使われるが、後には新聞大の紙に書いても良い。クラスの他の子どもたちは、友達の名前を認知し、やがてその他の多くの語も分かるようになって、ついには文全部が理解されるようにもなるであろう。子どもたちは彼等が既に知っていることを読むようになる。いわゆる「学級ニュース」は、子どもたちが既に経験したことや場面を理解していることについて書かれているので、プレスクールの子ども達にも容易に読めるのである。

　この学級ニュースにはドリルは入れてはならない。ドリルが目的ではなく、話し合われたそのままを書いて、話されたことを補強することがその目的だからである。絵は、はじめのうち、語をはっきりさせるために用いられるが、やがて子どもたちがその言葉を理解できるようになった時には、なくてもよい。もし、スージーがクラスの友達に、彼女の新しい赤いサンダルのことについて話したいと思ったら、教師

は「昨日、スージーのお母さんがスージーに赤いサンダルを買って上げました。」と書いて、続けて、スージーの新しいサンダルに似た一足のサンダルの絵を赤いチョークで描くこともできる。あるいはボビーの膝にバンドエイドが貼ってあったら、これについての文が書かれ、膝にバンドエイドが貼ったボビーの絵が描かれるであろう。教師

5歳児は多くのことに興味をもつ

は毎日すべての子どもについて書いてやる必要はないが、週に一度は必ず取り上げるようにすべきである。

　ニュースには、新しくて特別のことだけを書くようにして、カレンダー、お天気のような退屈で決まり切ったことは含まないようにする。遠足を妨げる雨はニュースになるであろうし、同様に今年はじめての吹雪はニュースになるであろうが、天気は普通は5歳児にとって重要事項ではないだろう。子どもたちはカレンダー（できれば大きなものがいい）を見て日付が分かるようにし、曜日と日付を学校ニュースの記事の一番上に書くようにする。

　このできごとの共有ということは、プレスクールでの言語の準備学習の非常に重要な部分であるし、この点は他の学年においても同様である。毎日のプログラムのこの部分は、こなさなければならない授業として決まり切ったやり方で進めるのではなく、むしろ、みんなが興味をもっていっしょに考えるように進めるべきだろう。思うに、注目すべきことが何もなかったり、あるいは子どもたちが目前に迫った何かの活動やプログラムですっかり興奮してしまったりして、黒板に書くべきニュースがない日もあることだろう。一般的にいって、小さな子どもは自分にとって重要であると思うことについては、熱心に話そうとするものである。

　プレスクールの子供たちが学ばなければならず、また必要なときに使わなければならない多くの大事な必要な表現がある。我々の学校の5歳児は、非常に多くのそのような表現を使っている。一人の子どもがクラスの他の子どもに話しているとき、それを見ていない子がいると、その子はすぐに「私をよく見て。」とか、「私を見なさい。」というであろう。プレスクールの子どもたちにとって必要であり、よく使われるその他の表現としては、「動かして下さい。」、「見えません。」、「最

初でいいですか？」、「二番目でいいですか？」、「止めて。」、「邪魔しないで。」、「ばかなことをしないで。」、「いくつか持っているよ。」、「通るよ（ちょっとごめん）。」、「私、知っているわ（僕、知っているよ）。」、「えーと。」、「お弁当の時間だ。」、「ちょっと待って。」、「何だって？」、「怖いよ。」、「見せてください。」、「私の番よ。」、「何のためなの？」、「どうして？」などがある。

　表現は、欲求がある時に教えられるものであって、ドリルによって教えられるものではない。数についても、その使用は子どものニーズ次第である。しかし、ある表現を使う必要が起こった時には、教師は、すかさず子どもにその表現を使うことを求めなければならない。例えば、絵が見えない時、子どもに「見えません。」と言うように促してやるのである。こういうことを毎日毎日行なったならば、ついには教室の外であれ内であれ、子ども自身のことばとして、こういう表現を使うようになるであろう。それが子どもの一部となり、そして、より自然な表現を知れば知るほど、言語の使い方はより習慣的になっていくのである。ここで、これ等の表現は発音指導の対象とはならないということを付け加えておきたい。プレスクールの子どもの発音は、始めは言葉の発音にだいたい似ているといったところであろう。しかし、やがて子どもはよりはっきりと正確に話すことができるようになる。この時期には、コミュニケーションの道具としての言語の使用を発達させ、充足した生活に関わる言語の価値に気付くことに主眼を置くべきである。

　ナースリースクールやプレスクールでは読話は最重要なのだから、読話については、あまり強調しすぎないようにしておこう。私は、言われたとおりに言葉を復唱させる正確な読話（exact lipreading）と呼ばれるものではなく、偶発的読話（causal lipreading）あるいは全体

的読話（general lipreading）が大切であると思っている。「幼児を育てる」に述べられている説明、すなわち「教師は、子どもたちが使っている語や句についての理解、または理解の欠如について意識的でなければならない。話している語は理解している語であると思うことはできない。」*3 は、適切なものだと思われる。この見解は一般校の教師のために書かれたものであるが、聾学校教師のためにも素晴らしいアドバイスとなっている。同書には、「教師は（出来事について）経験したことを直ちに言葉にしなければならない」*4 とも書かれているが、これは聾児の場合、我々が偶発的読話と呼んでいるものの中や、時には教師が書く「ニュース」の中で扱うことができる。

　ナースリーの最初の数年間は、他の何にも増して、読話は会話に他ならない―子どもの家、家族、友達、学校、玩具、活動、子どもらしい喜びや哀しみなど、子どもに関わる全てのものについての会話である。これらの話し合いは、自然で自発的なものでなければならない。教師は会話を子どもにとって易しいもの、理解できるものにしなければならない。教師は忍耐強くなければならないが、それは苦しい忍耐を意味しているのではない。教室の中には、笑い声と面白さと満足と、それに真の意味での幸福感がなければならない。決して唇の動きだけが読話の全てと考えてはいけないのである。

　よい読話者である普通の聾児は、一般に、よい話し言葉と書き言葉を持っており、よい読み手でもある。彼等が聞こえる人と接触するのは望ましいことであり、あたりまえで、そして楽しいことである。言語の正しい概念を持つ聾児は言語を使うことを望んでおり、一方通行のコミュニケーションで満足することはない。彼等は、家庭や学校において会話ができることを望んでいる。彼等には話すべきことがあり、それについて話したいと望んでいるのである。

幼い子どもがしゃべりたいという願望を持っており、そして考えたことを表現する言葉を持っている時、彼の発音についてはどうだろうか。早い時期からいつも正しい発音を期待する教師にとって、発音の問題は殆ど越えがたい問題である。子どものおしゃべりは正しい発音の例にはならないだろう。なぜなら5、6歳での彼の言語能力は、このレベルでの発音の状態を遙かに引き離しているからである。このことは聞こえる子どもの場合と同様に本当だと言わざるをえない。しかし、私たちは聾児が話したいと思う話に含まれる全ての音を習得することができないからといって、彼が話そうとしていることを制限すべきであろうか。私は断固として「否！　子どもが表現したいように話させよう。」と言いたい。

　かなり前だが、レキシントン聾学校で、私達がまず5歳児にいろいろのことについて質問やお話をさせ始めた時、発音については相当に混乱した状態だった。子どもたちは非常によく話したが、スピーチの能力はそれに見合うものではなかった。この乖離状態はやがて克服されるのだろうか？　我々は、希望をもち信頼することにした。やってみる価値のあることだと信じて、その第一の信念として、第一ステップでは子どもに必要な言語の正しい概念を与え、話すことを望み、愛するようにさせ、また多くの話題に関わらせ、人に話しかけられることや理解されることを期待させようとした。私達はコミュニケーションの習慣が確実に出来上がることを望んだのである。子どもが話すべきことがないとしたら、あるいは、完全な発音が子どもに無関係で興味のもてない文や、教師製の文の中でしか使われないのならば、いったい完全な発音で話すことは何のためなのだろうか？　聞こえる子どもと同じやり方で、また同じ理由で話すことができないとしたら、発音は何のためにあるのだろうか？　聾児は発音しなければならず、ま

たそれはいい発音、他の人に分かる発音であるべきだろう。しかし、聾児はまず言語理解を達成するのに時間がかかるのである。

　このような訳で、自然法プログラムの中で私達は冒険を始めた！我々は言諸概念の問題に集中した。私達は「言語感覚（languge sense）」を子供たちに与えるべく、あらゆる機会を利用した。私達は予め語彙を設けることをせず、それぞれの子どもが彼自身の語彙を発達させた。それはどんな種類の語彙だっただろうか？　それは、自分が知っている人の名前、学校の内外で使うものやよく行く場所の名前などであり、子どもにとっての良い語、重要な語やつまらない語など、要は子どもたちが使うことばであった。我々はそこに含まれる言語規則には頓着せず、子どもたちが言いたいと思っていることが言えるように助けた。そこには何の困難もなかった。この年齢の聾児は、聞こえる子どもと同様に難しい文法形式は必要としなかった。彼らは「僕たちは早い（We're early）」とか「マーサは遅いよ（Martha's late）」といった（短縮形の）言葉もたくさん学んだ。私達は必要なら動詞のどんな形もいつでも使った。要するに我々はその場で必要なことばを使ったのである。子どもたちは付いてきたが、無分別に従うわけではなかった。後になって彼等の言語は支離滅裂になっただろうか？　私達はそうはならないと信じ、そして我々の信念は正しかったのである。

　全ての聾児をこの方法で教えることが可能だろうか？　私は知的に問題がなく情緒のバランスもとれている聾児なら、この方法で教えることができると信じている。また、子どもたちはより幸福で、より自然に成長し、普通に行動し、コミュニケーションもより豊かになると確信している。

　聞こえる子どもであれ、聾児であれ、全ての子どもが同じ速さで発

達するということはない。他の子どもが1年でやるところを2年かかる子どももいる。聾児がどの位速く成長していくかは多くのことに依存している－いくつかを取り上げれば、子どもの早期の家庭環境や訓練、大人への態度、情緒的安定、安心感、知的発達、その子ども固有の才能の使い方、読話に対する天賦の能力や態度などである。ここで銘記すべきなのは、大事にすべきポイントはいかに早く成長するかということではなく、いかによく成長するかということである。

　学習の遅い子ども（スローラーナー）についてはどうだろうか。彼は、このアプローチによって利益を得られるであろうか？　私は、面白くない、型にはまった、不自然な指導によるよりも、この方法によった方が彼は良く学習できるだろうと言いたい。学習も遅く、思考もゆっくりした子であるかもしれないが、彼はまだ小さな子どもであり、やがて一人前になるに違いないのである。ゆっくり進む子どもであるから、彼に対する指導は平易で自然なものとなり、そして意味をもった繰り返しと復習を十分に考慮する必要があると言える。

　5歳児はみんな質問したいことがたくさんある。彼らは多くのものについて、なんでも知りたいと願っており、また物事についていろいろ考えたがっている。プレスクールの子ども達は質問形ではなく、質問そのものを学ばなければならない。この2つの間には非常に大きな違いがある！　子どもがしばしば聞きたがっている質問については、次のような表現を教えておきたい。―「見てもいいですか？」、「箱の中には何があるの？」、「メアリーはどこにいるの？」、「（私たちは）どこへ行くの？」、「あれは誰？」、「どうしたの？」、「いくつあるの？」、「これはみんなにあるの？」、「今、あの子たちと遊んでいいの？」などである。こういった質問は、ほんの一部に過ぎない。はじめのうち、子どもたちは、質問をするたびに教師の助けを非常に多く必要とするが、

第Ⅲ章　知ることへの育ち

学年の終り頃になると多くの質問がたびたび用いられるようになって、教師の助けも殆どいらなくなるのである。

　包んである物のあてっこゲーム（Guessing game）で遊ぶことで、プレスクールの子どもたちが獲得できるいろいろな情報がどんなに多いか、目を見張る程である。子どもたちは学校へいろいろな品物を持って来て、級友をびっくりさせたり、みんなにかごの中や箱の中にある物を当てさせたりすることが大好きである。はじめのうちは子どもは「赤」とだけ言うかもしれない。教師はその子に「それは赤いですか？」と言うように助けてやり、黒板にもその質問を書く。もし、持ち主が赤くないと答えたならば、別の子どもが、また教師の助けを借りて「それは青いものですか？」と尋ねるであろう。そこからやがて、「それはどんな色ですか？」が出てくるのである。子どもたちはかごや箱を触ってみることが大好きである。この好奇心は、少しずつ「それは木でできていますか？」「プラスティックですか？」「鉄ですか？」「ブリキですか？」といった質問に変っていくことだろう。5歳児の中には、材料名をたくさん知っている子どももいる。かれらは象牙で作られたものを持ち込んできて、材料の名前まで尋ねた。プレスクールの子どもたちは、その学年の終りごろまでに「（あなたは）いくつ持っていますか？」、「それは可愛いですか？」、「どこで手に入れましたか？」、「誰がくれたのですか？」、「あなたがそれを買ったのですか？」、「それは重いですか？」「それは食べるものですか？」といった質問をするようになる。それは前もって準備されたものであってはならないし、また同じ質問を繰り返してはならない。もしベティーが、「それは食べ物ですか？」と尋ね、その質問に肯定の答えが得られたら、ビリーが「それは遊ぶものですか？」と尋ねることを教師は許してはならないのである。教師は友達の話をよく注意して見ることが大切であるこ

と、またベティーがそれは「食べる」物であると答えていること、私たちは食べ物で遊ぶということはないのだということを説明すべきである。またパティーが「それは丸いものですか？」と質問して、そうだということになった時には、それは角張っているかといった質問は、このゲームの間は重ねてはならない。これは「あてっこ」ゲームであって、質問形のドリルではないのである。ここで大切なのは質問の背後にある思考や意味である。子どもたちは、それが着るものであると分かったならば、遊ぶものか、食べるものかといったことを尋ねることはできないのだということを直ぐに学び取るようになる。あてっこ遊びのおもしろさを大事にしつつも、個々の質問のすべてについて、その理由、価値、用法をはっきりさせるために、あらゆる機会を活用すべきである。教師の仕事は、質問表現に困難のある子どもを助けることである。

　プレスクールのクラスで絵を用いることは、毎日のプログラムの中で非常に有益である。絵の中のいろいろな人や物について多くの読話が成立し、あるいは絵で示された物語を子ども話してやることができる。絵は場面について推理したり、状況の鍵となることを見つけ出したり、登場人物の気持ちや会話について考えたり、描かれている行動に先行することや次の展開を当てたりするなど、数限りない機会を提供するものである。物事を考える訓練をする上でも、言語概念を増大させる上でも、絵には計り知れない価値がある。私は何人かの５歳児が、ある家族が居間で開けたばかりの大きな木箱のまわりに皆集っている絵を見ていた時のことをよく覚えている。描かれている顔は、驚きか喜びによる興奮を表していて、皆とても幸福そうに見える絵だった。教師は、なぜ家族全員が笑っていて幸福そうなのか、なぜ子ども達は興奮しているのか、なぜ小さな子どもが父親を引っ張って早く箱

の中から「何か」を出させようとねだっているのかについて質問した。すると、3人の子どもが父親が新しいテレビを買って来たので、家族中が喜んでいるのだと推理した。ふたりの子どもは、その場面を理解するのに助けが必要だった。一人は、クリスマスの時、その子の家で買ったテレビのことを話したがったのである。

　場面を理解する能力を発達させるために用いられる絵は、5歳児にとって興味をもって受け取られるものでなければならない。始めのうちは、その場面はむしろ分かり易いものがいいが、時を経るに従って、絵についての条件は明白なところが減って、より推理を要するものも許される。このタイプの活動は、抽象的なことばを教えて、それを日々の出来事の中で用いるためにとても良い基礎を作ってくれる。この種の学習は、型にはまったものであってはならず、また強制的であってもならない。絵そのものに加えて教師の態度や興味の示し方で、子どもたちは、輪になって集まり、その絵を見て、教師から説明してもらいたいという気持ちをかき立てられるはずである。

　読みへの基礎として、ある経験をいくつかのステップで示した一続きの絵（絵話）を導入すべきだろう。最初、教師は絵の中のできごとについてクラスの子どもたちに語ってやり、話の各段階を次々に示していく。このような絵のセットは、読みの準備としての数多くのワークブックの中に見られる。絵を長く使い、また取り扱いやすくするために、切り取ってオーク材の小さい板に貼り付けておくこともできる。子どもたちがこういう絵話について話す経験を重ねた後で、別の絵のセットを扱い、セットの絵を正しい順に並べるような機会をたくさん設けてやりたいものだ。このような活動は、子ども達に状況や出来事を起こった順に視覚化し、その経験についてよく考えさせる上で、非

常に高い価値をもっていると言える。

　こういったやり方に向いた絵を、サタデイ・イブニング・ポスト紙の第一面に見つけることができる。これらの絵は、一般的に興味の上からも創造性やアピール性、そしてしばしばユーモアの観点からも高く評価できるものである。ちょっとした工夫で、教師は（普通は一枚

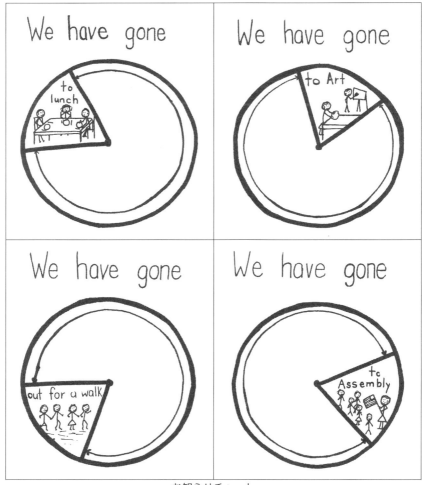

お知らせチャート

の紙として描かれている）これらの絵を折り込んだり、鍵になる部分を覆ったりして、一つながりの話に変えることができる。例えば、大勢の子どもたちが小児科医の待合室にいる絵を見せながら、次の子ども―待合室の中でその子だけが怖がっているのだが―を呼び入れようと診察室から顔を出した医師の部分を隠すというやり方をするなどで、あるクラスでは大いに興味がかき立てられたものだ。

　読みのための他の土台は、教室でのいろいろの「お仕事」の指示の中に見出すことができる。溝のあるチャートに子どもの名前やその日のその子のお仕事を嵌め込んだり、あるいは子どもたちがこれから行く場所を示すチャートを使用したりすることが、いつも使う役に立つ言語を認識することを助けてくれる。例えば、私達の学校では樫の板で出来ていて、真鍮の鋲で2枚の紙を一緒にとめてある1枚のチャートがある。下の紙にはいろいろな行動を説明する絵が描かれている。上の紙は一部が切り取られていて、このシートはグルグル回すこと出来るようになっており、子どもたちが出掛ける所を示すことができる。子どもがチャートを適切な位置（出かける場所）に合わせ、それを教室のドアの外に吊り下げて置くのである。部屋に戻ると、サインは外されて、他のもの、即ち「部屋にいます」というカードが下げられることになる。

　プレスクールでは、プライマリースクール（primary school 小学校低学年相当）やローワースクール（lower school：小学校高学年相当）と同様に、言語発達のための多くの機会が必要である。聾児は、教師サイドの限定された言語指導のために、言語発達が制限されてはならない。本来的な学習を導いていくような学級の雰囲気を維持していくためには、知識豊かで想像力に富み、創造性のある教師が必要である。

教師が言語使用を自分やクラスの子ども達の一部としてしまうことによって、聾児も聞こえる子どもと同じように自然に言語を受け入れていくことになる。子ども達は、友達や大人と話し合ったり、楽しく関心をもって付き合ったりするには、言語が極めて大切であると考えることだろう。

　教師は教えたい言葉は繰り返す必要があることを、いつも心に留めておかなければならない。会話、ニュース、物語、表現や質問などを通して、子どもは、数の概念、色の識別、慣用句、また５歳児なら知っているような雑多な情報を獲得することができる。私は、会話や玩具や洋服やその他の持ち物についての話題を通して、また絵本や雑誌のイラストレーションを通じて、子ども達は色の識別を学ぶことができると信じている。小さな子どもは彼等が着ているものの色と他の同じ色のものをマッチングすることが大好きである。聞こえる子どもは、見たままの物の色、自分の持ち物やその他の物の多様な色を知りたいと思うから、色について学んでいくのである。彼らは、色のサンプルの名前をすらすら言えることを学習するために、カラーチャートを必要としたりしないのである。

　数の概念は具体的に扱ってやり、子どもが持っている物、使っている物、知っている物といっしょに使うと、より速く獲得されるものである。数についての読話は言葉と結びつけて行うもので、新しい話題や（今朝、ボビーは学校に自動車を３台持ってきました。）問いかけや（ビッキー、チョークを２本持ってきてくれない？）、日常の出来事の読話（昨日、非常口のところで母さん鳥と２羽の小さな子鳥を見ました。）などの中で扱うべきである。プレスクールの子どもたちは、読話によって全ての語を一つ一つ捉えるものであろうか？　まだそうではないが、大きい鳥と２羽の小さい子鳥の概念は捉えるだろう。

子ども達は数を数えるのが好きであり、子どもたちに、みんなに渡すために必要なクッキーやクレヨンや紙の数を数える経験をさせるべきである。玩具やいろいろな物の数を数えて、十分行き渡るかどうかを考えることは、どの子どもにとっても意味のあることである。

　毎日のコミュニケーションを通して、偶然に習得される言語も多い。指導プログラムは柔軟性に富んでいて、可能な限り移動できる方法を取り入れたり、多くの場所に出かけたりして行なわれるべきである。子ども達は消防署や郵便局に行くことができるし、また学級で使うもの買うために、あるいはお誕生日の子どもにプレゼントを探すために、あるいはゼリーやココアを作る材料を手に入れるために、お店に行くこともできるだろう。こういうことは教室の外で行なわれる多くの活動の一部であるが、これらが日々の出来事についての言語習慣にさらに多くを付け加えるのである。可能ならいつでも、子どもが教師の家に行き、教師の住んでいる場所を知り、教師が家庭でしていることを知るようにしてやりたい。この知識は生徒と教師の間により親密な感情をもたらし、子ども達は教師も普通の人であることを学ぶだろう。

　聾児をコミュニケーションに向けて開くことが、プレスクールの教師にとって全てに勝る目的である。なぜなら、聾児も耳の聞こえる兄弟のように言語の使用を通して普通に幸福に成長していくからである。聞こえる子どもは特に機会がなくても聾児よりもっと頻繁に言葉を使っているのだから、教師は聾児に言語を使う多くの機会を与えるべきだということを忘れてはならない。

　聾児には、彼らを言語で満たすことができ、そのために必要なことのできる熟練した教師が必要である。また同時に、教師は進むべき方向を知り、そこにまっすぐで明確な道を通って到達しなければならない。教師は、それぞれの子どもはどれくらいのゆとりがもてるのか、

また、適切な立ち戻りをどのくらい必要とするかについて知っていなければならない。教師は、子どもに学んでほしい言葉を、*自然な場面*でしばしば繰り返すべきである。

　プレスクールの子どもに完全を要求する教師はひどく失望することになるだけでなく、子どもにとっては大きな障害ともなるだろう。その教師が、耳の聞こえる子どもも言語の使い始めの頃は、いろいろな誤り―誤った使い方、語の脱落、誤った発音など―で話すという事実を思い出し、受け入れてくれるとしたら、ずっと楽になることだろう。聾児がはじめて言葉を使おうとしている時、完全な文法を使うこと期待されているとしたら、どうしてそうなるのかと不思議に思う人もいることだろう。そこで重要視されているのは意味とか表現意欲の大切さではなく、文の*正確さ*だけなのである。

　優れた教師はだれでも生徒が良い言語―どんな場面でも役に立つような言語―をもつことを望んでいる。このたいへん価値ある状態に到達するためには、子どもは、まず言語が自分にとって重要であり、報われるものであり、必要なものであるということに気付かなければならない。子どもへの言語の導入は、(家庭以外では)ナースリースクールとプレスクールで行なわれるものであるから、これらは正しい基礎を与えるべき場所であり、子どもが獲得する言葉は、子どもの言葉であるべきである。例えば、子供が年齢を尋ねられた時、子どもは「五つ。(five.)」とか「五つです。(I'm five.)」と答えるように教えられるべきである。正式の答である「私は５歳です。(I am five years old.)」はいかにも子どもらしくない。優れたプレスクールの教師は、子どもたちが仲間言葉でコミュニケーションできるのを見たいと願っている。また、子ども達が思ったこと、感じたこと、したことの自然な表現として言葉を使用することや、人が思ったこと、感じたこと、したことを

知る方法として言葉を読話することを望んでいるであろう。

　プレスクールの教師にとって、5歳児が集まってペチャクチャ喋り、賑やかに楽しく学んでいることに勝る大きなご褒美と強烈な喜びはないはずである。

第Ⅳ章
行動によって学ぶ

とはいえ、一切の経験は未踏の世界が
仄見える弓形門・・・（西前美巳　訳）
アルフレッド・テニスン
ユリシーズ

聾児が６歳から６歳半でプレスクールを出る時、その子は家庭と学校の両方の人間関係の中で、言葉の意味と使用についての確かな感覚を身につけているはずである。彼はグループで学習することができ、興味が続く限り、少なくとも 20 分、あるいはそれ以上学習できるようになる。６歳児の興味と活動は５歳の頃よりもずっと広がり、多くの点で大きく異なったものになってきている。

　私は本書で言語発達のステップについて描き出そうとしてきた。もちろん、聾児はそれぞれ自分のスピードで進んでいくのであって、全ての子どもが、一定の年齢について述べてきたプログラムに、ちょうどその年齢で適合するのだとは言えない。この章では、ナースリースクールとプレスクールでの訓練を受けることのできた６歳児について話していきたい。多くの学校では、５歳あるいは６歳になるまで入学しない子どももいるので、これから述べることが当てはまらないかもしれない。しかし、その子の言語があまり発達していないとしても、教師が子ども達を指導するにあたり、５、６歳の子どもとしての感覚や興味は同じだという事実に心を留めているならば、前章までと同様、本章での示唆をきっと活用できることだろう。

　６歳あるいは７歳の子どもの言語は機能的であり、状況が必要とするなら、どんな場面であっても使用できるはずである。ナースリースクールおよびプレスクールのプログラムを受けてきたこの年齢の子ども達は、自分および自分達の活動に関わる学級での話し合いに参加することが出来るだろう。また６歳児が語り、また語られる多くの言葉を理解できるに違いない。言語を理解するということは、それを使うより易しいプロセスであり、前述してきたように、理解は使用に先行するものだという事実を心に留めることが望ましい。聞こえる幼児達も、言語を使用出来るようになるずっと前に言語を理解するのである。

彼らには言語の使用を育成させる時間と機会が与えられる。それと全く同様に、聾児にも時間と機会、それに加えて賢明な指導が与えられなければならない。

　「本当の学校」の第１学年目の子ども達は、表現すべき多くの考えをもつようになり、そのための言語と、その言語を最終的に自分のものにするための機会が与えられるべきである。子ども達が自分自身を知ってもらい理解してもらいたければ、多くの新しい語を必要とするようになるだろう。彼らの語彙はうなぎ上りに増えて行くだろう。もし教室が生き生きとした興味関心や大好きなコミュニケーション、そして楽しく満足できるグループ活動へと導くような雰囲気であれば、そうなるのは普通である。子どもの語彙は使って始めて育つものであり、彼のすべて―彼の思考や願望や計画―の重要な部分となっていくのである。それは彼の多くの活動の出口になるべきもので、もし語彙が新しい語の長いリストの記憶によって獲得されるものであれば、教師は本当の意味で満足することはできない。生徒は語を知っているかもしれないが、その語をどう使ったらよいか分からないことだろう。文脈と切り離されて学んだ語は、聾児にとって殆ど意味をもたないものであり、価値のないものである。聾児は聞こえる子どもの場合と同様に、自己表現と理解への欲求、そして絶え間ない援助を通して語彙を付け加えていくべきである。

　ローワースクール（小学校低学年）第１学年では、書くことへの準備も学級で多く扱うようになるが、まだスピーチ、読話、サイレントリーディングおよび言語にかなり強く重点を置いている。レキシントン聾学校では、子ども達は年度の後半まで、時には春休みの後まで、書くことを積極的には始めない。書くことを始める時は、子ども達は

いくつかの文で、自分についての短いお話しや話題について書く。これに先立って、子ども達は手書きで書く技法をマスターし、また学級単位の辞書や教師作成のいろいろな辞書の中で語の綴りを見ることを学んでいる。彼らが書くことを始める時、彼らはそうする目的をもっているのである。

　書く活動について、学年の早い時期から力を入れるよりも学年後半まで後回しにするのは、私達が*話し言葉*（*oral* language）―話し合い、対話、活動についての話―に力点を置きたいと願っているからである。私達の学校では、第１学年までは、言語発達の基礎として経験を増やし観察力をかき立てて思考をさせるため、広い刺激を与えるプログラムを採用している（このことはナースリースクールとプレスクールの経験をもっていない子どものために、特に重要である）。プレスクールとローワースクール第１学年の間の相違は、実際には程度の違いである。プログラムは大部分おなじであるが、第１学年の子ども達はより大きく吸収でき、そしてより多く分別がつくのである。

　この新しい学校で経験する最初の数週間は、プレスクールで行なわれたことの復習と新しい学級や先生に慣れるためのオリエンテーションの期間であり、新しい体制に適応する時間となるだろう。ステップアップしたプログラムを開始する前に知り合うための期間を置くのは健全なアイデアであり、価値ある特別のおまけのようなものである。この初期の数週間を通して、教師は学級の子ども一人一人のニーズを見出すことができる。子ども達も、この期間に、教師の子どもへの話しかけ方に慣れ、教師がみんなとともに望んでいること、教師が好きなこと、この学級で関心がもたれ盛り上がる事柄に馴染んでいくことだろう。教室の雰囲気というものは、これからの学習の質を表わす指標であり、学習に対する教師と生徒の両者の満足の度合いを示すもの

である。リラックスした成長へと繋がる建設的な雰囲気は、学校が始まってからの最初の数週間で確立すべきものである。この知り合うための期間に、新しい経験をした時、遊び時間に新しい活動を取り入れた時、ちょっとした校外見学の時、新しい物語が話される時、教室の読書テーブルに図書館から新しい本が届いた時、新しい絵画工作材料を見つけた時、新しいリズムを学習した時などに、子どもと教師が話し合うことによって、多くの新しい言葉が導入されることになる。

　この期間を通してずっと、教師は強調すべき特別の質問、しばしば繰り返されるべき表現、グループに必要な語彙、必要な発音（これまで重点が置かれてきたものに加えて新しい要素も）、および特別な言語ニーズについて、しっかり心に留めておかなければならない。

　学級の語彙や言語は、多様な興味関心や年間を通して行われる活動など全てから産み出されるものである。それぞれの活動から（子どもから見た）世界についての特別な概念、いくつかの新しい語や毎日使う表現、活動に結び付いたいくつかの必要な質問、そして最も重要な最初の言語パターンが育っていくのである。例えば、幅広い言語発達を促す手段の一つは、何か興味のある出来事についての、あるいは子どもの生活の中の何かの出来事についての毎日の話し合いであろう。これらの活動は一般に「ニュース」ワークとみなされている。適切に導かれるなら、ニュースの時間は、このレベルでの最高の言語活動となるだろう。なぜなら、それは子ども達一人一人の経験や考えを扱っていて、必要なら何度も繰り返すことができるし、普通の、毎日使う言葉に重きを置いているからである。小さな子ども達は、みな自分のことや自分のしたことを話すことが好きで、そうすることで有用な語彙を獲得する。ニュースについての話し合いは、その一つの方法なのである。

日付 ジャニス	日付 ボビー	日付 ヴィッキー
私は土曜日におばあさんのところへ行きます。私はおばあさんにあげるプレゼントを持っています。	次の日曜日にお父さんは僕を動物園へ連れて行ってくれます。僕たちは熊の赤ちゃんを見るでしょう。	昨日ジーンと私はおもちゃの人形で遊びました。私達はお母さんでした。楽しい時間でした。
I am going to visit my grandmother on Saturday. I have a present for her.	Daddy will take me to the zoo next Sunday. We will see the baby bear.	Yesterday Jean and I played house with our dolls. We were mothers, We had a lovely time.

日付 スージー	日付 ジョニー	日付 ジーン	日付 デイヴィッド
私は放課後ブルーミングダルの店に行きます。お母さんは私に何足かの新しい靴を買ってくれるでしょう。私はとても嬉しいです。	僕は今朝とてもラッキーでした。僕は道端で50セント貨を拾いました。僕はそれを銀行に預けます。	私の小さないとこが私の家に泊っています。私は夜彼女と遊びます。	木曜日は僕の誕生日です。僕は7歳になります。パーティーがあります。
I'm going to Bloomingdale's after school. Mother is going to buy me some new shoes. I'm so happy.	I was luck this morning. I found a nickel on the sidewalk. I'll put it on my bank.	My little cousin is staying at my house. I play with her at night.	Thursday is my birthday. I'll be seven years old. I'll have a party.

7歳児が書いたニュース

　教師は黒板にニュースを書く大きな紙をテープで貼る。子どもは紙に書く日付を教師に話す（黒いクレヨンを使って書く）。それから、いろいろなニュース内容が子ども達から提示される。一人の子どもが立って話している時、他の子どもはその子が何を話しているかしっかり見ていなければならない。一人の子どもが「みんな、私を見て。今

日、私のニュースは変わっているよ。」と言うのを聞いて、私はとても嬉しかったものである。始めの頃は、教師は子どもが話すのをかなり助けなくてはならないが、そうすることで教師は今話されていることを他の子どもの理解を間接的にはっきりさせてやることになるだろう。そのニュースが実際にニュースとしての価値がなければ紙には書かれないが、子ども達が興味をもつことであれば書き記される。学年の初めのうち、ニュース内容は教師の助けがあったとしても簡単なものである。生徒が出してくれたニュースの例は次の通りである。

　スージーのお母さんがスージーに新しい服を買いました。それはきれいです。
　私たちはペットショップへ行きました。私たちは魚を２匹買いました。
　ジョニーは、今日、学校へ来ませんでした。彼は病気です。

Susie's mother bought her a new dress. It is pretty.

We went to the pet shop. We bought two fish.

Johnny didn't come to school today. He is sick.

　縮約形の使用にも留意しよう。私は、did not — didn't、is not — isn't、will not — won't などの一般的な縮約形は、時制とともに、獲得されたとおりに与えるべきだと考えている。

　子ども達が簡単な表現をマスターしたら、彼等は同じことを別の言い方で言うことを学ぶ。例えば、「昨日ジョニーは病気だったので、学校へ来ませんでした。私たちは可哀そうだと思います。(Johnny didn't come to school yesterday because he was sick. We are sorry.)」というように。

　だんだんと子ども達がより複雑な文を理解するようになってきたら、教師はより高度な語彙と語法を用意するようにする。そうすれば、

彼らのニュースは、「ジョニーは今日も欠席です。私たちは彼が病気であることを気の毒に思います。たぶん私たちは彼に手紙を書くでしょう。(Johnny is absent again today. We are sorry he is sick. Maybe we'll write a letter to him.)」というように多様で興味深いものになってくるだろう。他の例を挙げてみる。

　　昨夜、スージーのお父さんは飛行機で出掛けました。彼はフロリダへ立ちました。彼は来週戻ってきます。(Susie's father went away on an airplane last night. He flew to Florida. He'11 come back next week.)

　　昨日、ジーンは放課後、いとこと遊びました。彼等は石蹴りをして、ジーンが勝ちました。(Jean played with her cousin after school yesterday. They played hopscotch and Jean won.)

　　今朝、ジョニーは５セント貨を拾いました。彼はそれを銀行に預けにいくつもりです。(Johnny found a nickel this morning. He's going to put it in his bank.)

これらの毎日のニュース記事は一緒に保存され、子ども達はしばしばその記事を参照することができる。このような事実ありのままの言葉に付け加えて、子ども達は下に述べるような多くの状況に応じた言葉も学んでいる。

　　昨日の放課後、ヴィッキーは病院へ行きました。ボビーも行きました。(Vickie went to the hospital after school yesterday. Bobby went, *too*.)

先週の日曜日、ジャニスは公園へ行きませんでした。メアリーも行きませんでした。(Janice didn't go to the park last Sunday. Mary didn't go *either*.)

　　　ジョニーは風邪を引いたので、家の中に居なければなりませんでした。かれはゲームをしたりしてなんとか楽しく過ごしました。(Johnny had to stay in the house because he had a cold. He played games and had fun *anyhow*.)

　教師は一日のどこかで、子どもごとに割り当てられている黒板のスペースに、それぞれの子どものニュースを書いてやらなければならない。教師は子どもの話すことを、また、もし子どもが書けるなら自分で書くであろうことを、そのまま書いてやる。

　後の時期になると、一人一人が自分のニュースを読む子どもを選び、それに従って、教師は代名詞と動詞を変える。教師は変ったことを目立たせるために黄色のチョークを用いる。そのニュース記事は次のようになる。

```
            Janice is              her
        I       am going to visit my  grandmother on Saturday.
    She has
    I   have  a present for her.
            Bobby's        him
                Daddy will take me   to the zoo next Sunday.
    They
    We   will see the baby bear.
                        Vickie                   their
            Yesterday Jean and I       played house with our
                They           They
    dolls.  We   were mothers. We   had a lovely time.
```

子ども達にこういう修正をさせるのに当初は多くの助けが必要なのは確かだが、1，2ヵ月の間に彼らはそれほど多くの助力がなくても、このような修正の大部分を言えるようになる。学年の中ごろには、子ども達の大部分は、あらゆる種類のコミュニケーションのなかで、正しい代名詞、動詞の時制、単数形、複数形を使うことがごく自然なことだと気付くようになる。第1学年の子ども達が、言葉を正確にするにはどのような動詞時制が必要か、言おうとしていることをはっきり確かにするにはどの特定の代名詞が求められているかなどについて、非常に注意深くなるのを私は見たことがある。子ども達は不断の、操り返される、十分に意味をもったコミュニケーションを通じて、語や言語の構造を教えられることで、「言語に意識的（language conscious）」になることができるのである。

　教師は再三再四繰り返して、子どもに正しい言語を教えなければならない。教師はどんな間違いもそのままにしてはならない。教師はこれらの修正を辛抱強く、有効に、そして常に子どもと協同の精神で行わなければならない。子どもは支援の必要を感じ取り、教師の助けを喜んで、うまく、しばしば受け入れるものである。くり返し行われる修正や助言について、コミュニケーションの展開を大いに易しくする手段として、子どもがその価値を認めて理解するかどうかで、修正と助言に対する受けとめは非常に違ったものになるはずである。

　一人の子どもがちょっとしたニュースを話して、すぐに次の子に代わるというようなニュースの時間は、子ども達にとって殆ど何の刺激も興味もないものである。こういう種類の進め方は、退屈で機械的で、言語発達に関してたいした価値はないものである。クラスのみんなが「発言権（has the floor）」のある子の話に興味をもち、そのことにつ

第Ⅳ章　行動によって学ぶ

いて何か意見があり、あるいは話題をはっきりさせたいと思えば、そこに話し合いが起こるはずである。

ジャニスの例を挙げよう。彼女が話している時、一人の子どもが「どうしてプレゼント？（Why the present ?）と言った。教師はその発言について、「どうしておばあさんにプレゼントを上げるの？ (Why are you giving your grandmother a present ?)」と言うように助けた。ジャニスが「おばあさんの誕生日なの（It's her birthday.)」と答えると、ボビーが「どんなプレゼントですか？（What is the present?)」と尋ねた。やがて全ての質問が満足されたのだった！

ボビーのニュースについては、「だれが赤ちゃんの熊がいると言いましたか。（Who told you there was a baby bear?)」という質問が出た。ある子どもは、「お母さん熊に気を付けなくちゃ。（Be careful of the mother bear!)」と注意した。

ヴィッキーが会話に加わってきた二人の友だちにニュースを話した時、ボビーは「ぼくはままごとが好きじゃない。（I don't like to play house)」と言い、スージーは、「あなたは、お母さんのドレスを着たの？それとも靴？（Did you wear your mother's dress or shoes?)」と尋ねた。

デビッドのニュースには最高に興味が集中した。彼のお母さんと姉妹がパーティーに出席したのか？　アイスクリームとバースデーケーキが出されたのか？　誰が出席したのか？　どんなゲームで遊んだのか、といったふうに。もちろん、教師はこれらの質問について支援が必要だったが、それは興味を減じはしなかった。このニュースの時間を扱うのにはかなり時間を要するが、かけられた時間は良い時間であると言える。

ニュースの時間は、実際に起こった、あるいは起こるであろう何かについて話す時間より長くかかるものである。このニュースという方

法を通じて、子ども達は、例えば次のようなたくさんの事柄を学んだ。
　　新しい語彙………… 名詞、動詞、形容詞、副詞
　　代名詞の用法……… この時間に知る必要のあったもの
　　動詞の時制………… この段階で最も繰り返して必要とされたもの
　　接続詞……………… and　　but　　so　　because

毎日用いられる名詞の単数と複数
　　前置詞……………… 多くの6歳児が一般的に用いるもの
　　句読点などのうち方… コンマ、ピリオド、疑問符、感嘆符

大文字の使用
　　時を表す言葉……… 昨日、今日、今晩、ゆうべ、先週、ずっと前、12月（他の月についても）、木曜日（他の曜日についても）その他。形式的なカレンダーワークは行わなかった。
　　慣用的表現………… まあ嬉しい、そう、うまい！オーケー、いいよ、など。その他の多くの表現
　　疑問文……………… 話題について子供が知りたいと思う質問は系統性をもって扱う。

　聾児に代名詞の全部の用法を一度に学ばせるということは賢明でもないし、必要でもないであろう。また主格代名詞の全部を学んだ後で、目的格代名詞、次いで所有格代名詞、そして最後に再帰代名詞というように学ぶべきでもない。このようなリストを記憶した多くの子どもは、それらをすらすらと話すことはできだろうが、口頭、あるいは書き言葉として正確に使いこなす能力は不十分である。聾児にせよ聞こえる子にせよ、幼い子供たちは代名詞の正しい用法について、たくさ

んの練習が必要である。彼らはいくつかの主格代名詞、目的格代名詞、所有格代名詞、および再帰代名詞を用いているが、これ等の代名詞のすべてを必要とするわけではなく、私は代名詞を一覧表で提示することは不必要であると考える。理解された場面の中での日々の使用によって、結局すべての子ども達に自分が使う代名詞の意味の正しい概念と使用の仕方が与えられるのである。この方法で学んだ子ども達は、ミドルスクール（middle school 中学校相当）あるいはアッパースクール（upper school 高等学校相当）で、代名詞の誤用が依然として見られるということはないだろう。

　幼い年齢の聞こえる子どもが代名詞を間違って使うのを聞くのは、時には魅力的にも思えるものである。数年前、私はロード・アイランド（Rhode Island）聾学校を訪れた。すると、私の接待役の幼い聞こえる女の子が、階下で私を朝食に案内しようと待っていた。私達がダイニングルームに近付くと、その女の子は元気な声で、「私たちは来ました、みんな一緒に。(Here we come, both of them.)」と言ったものである。多くの小さな子どもは、不断の繰り返しによって最終的に正しい代名詞を把握するまで代名詞を誤って用いるものだが、一度把握すれば子どもはもう困難は感じない。ドリルは子どもにその*意味*が分かっていないのなら、価値はない。

　毎週、金曜日に家に手紙を書く学級の、ある８歳の聾の男の子のことを憶えている。何週間も子ども達は「私たちは、お母さんに手紙を書きました。(We wrote letters to our mothers.)」と書いていた。この子は大事に憶えた*we*という代名詞を使っていたが、その本当の意味は捉えていなかった。彼が病院に入院した時、先生にカードを書いたのだが、そこで「親愛なるＰ先生、私は病気です。私は、私たちが私に手紙を書いて欲しいと思います。(Dear Miss P., I am sick. I want we to write a letter to me.)」と書いたのである。この子は、毎週繰り返しはしたけれども、それは彼にとって現実的ではなかったわけである。

　この子が特別に例外なのではない。余りにも多くの聾児が人から話された言葉を、その本当の意味の概念は分かっていないのに使っていることがあるのだ。

　同様に、私は子どもは実際に使うことによって動詞の時制の意味も理解すべきで、形式のみに時間を費やすべきではないと思っている。動詞の活用は、聾児であれ聞こえる子であれ、言語指導の対象ではない。子ども達が話したり、時には書いたりする学習の中で必要になる時制のみを重視すればいいのである。6〜7歳の子どもは大人のようには話さないし、また動詞の形式や時制についてのすべての知識を必要とはしないのである。いくつかの動詞は、普通は大体において現在形で用いられるであろうし、その場合も全ての形式が用いられることはない。 have, be, think, hope, want, like といった動詞は、ほとんど現在形で用いられる。go, see, buy, make, ride その他の数多くの「行為動詞（doing verbs）」には、過去形あるいは未来形が必要になるであろう。子ども達は必要な動詞形式の操作を数多く繰り返すことから、これらの動詞の形式は最も強化されたものになるはずである。しかし、どの学年の子ども達も、彼等の心に浮んだことをはっきり表現する時に必要な正しい形式を常に与えられなければならない。もし、ある子どもが正しい表現をするために動詞の現在進行形を明らかに必要とするならば、簡単な説明といっしょにそれを与えなければならない。私は第1学年では、子どもが知っている過去形動詞の全部について現在進行形を全部示すべきとは思わないが、そういった時制が必要な場合には、それを教えるべきだと思う。

第Ⅳ章　行動によって学ぶ

　子ども達がいくつかの動詞について、過去否定形とか過去疑問形を用いなければならない必要に迫られこともあるだろう。これらの時制も活用形を覚えるということでなく、使用を通して学習されるべきである。教師は、第１学年の子ども達は、こういう扱いでは混乱するのではないかと恐れる必要はない。子ども達が自分のことを表現するのに動詞を使う場合、いろいろな語形の意味を理解し、毎日の活動の中で彼らにとって大事な動詞を使用する機会が与えられるのであれば、彼らは混乱しないだろう。

　もし教師が日々の出来事の大部分をどのように書くかを心得ているなら、それらを書くことで多くのことを学ぶことができるが、子ども達の活動はニュース（出来事）を書くことに限定されてはならない。ノートに書いたり、小旅行、パーティー、展覧会、見学などの計画を立てることなど全てが、新しい言葉を学ぶため、また既習の表現を練習するためのちょうど良い手段となるのである。私達の１年生は、何かを特別のことをしたい時や、ちょっとしたお出かけをしたい時には、いつも学級計画（class project）のノートを私のところへ持って来る。常にこのノートに何を盛り込むかについての話し合いがあり、時によっては、ノート内容が教師によってニュースのプリントに書かれたりすることもある。ちょうど学年の始めに、いろいろのニュースが書き出されていた時のように。

　ある朝、私はこのようなノートを準備している教室のそばを通っていたところ、ある教師が「グロート博士にどんなことを話しに行くの？　それとも博士に何か尋ねに行くの？　お手紙の中で何を書くつもりなの？」と言っているのが聞こえてきた。子どもの一人が進みでて、「フェリーに行ってもいいですか？（May we go on the ferry?）」と言った。

「いいですね。」と教師は言い、そして「博士に質問しに行きましょう（we're going to ask her question）。フェリーに乗りに行ってもいいですか（May we go for a ride on the ferry?）と尋ねるといいですよ」と教えていた。こういった簡単な話し合いから、子ども達は*尋ねること*（asking）と*話すこと*（telling）の違いを理解し始めるのである。子ども達は、直接および間接話法の全体を学んだであろうか？　もちろん、そうではない。彼らはずっと後になってから、このような学習をするための道を開いているのである。私は、この子ども達は、お母さんやお父さんが彼らに言ったことについて、しばしば簡単に*話した*（told）を使うものだということを、ここでつけ加えておきたい（お母さんが私に昨日会社でお父さんに会ったと話した。Mother told me that she saw Daddy in his office のように）。これは動詞の限られた使い方であるが、小さな始まりであり、*尋ねる*（ask）と*話す*（say）と*語る*（tell）という動詞についての（使い分けの）知識を押し広める必要が生じた時、このことが助けになることだろう。

　言語を使用するその他の方法として、２つか３つの文でお話しをする活動がある。子ども達はこの学習を楽しみ、必要な言語形式を用いる練習をすることができる。子ども達について、ペットについて、見学について、驚いたこと、お客のことなどについてのお話は子どもには興味あるもので、彼らはこれらの物語を作ることを楽しんでいる。お話はクラスの子ども達に口頭で語られるが、希望があれば、教師がそれを書き留める。６歳児によるいくつかのお話の例に挙げよう。

　　変な犬
　スコッティーは小さな黒い犬でした。スコッティーはとても太っていました。スコッティーは変な格好で歩きました。みんなはスコッティーのことを笑いました。

Scotty was a little black dog. He was very fat. He looked funny when he walked. Everybody laughed at him.

大きな犬
ジョニーは小さな男の子でした。彼はとても大きな犬を飼っていました。ある日大きな犬は小さな子犬を追いかけました。ジョニーは怒りました。彼は「そんなことをしちゃだめ」と言いました。

Johnny was a little boy. He had a very big dog. 0ne day the big dog chased a very little puppy. Johnny was cross. He said "Don't do that."

メアリーの犬
メアリーはかわいい犬を飼っていました。その犬は立ち上がることができます。ある日、その犬はダンスのふりをしました。メアリーはその犬のことを笑いました。マリーはその犬に食べ物をやりました。

Mary had a cute dog. He could stand up. One day he pretend to dance. Mary laughed at him. She gave him something to eat.

子ども達は自分たちで題名を選び、ストーリーを考え出す。教師は、彼らが考えたことを言葉で言い表せない時、その言葉について助けてやらなければならない。お話作りのポイントは、子どもの創造力を鼓舞し、アイデアを引き出し、言葉を使わせるようにすることである。一度話し合われ楽しんだお話は、時にはそれで打ち切りなるが、誰もが気に入ったお話があれば、ニュースに書いて、後になっても読めるように取っておかれる。

教師が語り、子ども達によって劇化されたお話は、新しい言葉の読

話と子どもによる使用の機会を提供する。賢い教師は、劇中で会話体のことばを使う必要のある場面を、お話の中に巧く組み入れるようにするだろう。

　6〜8歳児を教える教師は、子どもの関心事や経験を中心に置く数限りないストーリーを考え出すことができなければならない。第1学年でも多くのことが話されるはずで、学年が進むにつれて子どもから語ることも次第に増していくだろう。6歳児でも話すことはたくさんあるのである。

　英語の話し言葉の指導のその他の方法として、遊びの時間がある。子ども達はお店ごっこやままごとをして遊ぶことが大好きで、またマーケットへ行くまねをしたり、看護婦、お医者さん、ウェートレス、警察官、消防官、バスの運転手、ピエロ、動物園の飼育係、ピーナッツ売り、お母さん、お父さん、先生、家政婦といった人達の動作を真似ることが好きである。これらの動作を真似ている時に何を話すかを学ぶことが、言葉の繰り返しと練習の新たな機会を追加してくれるのである。

　聾児に与えられる言葉は、すべて子ども自身の考えや感じや経験したことを表現するものでなければならない。子どもが一つのことを非常に大切に思うこともあるという事実を、教師は常に心に留めておくことが望ましい。たとえ、それが教師の考えからみれば、そうではないとしても。

　教師によるものでも生徒によるものでも、書かれた言葉を記憶させたり、復唱させたりしてはならない。子ども達は、ある事を学べば、それを記憶するものである。分別が出来るように教えられてきた子ども達は、指導や修正から利益を得るだろうし、得るにちがいない。

例えば、現在形の to be とか、to have のような、より難しいいくつかの動詞の学習について、もっと構成的なアプローチが必要な子どものいるグループでは、教師はこれらの言語形式について集中的な学習の時間を計画すべきだろう。ここでの教師の目的は、これらの動詞をただ理解させることでなく、子どもがそれを使うように教えることだと、肝に銘じておかなくてはならない。動詞の諸形式やその他のいろいろな言語構造の練習に際して、私が（文の要素、特に動詞を省略する）省略形の文を使うことに反対しているのは、省略文では子どもが自分の文の中でその動詞を使えなくなるからである。省略形の文は、教師の考えないしアイディアを表わすのであり、教師の言葉なのである。省略形の文は、子どもに特定の代名詞の場合は（have の）単数形の has を用いるのだということは示すだろうが、考えを表す動詞を使う機会を与えてはくれないのである。学校の外でも役に立つような、ちゃんとまとまった考えを表現する中で動詞を使う練習をさせるほうが簡単であり、たいへん有益でもある。子ども一人一人が持ち物（一時的にではなく、所有していることを意味する）について話してやることで、たちまち7つか8つの文が出来るであろう。ただし、このような練習は紋切り型になってしまってはならない。教師は過度の負担をかけることなしに、面白くて生き生きとした授業ができるはずである。

　もし、ヴィッキーが「私は10セント銀貨を持っている。(I have a dime.)」と言ったら、教師は「まあ、驚いた。たくさんのお金だね。(My goodness, that's a lot of money!)」と付け加えてやり、もし、ジョニーが「ぼくは新しい本を持っているよ (I have a new book.)」と言ったら、教師は「いいね。お弁当の後で読もうね。(Good, we'll read it after lunch.)」と付け加えることができる。has のくり返し練習には、子ど

も達は他の人が実際に持っている物について話せばいい。—「お父さんは車を持っている。(Daddy has a car.)」、「お母さんは新しい帽子を持っている。(Mammy has a new hat.)、「ジェーンは大きな人形を持っている。(Jean has a big doll)」、あるいは「私は長くて茶色の髪をしている。(I have long brown hair，)」といったように。複数形については、子ども達はナースリーの赤ちゃんの持ち物のことを話せるだろう。「赤ちゃんはたくさんおもちゃを持っている。(The babies have many toys.)」、「彼等は大きなブロックを持っている。(They have big blocks.)」と言うことができるし、僕たち（男の子）の持ちもの、私たち（女の子）の持ちもの、とも言える。

　絵は、いろいろな言語規則の使用を繰り返すのに多くの機会を提供してくれる。樫の木枠にはめ込んだ大小の絵—絵本や雑誌からの絵、そして壁に貼った絵—、子どもが描いたり塗ったりした絵、これらは全て練習のために使うことができるが、はっきりした目的に沿って注意深く選ぶべきである。もし、動詞 to have を強調するつもりなら、選択した絵はその動詞の用法をはっきり示すものであるべきで、あまり多くの違った可能性で混乱したものにならないようにすべきである。赤ちゃんがそれぞれ物を持っている絵のセットは導入に用いることができる。教師は、「私は可愛い赤ちゃんの絵を何枚か持っています。みんなもそれが好きなることでしょう。私は絵を一枚取って、みんなにも一枚ずつ上げます。これから、その絵について話すことにしますから、持っている絵を見せないようにしてください。さあ、みんな一人ずつ赤ちゃんの絵を持ってください。はじめに、私の赤ちゃんのことを話します。」と言い、絵を見ながら、「私の赤ちゃんはとても可愛いです。赤ちゃんは瓶を持っています。」と話す。それから教室の中

第Ⅳ章　行動によって学ぶ

を回りながら、「ボビー、あなたの赤ちゃんは何を持っていますか。」と尋ねる。彼は「私の赤ちゃんはオレンジを持っています。」と答える。このようにして、各児が代わりばんこに話す。復習のために絵を黒板の縁に立て掛けて置き、それぞれの赤ん坊に名前を付ける。それから、子ども達は赤ん坊が持っている物や様子について話すか、もし可能ならば書かせてもよい。その後、女の子と男の子の絵のセットを用いて、「この小さな女の子はテディー（熊の縫いぐるみ）を持っています。」とか「この小さな男の子はバイクを持っています。」などと話すこともできる。複数形の使用のためにはグループの絵を用いる。教師は自分の熱意と話し合いに対する努力を通じて、いつも授業を生き生きしたものにしていくべきである。

　これと同様の練習が、動詞 to be の繰り返しの中にも見られる。色、大きさ、重さ、形について話せば、この動詞の使用が増えることになるだろう。――「ゴム人形は小さい。（The rubber doll is little.）」、「ぬいぐるみ人形は大きい。（The rag doll is big.）」、「この箱は重い。（This box is heavy.）」、「メアリーのボールは柔らかい。（Mary's ball is soft.）」、「クッキーはおいしい。（Cookies are good to eat.）」、「その板は丸い（The plates are round.）」というふうに。

　一般的に言って、私は言語使用を強化するために行なう勉強は可能な限り形式ばらない方法で行うべきで、練習と言うよりも言語の*使用*（use）に力点を置くべきである、と考えている。そこに授業の意義があるはずである。子ども達はどのように（how）話すかと同じように*何を*（what）話すかに関心をもつはずである。教師が自問すべき良い質問は「自分がここでやっていることは、教室の外へも持ち出せ

のだろうか？」、「この勉強は、子どもにこれから必要となるものだろうか？」、「子どもの知的成長を助けて、彼に物事をよく考えさせるものだろうか？」などである。教師は自分の授業を絶えずチェックし、評価することが必要である。もし教師がそうするならば、型にはまってしまうことも少なく、教えることを厳しい仕事というより、楽しいものと思えることだろう。

校外へのたくさんの見学を計画したいものである。ちょっと近所を歩き回る、お店でウィンドショッピングをする、ビルディングを建てるために掘削する人を見る、いろいろな人（警官、郵便局員、バス運転手、消防士）の様子を眺める、町の様子を観察するなどである。また時にはボートに乗ったり、汽車やバスに乗ったりしての見学も計画できるだろう。こういう見学は、子どもの興味のある場所でなければならない。—田舎、海岸、農場、街の中、鉄橋の上や下、鉄道の駅、公園、遊園地、ピクニック広場、もし手近にあるならば子ども向きの博物館などである。そこでなされた読話、得られた知識、増えた語彙、そして数多くの経験、これら全てが、このような校外指導を、そこにかけた時間や努力や費用に十分値するものとしているのである。この価値は、言語に関する限り計り知れないものである。その一例を以下に述べよう。

かぼちゃを買いに行く

子ども達みんなで、ハローウィンのかぼちゃを買いに行った。彼らはあちこちの食料品店へ行き、そこでたくさんのかぼちゃを見た。あるものは丈が高すぎ、あるものは小さすぎ、あるものはあまりに平べったく、またあるものは形がいびつであった。

とうとう、子ども達は、ちょうどいいものを見つけ出した。それは

素晴らしいオレンジ色のかぼちゃだった。彼らはそのかぼちゃを代わる代わる持って学校に戻った。

教室への訪問者も、若い聾児の地平線を拡げるのに投立ち、子ども達に人や場所について限りなく拡がっていく知識を提供してくれる。レキシントン聾学校の１年生の教室には、合衆国の地図と大きな地球儀が置いてある。子ども達は人々がどこから来たか、これらを使ってその場所を知るのが大好きであり、訪問者がニューヨークに来るのに、どれ位時間がかかったかを知りたがった。子ども達は、ある場所からある場所へ汽車で旅行するよりも飛行機に乗った方が速いということや、家からずっと遠い所へは歩いて行くことができないこと、人々は航空券や乗車券、乗船券を買わなければならないということを自分たち自身で推論したのである。

また、訪問者は質問をする多くの機会を与えてくれる。私たちの１年生はこのような質問をする。

　　名前は何といいますか。（What's your name?）
　　どこに住んでいますか。（Where do you live?）
　　飛行機に乗って来ましたか。汽車ですか。船ですか。（Did you come by plane? By train? By boat?）
　　とっても遠い所に住んでいるのですか。（Do you live very far away?）
　　学校の先生ですか、看護婦さんですか、お医者さんですか。（Are you a teacher? A nurse? A doctor?）
　　結婚していますか。（Are you married?）

子どもは何人いますか。(How many children do you have?)
子ども達の名前は何というの。(What are their names?)
その子ども達は何歳ですか。(How old are they?)
彼らは聾ですか。(Are they deaf?)
なぜ、私達に会いに来たのですか。(Why did you come to see us?)
ニューヨークが好きですか。(Do you like New York?)
ここへ来るのにどれ位かかりましたか。(How long did it take to get here?)

　こういった質問は、次第に発展していく。名前を言ったり書いたりするのに「ミス」か「ミセス」のどちらを使うべきか言えるように、子ども達は訪問者に結婚しているかどうかを尋ねたがるものだ。女の人が「博士」を用いた時には、その人を何とよべばいいのか、子ども達はちょっと混乱した。ある若い女性が、結婚指輪をしているかどうかに注意すると分かると子ども達に教えてくれたこともあった。このような質問は何らかの順序を決めてなされたのではないし、場合によっては、質問が少ない場合もあった。それは全く訪問者次第であり、訪問者がどう子どもに答えるか次第である。質疑応答の授業というわけではないのだから。このような時間は、ただ面識を得る以上の時間である。ある訪問者がピッツバーグに住んでいると言った時、7歳になるヴィッキーは、「私が小さい時、そこに住んでいたよ。」と言った。ある時、南米から訪問者があり、スージーはその人に父親がそこに行っていると言い、ミリーは、医師に彼女の父親も医師であると告げた。

　訪問者が非常に面白がり、子ども達が訪問者に言われたことを本当に真剣に考えていることが分かった出来事を引用したい。ボビーはグ

ループで訪問した一人の女性に「結婚していますか。」と尋ねた。その女性が否定すると、ジャニスは「それはとてもまずい。」と言った。すると、ジョニーがそれを取り繕って、「もうすぐかもしれませんね。」と言ったものである。

　子ども達は質問と答えの両方を通して考えてなければならない。ある女性が未婚であるということを聞いた後で、一人の女の子が「子どもが居ますか。」と尋ねた途端に、クラスの子ども達にたしなめられてしまった。質問をするということには、いつも情報を得るという目的がなければならない。このようにして得られた情報は、その後の言語的思考や表現のために活用される。要領を得ない質問を許したり、質問形式を使う練習をさせたりすることは、子ども達が何かを本当に知りたいと思う時には何の価値もないことだろう。

　毎日使われる多くの表現が、プレスクールの頃に使った表現に付け加わっていく。そういう表現が必要になった状況ではいつでも使われるべきである。必要な表現とは多分以下のようなものになるだろう。―「それはどう綴りますか？」、「私に回してくれませんか？」「次は私の番です。」「ジョンの次に私が行ってもいいですか？」「私は持っています。ありがとう。」「それは書けます。」「何か持っていますか。」「それは分かりません。」「やってみます。」「素晴らしい！」「すごい！」「いいの。気にしないで。」

　教師に対してだけでなく、また要求に対してばかりでなく話す習慣のついた子ども達は、教室の中やその他どこでも自分たちがいる所で、このような表現を数多く使うはずである。聾児にとって役に立つものなら、繋がりのある言葉を話すことが習慣化されるべきである。言語を自然に使うという習慣は低学年のうちから始められるべきで、言語

学習のやり方は、第１学年と第２学年の間に確立しておくべきである。このクラスの子ども達が言語に対する正しい態度をもち、彼等が身振りでなく言葉で考えるようになり、言葉を練習としてでなく思考を伝え合う媒体とみなすなら、また彼らが言葉を他の人々との楽しい関係への自然なアプローチと捉えるなら、子ども達はどんな場面においても言葉を使おうとするであろう。

　知的発達に問題がない子どもでも、１年生として期待される学習成果に達するのに１学年より長い時間を要する子どももいる。なぜそうなるのかは議論すべき問題である。教師たちは、子ども達は似た能力、同じ学級、同じ教師なのに、そして同じような機会を与えられているのに、なぜ全ての子どもが同じ早さで進歩して行かないのか、絶えず疑問に思っている。この原因は、心理的理由からさまざまな家庭的背景まで多岐にわたるものであり、子どもの進歩を評価する時には、その全てを考慮に入れなければならない。このことは聞こえる子どもの学級でも同じではないだろうか。私がいくらか知っている聞こえる子の学校では、１学年、２学年の殆どの学級が２ないし３に区分されている。第１のグループは、とりわけ読みの能力において第２、第３のグループよりかなり進んでおり、そして一般的に他の教科においても同様である。これらの学級の教師達が30人あるいはもっと多くの子ども達が同じ早さで読み、同じ教材を同じ時間で理解すると主張するようなことはありえないことである。経験のある教師は、第２のグループのある者はそのうちに第１のグループに入り、また、ある者はその学習にもっと長い時間が必要なのだということを知っている。

　学年相応の良いクラスであっても、教師は否応なく、個人差に合わせた教え方を採用するだろうし、しなければならない。非常に優れた子どもについてはより進んだグループで学習させる必要もあるし、ま

た、クラスの他の子に追いついていない子どもについては、繰り返し学習を計画しなければならないだろう。
　９月にあるグループに入った子どもが、注意深く検討した結果、そのグループにいるのが適当でないと分かったら、翌年の７月までそのグループに属すことはないと私は信じている。時が貴重なものであることは、聾児にとっても誰にとっても同じである。無駄に消費されるべきではない。
　言語課目（言語、読話、発音および読み）は、最初の数年間のうちに常に強力に進めなければならない。子どもの学校生活の全てにおける成功や失敗は、その子が言語を理解するとともに正しく使用する能力にかかっているのである。
　プレスクールおよび第１学年、第２学年の教師は、言語課目を扱うための計画－生徒の毎日の生活の中から教師が開発していく計画－を確かに持っていることをはっきりさせておきたい。この計画は「子どもに起点を置く」ものであるにもかかわらず、十分満足できるものであるのは、それが言語課目を教えるための場を用意してくれるからである。月曜日の朝、子ども達が教師の誰かに話したことは、教師全員の週計画の枠組みに取り込まれるかもしれない。もし新しい経験があり、週末までに新しい事柄が見いだされ、取り入れられ、扱われたなら、そして新しい考え方が湧いてきたなら、教師はこれらの事柄をその週ずっと、機会があるたびに強調し続けてもいいだろう。そうする必要が、一時的なものか、継続されるべきものか、教師は判断すべきである。例えば、小さい女の子の多くが春の洋服を着て学校に戻ってきて、そのことで興奮している場合、教師は、冬の衣服、春の衣服、パーティー用の衣服など、洋服のことを話し合う方向へ持っていけるだろう。季節毎の服装や場所ごとに異なるタイプの服装、旅行用の服装、あるい

は衣類の材料などについて話してやることもできる。春の衣服が陳列されているデパートのショーウインドーを見に行くお出かけもできるだろう。子ども達は、どんな洋服やコートや帽子が好きか嫌いかを語ることができる。この一週間、教師は新しい洋服をまつわるいくつかの物語ー新しい洋服とペンキの壺とか、新しいスーツと針金の柵とか、素晴らしい帽子とそれに合う美しいドレスとか、小さな子とピカピカの靴とかーを話すことになるかもしれない。こういった出来事の全てが、必要な動詞、形容詞および句を獲得するために使われるのである。

　加えて、教師は週計画の中で、これまでずっと力を入れてきた日常の重要語への働きかけは続けていかなければならない。数や色の名前も、既に指導したものにさらに付け加えられることになる。教師は、親や欠席した生徒、また指導教師や保健室にいる子どもにあてた学級便りを計画できるし、その他の関係する人たちに共有の記録を準備することもできるだろう。良い教師にとっては、何ごとも粉ひき器に入れる穀物のようなものである。彼女にとって、新しい言葉を教えたり既知の言葉を復習したりする好機がなおざりにされるのは許せないことであろう。

　教師のプランが注意深く、継続的して実施される週もあれば、計画を変更しなければならない週もある。熟練した教師は、真の学習が生み出されるように進めていくことができるだろう。かつて、ある学校の教師が、「某聾学校の先生は、毎日毎週、教えるべき名詞、動詞、形容詞などが分かっているので、間違えの起こしようがないですね。」と私に述べたので、私は「私の考えでは、その教師は到底うまくやっていける筈はない！」と言ったものである。こういう教師は、子ども達の生活の特別な時点で生じた欲求のために、ぜひともそこで教えられるべき幾つかの動詞や名詞については、いったいどうするつもりな

のだろうか。それが取り上げられなかったら、適切でちょうど良い機会は二度と現れないかもしれないし、熱も冷めてしまうことだろう。

　例えば、誰かがやって来て何かを語りかけるか、見せたりしたら、その教師はいったいどうするのだろう？ある日私は6歳になる姪から手紙を受け取った。そこには「私はうさぎを飼っています。私はサンパー（Thumperは「ドシンドシン歩くもの」の意）という名前を付けました。なぜならば、そのうさぎが走る時、thumpするからです。」と書いてあった。聾児達はすぐ"thump"がどんな意味をもつかを知りたがった。子ども達は、子猫なら"Thump"するのか、それとも静かに軽やかに走るのかを知りたがった。彼らは、Thumperがどんな風に走ると思っているかをやって見せたがった。こういったことは普通の子供時代に自然に起こることであり、そして若い聾児も普通の子ども達なのである。某聾学校の教師は、こういった状況をどう扱うのだろうか。

　もし考えらしいものを殆ど持っていない学級を「受け継いだ」としても、教師は、子ども達は考えるべきことも話すべきことも確かに持っているのだということをちゃんと見ぬかなければならない。教師は、子ども達の側から前向きの考えが出てくるような関心事や経験や条件を見つけだして、彼らがそれについて言葉で考えることが出来るよう導いてやることが必要である。小さい子ども達は、彼らを心から愛してくれる人、彼らがすることや彼らの身に起こることを全面的に気遣ってくれる人、そして、必要な時には子ども達のレベルに合わせられる人といっしょにいることを好むものである。聾児を教える全ての教師にとって、たった一つの「しなければならないこと（must）」は、この子ども達の天性（nature）と欲求（need）を洞察し、そして、も

う一歩深く彼らの精神構造を洞察することである。この洞察なしには、教師は預かる子ども達が「益々知恵が進み、背丈も大きくなり、神と人とに愛されて（ルカ伝 2:52）」育つことを助けることはできないであろう。

第Ⅴ章
新しい世界の探求

日々は鮮やかな始まりだ、
夜明けごとに新しくなる世界だ。
　　　サラ・チャウンシー・ウールジー
　　　日々新たな朝

どの学年のどの学級も、毎朝は朝の挨拶だけでなく、きっと親しげで、時には元気いっぱいの話し合いから始まることだろう。学年から学年へと進級するにつれて、朝のひとときに子ども達が前の日から起こったり、見たり、気がついたりしたことについて興味のある話を交換する時間は次第に増えていくはずである。また、この*お話*（talking）の時間に、旅行やいろいろな活動の計画について徹底して話し合われることもある。この毎朝の話し合いの時間の結果として得られる言語発達は非常に大きい。話し合いに参加する子ども達は、教師とばかりでなく、関わる全ての人々との間で、言葉によるやりとりをますます増やしていくのである。

　この時期は、ティーン・エイジャーないしもっと若い子どもにとっては、自分自身について表現することができ、自分の関心を相手に伝え、自分の心を打ち明け、同時に他の人の意見を尊重することを学び、他の人と興味関心を共有し、また他の人の困難を助けることのできる時期である。自分自身について話すことを促し、物事を考え抜くこと、自分のことや個人的な問題を越えて考えを拡げるよう学ぶことを励ます時でもある。聾児達は自分自身を越えて考える学習を必要としているのである。

　朝の話し合いの時間の長さは、その日の特別の関心事次第である。何日か、他の日よりも重要で、話し合いが1時間半、時にはそれを上回って続く日もある。その他の日にあまり話し合うことがなく、時間はせいぜい10分か15分以下の場合もあるだろう。多くは教師の態度によるし、また教室の外で起こったことや子どもが考えたり感じたりしていることについて、教師がどのくらい関心を持っているかということに依存しているのである。

　どの子どもも考えたことや情報を交換するのが好きであり、話しか

ける相手をもちたがっている。また彼らは自分の考えを述べる正しい言葉をもちたいと願っている。しばしば、一日の始まりのこの「やりとり（give and take）」会話のなかで教師は言葉の必要性を発見し、その日の後の時間に直接的にそれを扱うことができるのである。この時間に、教師は子ども達に多くの慣用的表現や応答の仕方を教えることが出来る。―それは、あらゆる年齢のどの聾児にとっても大事な学習となる。「こんな日が大好き！（I love a day like this!）」のような漠然とした発言に対して、ある聾の少年が「はい」という一言しか返事ができないとしたら、がっかりである。なぜ子ども達に適切な返事の仕方を教えないのだろうか。この子は「僕もだいすき！（I do, too!）」とか「僕もそうだ。（So do I!）」とか、時には「私も！（Me, too!）」と言うことも出来たのに。廊下を急いでいた女の子が先生にぶつかって、その先生に「あなたはずいぶん急いでいるようですね。（You seem to be in a hurry!）」と言われた時、女の子は、「はい」と言うだけだった。この女の子は返答に対する能力がなかったのである。この子は「私は遅刻しそうです。（I'm late for class.）」とか、あるいは当然の理由を述べるべきだったろう。ある時、一人の教師が病気になった時に私はその先生のクラスで「先生はよくなられたので、明日学校へいらっしゃいます。（Miss ― is better and she'll back tomorrow.）」と言った。以下のような応答が返って来て、とても伝え甲斐があった。即ち、「それは良かった（That's good.）」、「そのことを聞いて嬉しいです。（I'm glad to hear that.）」、「それは素晴らしいニュースです。（That's wonderful news.）」、「先生に会えたらみんなうれしいですと伝えて下さい。（Please tell her we'll be happy to see her.）」などである。この教室では、子ども達が朝の会話の時間を数年やってきたのだから、この程度の応答ができて当然なのである。

聾児が、年齢の低い子どもばかりでなく、無意味な yes とか no とだけの返事をするという例は数多くあるのだが、それは彼等が何というべきかを教えられてこなかったからである。この不足は克服されるべきであり、その方法の一つが、朝、いろいろの考えを交換することである。人は社交的な応答の才能をもっていると、面白く刺激的で魅力のある人物としてしばしば目立つものである。

　口話と言葉に慣れてきた聾児は、通常の言語的会話である日常の世間話から多くのものを学び取るであろう。このおしゃべりは、堅苦しい型にはまったものであってはならない。表現と同様に内容も大切にする、自由で易しいものでなければならない。7～8歳児のクラスでは、学校の毎日が刺激的なおしゃべりで始まるのはまったく当たり前である。その日に子ども達が学校に持ってきたニュースは様々で、わくわくさせるもの、愉快なこと、重要あるいは有益なものであることだろう。寄宿舎に居る生徒達もまた話すことがある—家から来た手紙や小包、相談員の先生と店やそのほかの所に行ったこと、新しいゲームで遊んだこと、遊戯室や運動場での出来事、持ってきた物のこと、保健室に行ったこと、水泳のようないろいろの学校での活動、あるいはガールスカウトの集会、映画や子ども達で行なったショー、その他にもたくさんの話題がある。よく話す活発なクラスを持っていたら、一般的に言って、そこでの教師の課題は話し合いをうまく引っ張っていくことである。会話が教師の手の届かないところに行ってしまってはならない。この年齢の子ども達は、教師のそばに来るとすぐに話したがるものである。私は子ども達が部屋に入る前から、またコートなど外着をしまう前から、教師に何かと話し始めるのをよく見てきた。子ども達が教師の回りに集まり、顔を見なかった間に起こったことを話しているのを見るのは、いつもながらうれしいものである。

話し合いの間に、新しい語や名前あるいは慣用的な表現については黒板に書いてやることができる。時には、教師や子どもがさっと書いたスケッチの断片が意味を明瞭にしてくれるだろう。教師は、この時間を*授業*（lesson）の時間にしてはならない。そして、できるだけ自然な感じで、楽しげに驚いたり、面白がったり、教師自身の気持や考えを簡単な言葉で付け加えたりして、子ども達が幸福感と満足感に満ちて、一日の最初の学習を始めるようにすべきである。

　このような良好な一日のスタートに、さらに価値を付け加えるものとして、子ども達には多くの偶発的読話の実践の機会があり、その一番良いものは校外で実現されている。子ども達は、話されていることに真に興味をもつ時、無意識的に唇を読むことを学ぶ。聾児が教室でこの種の読話をすることが多ければ多いほど、教室の外でもつきあい上手になり、聞こえる人との関係も良好になり、自己調整もうまくいくようになるだろう。

　朝の話し合いの中で話し合われたものの中から、教師はしばしば毎日のニュース記事や「短い短い物語（short short stories）」やサイレントリーディングの材料への示唆を見つけ出せるだろう。教師は「それはとても面白いですね。」、「後でこのことをニュースに書いたらどう？」などと言ってやることができる。他の子供に対しては「そのことについて、あなたは短いお話し（short story）を書けるはずよ！」と言ってやることもできる。更に、教師はいくつか質問する必要に気付いたり、その質問についてまとまった作業をしようと記憶に留めておいたりするかもしれない。グループとしての子ども達が、彼らの語彙に幾つかの語や句や慣用表現を付け加える必要があることを感ずることもあるだろう。これらの一日の学習計画立案のためのアイディア

は、朝の話し合いの時間の副産物である。それが（話し合い活動の）本来の理由というわけではないが。

　この学年では、言語課目に依然として主要な力が置き続けられる。発音の指導では、発音の知識、発音の仕方、良い発音の技術の全てが前より多く学習される。子ども達は、既習の発音の全てを使うこと、いつも注意深くはっきりと話すことを心がけるよう求められる。この学年では、読みについて大きな進展がある。教師は作成した教材やリーダーや社会科のテキストブックや図書館の本を使用することに重きをおくことになる。聴能訓練は言語発達にともなって豊かになってくるものであり、子どもがその利益を得ることが出来るならば、充実した意味ある指導計画を展開すべきである。

　子ども達が書くことを学ぶようになると、口頭でニュースを話した後に、それを自分で書くことが求められる。一人の子どものニュースを読んだ他の子どもは、その代名詞を一人称から三人称に代えるのに必要な変更を行う。その他の語句も変えることが必要な場合は、それも変更する。この学年の前半では、これらの変更は書いて行うが、後半になると口頭だけでうまくできるようになる。

　子どもが書いたニュースに題名をつけるのはよい計画である。ニュースの要点を抜き出す練習になるからである。はじめのうちは教師が題名について示唆するが、まもなく自分で考えるようになるだろう。子ども達が作文（ニュース、手紙、物語の形で）を書くことができるようになってきたら、文を段落に分けることを教えなければならない。聞こえる子どもと全く同じように、聾児も、一度に一つのことを話す習慣、書く習慣をつける必要がある。

　ニュースを書くというタイプの言語学習は、子どもに毎日の生活に

必要な語彙をもたらすものなので、聾児にとって価値がある。ただし、やり過ぎてはいけない。7〜8歳の子ども達がこの種の言語学習から得るものは多いが、この年齢を越えたら、ニュースを毎日書くことはない。おそらく、この子ども達は週末のニュースを書く方がより適切であろう。作文には他にもたくさんのタイプがあり、これらをより頻繁に利用すべきである。

　子ども達にニュースの内容を長々と書かせるべきではない。質は量よりも望ましいという考えを早くから育てておくのは、良い習慣である。子どもは自分がした興味のある事柄について述べるべきであって、日々繰り返す日常の行動を、毎日毎日書くようであってはならない。子どもは何が書く価値のあることで、何がそうでないかについて、両者の違いを知らなければならない。言葉を使う練習のためではなく、誰かに読んでもらうために書いているのだと感じることが大切である。ニュースや「その他のこと」を書かなくてはいけないと考えている子どもと、伝えたいと思うことに夢中になっているから書きたい子どもの間には、大きな態度の違いがある。よく指導されたクラスでは、ニュースの時間は生徒にとって極めて価値の高いものであり、そこでは常にニュースを伝えたいという強力な動機が必要である。

　時折、クラス全体が同じ経験をして、みんながそのことについて話したがることがあるが、そんな時は、教師は経験したことについてクラスで話し合った後、それぞれの子どもに題名を付けるように示唆してはどうだろうか。子どもたちが昨日の午後、公園で過ごしたことについて取り上げてみよう。子ども達に見たことやしたことの全てについて書かせようとすれば、それはとても長く取り留めのない作文になることだろう。教師が、「動物園で」、「おかしな猿」、「ピーナッツ売

りの小父さん」、「北極熊」、「楽しかった遊園地」といった題名を割り当ててやることで、子どもはそれぞれ、外出の一側面について短いがりっぱな報告を書けることだろう。

　個人的には、第一に作文は個人的なものであるという理由で、私は短い作文の方を好んでいる。子どもはそれぞれ自分が興味をもつことについて話すものである。我々は、子ども達が皆、同じことに感動するとは思わないし、同じものを見ることさえ望んではいないだろう。したがって、我々はクラスの子ども全員が与えられた経験について、同じように考え、同じように書くことを求めはしないのである。第二に、短い作文は何か修正があったとしても、子どもがその修正についての適切な説明を受けとめ、それを記憶しやすいからである。第三に、子どもそれぞれは自分の作品について責任を負うだけで、全ての作文を読み修正点を知ることによって利益を得ることだろう。子ども達は、こういうグループの活動に加わることで、教えてもらったことを多く吸収するのである。たくさんの短い作文を書くことは、長い作文ひとつに非常に長い時間をかけるよりもずっと価値があるからというのが、第四の理由である。長い作文の場合、実際に指導する時間はないし、教師は、与えられた時間の中でクラスの子ども達全員の学習を扱うことはできない。長いニュース記事を書かなければならないと考える子どもは、古いニュースや当初の重要性をもう失ってしまったニュースを利用するか、あるいは、彼が他の勉強で使ったことのある無関係の文を組み込むということになりかねないだろう。

以下に、短いオリジナルの作文例を示す。

 病気の友達への手紙

  親愛なるリヴ

あなたが病気で残念です。インフルエンザにかかったのですか？　大変困りましたね。

私たちは教室の模様替えをしました。黒板も替えました。

あなたがいなくて寂しいです。早く学校に帰ってきてください。

          愛をこめて　ローズマリー

物　語

  小犬の友達　　　　　　　　　　　　　　　シャローン

カレンは二匹の小さな子犬を友達にしています。一匹はドッギーと言い、他の一匹はペティーと言います。

みんなでハローウィンのかぼちゃを買いに店へ行きました。

  森の中　　　　　　　　　　　　　　　　　ナンシー

お父さんと私と弟のダグラスは、来週の日曜日に森へ行きます。

私は秋の落ち葉を探します。たぶん、それを学校へ持って来るでしょう。

 修正されたニュースを暗記させたり模写させたりしてはならない。ひとたび、経験したことが十分に話し合われ書かれて、話したいという気持ちが満たされ、クラスの他の子どももくり返し読み、多分コメントももらった後では、書いたことを暗唱させることに重要な価値は存在しなくなる。子ども達は正しい言葉を新たに必要とすることはなく、またこのようなやり方からは学ぶこともないのである。私は、むしろ一人一人の子どもが修正された各自の作文を何度も読み、どこを

修正されたのか、「なぜ」そうだったのかに注意することを望んでいる。―「なぜ過去形が必要だったのか。」、「なぜ，そこに（複数の）'s が必要であったか。」など。子どもが自分の書いた文を取っておきたいと望む場合もあるが、その時は私はその子に内容を写させている。学習の状態をチェックするために、少し後になってから、時々「今朝、それぞれが書いたニュースはとても面白いので、お母さんたちもきっと知りたいだろうと思います。手紙を書いて、そのニュースをお母さん方に知らせましょう。」と言うことがある。もし、子どもがその日の朝の学習を理解しているならば、その子は午後になっても学習したことを思い出すことができる筈である。もし語や句は変っていても、その大意を変えていないならば、私はそれを受け入れている。もし、使うべき正しい言語をちゃんと学んでいれば、その子はいつでもどこでも、その言葉を使うことができるはずである。もし、それができなければ、その子にはその言葉を使うために、さらにより一層の指導とくり返し学習が必要となるだろう。

　「考える」ように鍛えられれば、子どもはそうするようになるものだ。教師は常に学習とは理解の上に成り立つという事実を心に留めておかなければならない。理解していない言語を記憶し再生する聾児は学習しているのではない。教師は子どもが使用している言語を理解していることを、また書いていることが記憶によるのでなく、概念の理解を通してなされていることを確信していなければならない。

　段落とその繋がりについて指導する時に注意しなければならないことがある。一日のうちの出来事であるという理由から関係のない出来事であっても、一つの段落に全部のニュースを入れてしまうという子どもがいる場合、なぜ彼が正しくないのかということについて示してやることが必要である。例えば、子どもが、

第Ⅴ章　新しい世界の探求

「昨日、ハービーのお父さんは彼に新しいバイクを買ってやりました。メアリーは人形の頭をこわしました。彼女は大泣きしました。」
"Harvey's father bought him a new bike yesterday. Mary broke her doll's head. She cried very hard."
と書いたとする。その子には、二つの事柄は両方とも昨日起こった事柄であるが、それを同じ節の中に書くものではないということを示してやる必要がある。

「短い短い物語」と私は名付けたいが、それを書くことは、子ども達が必要とする言語規則を繰り返し使わせるのに非常に良い方法である。子ども達は彼らに対して語られ、自分たちで読み、そして、どんなに単純なものであれ自分たちが書いた物語が大好きである。たくさんの物語が学年を通して書かれる。―絵がつけられている絵話、いろいろな経験の話、創造的な物語であったり、あるいは私が「おもちゃ物語（toy stories）」と呼んでいるものであったりする。

遊びが学習の要素であるということが知られていることから、我々は言語指導の努力の中に、もっと遊びを取り入れるべきだろう。これが「おもちゃ物語」の基礎にある原理である。遊びは子ども時代には大きな総合的で発達的な力をもつと言われており、聞こえる子どもの言語使用能力の多くが、遊びの活動を通して得られるのである。遊びはまさに心情そのものであり、そして、子どもの遊びの一部分をなす言語は満足の表われとなり、望ましい結果を産み出すことだろう。多くの言語規則を遊びを通して聾児に教えることも可能である。ゲーム、劇化、パズル、パントマイム、それにおもちゃで遊ぶことなどの全てが、教師が子どもの心に印象付けたいと願う思考を繰り返すチャンスを提供してくれる。想像力は学習にとって強力な要因であるから、遊びにともなって想像力を生みだそう。聾児は耳の聞こえる子どもと同様に

想像的な思考を十分にもっており、聾児は想像力が乏しいといった古い考え方をする必要はない。

　実物の小さなミニチュアを使ってお話をすることは、小さな子ども達をたいへん喜ばせるものである。既に習った言語規則のフォローアップ学習（follow-up work）のために、子ども達の気を引く魅力的な小さなおもちゃを使うことは、こういうものを使う遊びに参加したいという強く切実な願望を子ども達の心の中に呼び起こすことができる。例を挙げてみよう：小さな村がテーブルの隅に置かれ、子ども達に「これは村です。」と告げると、テーブルの向う側のコーナーには、ミニチュアの農家が配置され、「そして、これは農場です。」と言う言葉が返ってくるだろう。子ども達はこういうセットされた光景を素早く捉え、小さな木製の人形や動物に名前を付け、この種の学習のために用いられる小さな建物を配置したりすることが大好きである。教師は、おもちゃの子ども達と周りにいる動物を動かしながら、農場に住んでいてまだ学校に行かない子ども達について、また犬がその子どもにくっついて行った時に起こったことについてお話しをする。教師はテーブルの上に展開された光景を使って、さらに異なった2,3の物語を語ることもできることだろう。すぐに「私が（物語を）話してもいい？」、「私に（物語の）次を話させて下さい！」、「私は（物語について）いい考えをもっています。」などと喚声が聞こえてくるのである。

　ひとたび子ども達が教師が話す物語を聞くことを喜び、次いで時々先生に助けられながら自分たちでいくつかの物語に取り組めるようになると、子ども達は、限定された言語の用法を繰り返し使うように構成された物語も大いに楽しむようになることだろう。そのための場面構成をアレンジして、強調したいと願う用法が繰り返し繰り返し現れるように、教師は物語を語るのである。教師が前置詞 *behind* につい

第Ⅴ章　新しい世界の探求

て継続学習をさせたい場合を仮定してみよう。教師は、木や岩や小さな動物園と小さな建物で実物のように作られたミニチュアの公園をセットして、小さな男の子と二匹の犬を置く。子ども達はこの小さな公園に魅了され、物語は次のように展開する。

　　ある日、ジョンはラッグズ（ぼろ着物の意）とスポット（水玉模様の布の意）を連れて公園へ行きました。犬たちはいたずら好きでした！　走っていってしまいました。（ここで教師は犬を走らせる振りをして、これらの犬を隠す）ジョンは、犬を見つけようとしました。ジョンは木の陰（behind a tree）を探しました。（教師はジョンを木のところまで歩かせて、木の陰を探す振りをさせる）でも、ジョンは犬たちを見つけられませんでした。そこでジョンは別の木の陰（behind another tree）を探しました。（ジョンが探す）ジョンはラッグズを見つけました。それから、ジョンは大きな岩の陰（behind a big rock）を探しました。スポットはそこには居ませんでした。ジョンはやぶの中（behind a bush）を探しました。スポットは居ません！ジョンは腹が立ってきました。やっと、ジョンは古い荷馬車の陰に（behind an old wagon）居たスポットを見つけました。ジョンは犬たちを連れて家に帰り、犬たちを小さな囲いの中に入れました。ジョンは犬たちに、ジョンから離れて何処かへ行ってしまうから、ここにずっと居るようにと言いました。

　物語を話している時の教師の活き活きした様子や小さなおもちゃを使った手際の良い行動の説明が、この取り組みを成功させるのに大いに役立っている。子ども達は目の前で繰り広げられることにいつでも魅了され、想像力をかき立てられるのである。このようなストーリーの中での読話は極めて簡単で、前置詞の繰り返しも退屈すぎるという

ことはないようである。子ども達は、自分たちで想像の公園や道路や町、海辺、その他いろいろのなじみの場所を組み立てることが好きになり、物語を作り、出来事を話しながら小さなおもちゃを動かすということを楽しむことだろう。このような活動は、前置詞のみならず、代名詞、動詞、副詞、形容詞といった語を使用する機会を提供してくれる。この活動に向く小さなおもちゃは、おもちゃ屋、文房具店、贈物やパーティーの材料を売る店で見つけることが出来る。ミニチュアの農場、村、公園などは、網の袋に入っていて、あちこちにある子ども向きのお店で見つかるだろう。教師は一つの前置詞だけでなく、もっと多くの前置詞を子供に使わせたいと願うものだ。この目的に到達するために、教師は子ども達に公園や好きな場所を組み立てるのを助けると提案することもあるだろう。その時の会話は、多分以下のようになるだろう。

　教　師：木はどこに置いたらいいの？（Where shall I put tis tree?）
　子ども：大きな岩のそばに（*Near* the big rock.）
　教　師：そこがいいね。じゃあ、この小さなベンチはどこに置こうか？（That's good place. Now where shall I put this little bench?）
　子ども：木の下に（*Under* the tree.）
　教　師：この小さなへんてこな建物はどうしようか？（How about this funny little building?）
　子ども：角にしよう。(I think, *in* the corner)

　場面が出来上がったら、教師と子ども達は手に持ったおもちゃを巡ってちょっとした物語を作っていくことができる。このような学習の時間は、子ども達が関心をもつ限り、リラックスした楽しい幸福な時

間となるはずである。一日の間、一週の間に、そういう時間がときたま訪れて寛いだ時間になり、子ども達と先生がテーブルの周りを囲んで、楽しみながら自分たちがしたり言ったりしていることについて考えることだろう。

　これらの物語の多くが子ども達によって書き上げられ、作文のための素材となる。またいくつかの面白い物語を作り上げてから、後でおもちゃを使ってその物語を演じることもある。これらの簡潔な物語を私は「短い短い物語」と名付けている。もちろん、物語の全てが同じように扱われるわけではなく、書いて保存するものもある。子ども達は「私の物語の本」とか、「私の短い物語」とか、「私の好きな物語」と名付けたノートを持つこともできる。それに加えて、じっと腰掛けていることからの開放が必要な時、一日の中のリラックスタイムに、子ども達が劇化しようと物語を書くこともある。子ども達が椅子を木に見立て、物語の動物や登場人物のふりをしても何の問題もない。もし賢明に導けば、このような活動に中に、全てのタイプの言語学習へのやる気（モティベーション）を引き出し、強めていくものがあるだろう。

　しばしば、短い作文を書くことへの示唆が子ども達自身から得られることがある。第2学年目の教師は、句 a piece of ～ について指導する必要を感ずるようになる。子ども達はそれをしばしば使いたがるようになるが、それは部分詞の学習への動機付けになっていると思われる。ある子どものためバースディーケーキを持ってきて、教師は *a cake*（ケーキ）と *a piece of cake*（ケーキの一切れ）の違いについて、クラスの子ども達にいっしょにしっかり勉強した。やがて子ども達は *a pie*（パイ）と *a piece of pie*（一切れのパイ）とか、*a loaf of bread*（一塊のパン）と *a piece of bread*（一切れのパン）といったその他の例も

進んで集め、さらに、他の幾つもの句の用法の例を持ってくるようになった。その後、教師は、母親に一切れのパイを貰い、それをきれいなシーツの上に落としてしまった男の子のことや、台所のテーブルの上にあった一切れのパイを見つけ、それをみんな食べてしまい、お母さんに「誰が私のパイを食べてしまったの。」と言われた女の子のことについて話した。そして子ども達はみんな、誰かと *a piece of pie* を使った短い物語を作りたいと思うようになった。出来た物語は短いものであるが良い出来だった。以下は当時8歳か8歳に近い子ども達が書いた例である。

ジョニーとパイ

ジョニーのお母さんがチョコレート・パイを作りました。お母さんはそれを棚の上に置きました。ジョニーがそれを取ろうとしました。それは床に落ちました。ジョニーが「しまった！」と言いました。

ミセス・スミスの驚き

ミセス・スミスは家族を驚かせたいと思って、素敵なアップルパイを作りました。夕方、家族はデザートにパイを食べることになりました。ミスター・スミスが「これはおいしい（一切れの）パイだ。」と言いました。ミセス・スミスはうれしく思いました。

パイとミルク

メアリーが学校から帰ってきた時、彼女は台所のテーブルの上にあるコップ一杯のミルクと一切れのかぼちゃパイを見つけました。メアリーはそのパイを食べました。それはとてもおいしかったです。メアリーはミルクは飲まなかったので、お母さんが言いました。「あなたは明日はパイを食べてはいけません。」

どの学年の場合も、このような作文は 10 分か 15 分間の口頭での話し合いの後に続いて書くことになるので、この時間のうちに、子ども達は自分たちが話すべきことを考え出し、クラス用の辞書を見て新しい語の綴りを覚える。もし綴りがその辞書の中に見つからなければ、教師は正しい綴りを補充しなければならない。（物語の）題名は話し合って選ばれる。子ども達は書く前に、述べようとすることと、どのように述べるかということについてハッキリした考えを持っていなければならない。調べの時間は大切であり、決して省略してはならない。

　その他の種類の作文に進む前に、私の考えでは、事物の部分に関わる句の全てを同時に教えるということは不必要だし、賢明でもないということを言っておきたい。一片の *a piece of* を使う必要が生じた子どもは、間もなく *a jar of*（びんの）とか、*a tube of*（一缶の）とか、*a package of*（一包みの）とか、その他たくさんの句を必要とするようになるのは事実だが、その全てが一時に必要になる訳ではない。もし、子ども達が一つの形を使うことに十分習熟したならば、その他のものについては殆どあるいは全く問題はないだろう。その他については「ドリル」と呼ばれるものではなく、話し合いや読み書きを通して言語的に関連づけて学習させたい。

　話を作文に戻そう。第二学年における作文の種類の一つに、非常に簡単な感謝、依頼、説明、お知らせのために書く短い手紙（notes）がある。２ないし３文以上は必要のない短いものである。（全ての短い手紙に受けとり通知を！）

　　　　親愛なるミス＿＿＿＿＿＿＿＿＿＿＿＿＿＿

あした，私たちは公園へ行ってもいいですか？
私たちは象の赤ちゃんを見たいです。
私たちは，いい子にします。　さようなら

　あなたの友達　なまえ＿＿＿＿＿＿＿＿＿＿＿＿＿

　　　　親愛なるミス＿＿＿＿＿＿＿＿＿＿＿＿＿＿

家に図書館の本を忘れてきて御免なさい。
来週の月曜日に必ず持って来ます。
それでいいですか。そうお願いします。

　　　　　　　　　　　　　　　　マリー

　　　　親愛なるミスター＿＿＿＿＿＿＿＿＿＿＿＿

私たちが飼っている亀の一匹が死にました。
私たちでまた一匹買いに行ってもいい
ですか？ 今、ほかの亀が淋しそうです。

　あなたの友達　なまえ＿＿＿＿＿＿＿＿＿＿＿＿＿

　　　　親愛なるミス＿＿＿＿＿＿＿＿＿＿＿＿＿＿

私達は公園で素晴らしい時を過ごしました。
私たちは象の赤ちゃんがとっても好きです。
楽しい時間を過ごせて、
ありがとうございました。

　　　　　　　　　　第2組から愛を込めて

短い手紙に加えて、親しい間柄で手紙を書かせるようにすべきである。子ども達が通学生である場合、手紙は親戚や友達あてに書くことができる。子ども達がしていること告げたり、関係するニュースに含むべきである―受け取った人の興味を引かないようなあれこれの文ではないように。8，9歳の耳の聞こえる子供でも長い手紙を書くことはないのだから、聾児もまた長く書く必要はない。

　聾児に手紙にどんなことを書くのが正しいのかという感覚（feeling）を教えるのに早すぎることはない。私は、子どもが「あなた（母親）は私にドレスを送った。」と書くのは認めない。そのかわりに、（その子の）母親はそのこと（ドレスを送ったこと）は知っているが、その子がその日にそれを着て学校へ来たことやその服が好きかどうかということは知らないことを説明するだろう。また、子どもは父親に「先週の日曜日、お父さんは私に会いに来ました。」と書くのではなく、「先週の日曜日、私はお父さんに会えて嬉しかった。」と書くべきである。小さな子どもに満足できる手紙の書き方を練習させるのは難しいことではない。母親が病気であるということを知った子どもは、「親愛なるお母さん　あなたは病気です。」と書くよりも良い書き方を知っているはずで、もっと適切に、「お母さんが病気で心配です。どうか早く直って下さい。」とか「お母さんが早くすっかり良くなることを願っています。」と書けることだろう。ある子どもが両親に「木曜日は私の誕生日でした。私は8歳になりました。」と書いたとすれば、その子は正しい文を書いたのではあるが、手紙とはどんなものか、ちっとも分かっていないのは確かである。私は手紙を書くことは、他の場所にいる人に対して座って話しかける一方法―紙の上での親しい会話のようなものだと、生徒達が考えるようにいつも働きかけている。

毎日使う話し言葉、書きことばを手に入れる方法は数限りなくある。クラスにある人形の絵は小さな本の中に入れることができる。その本は、迷子になったり、パーティーを開いたり、教室から居なくなったり、病院へ行ったり、着物が破れたり、他のクラスを訪問したり、会議に出席したりといった人形のいろいろの経験についての「記事」を集めたものになるだろう。これらの経験の全て、あるいはもっと多くの経験が、日常的に必要な言語を含んだ作文の機会となるのである。

　日常の共通経験や個人的経験について書いたり話したりすることは、良い作文を発達させ、より広範な語彙を獲得させ、学習した言語規則を実際に使ってみる素晴らしい方法である。聾児はこの種の学習を確かに必要としているし、また、空想的な、想像的な、愉快な、そして思考を刺激するような学習も必要である。言語指導のプログラムは、こういったニーズ全てに応えなければならない。読話と読みのプログラムは、言語のプログラムに更に追加されるものである。
　私は作文について多くのスペースを割いたが、それは作文が、聾学校での言語指導の要となるからである。練習とかドリルに触れる必要もあるかもしれないが、それらについて述べるのは、それらがアイディアや思考や感情の表現にために使われる場合のみである。そういう表現こそ、口頭もしくは書記での作文が行なっていることである。

　この学年で教えられる言語規則は、子ども達が必要とし使おうとしているが十分に知っているとは言えないものである。会話や書いているときにそのことに気付いたら、教師はそれを覚えておかなければならない。話し好きなクラスでは、取り上げるべきことがたくさんある―動詞の時制、質問形、前置詞、代名詞、*one and the other, some, none, any, somebody, nobody* の用法、冠詞の *a, an, the* その他いろいろな語法である。教師が用いる技術がどんなものであれ、事実に即して、またあるいは現実の場面において扱われなければならない。生徒たちが各語法の明解な説明を受け、それを理解したら、その語法の使用をさらに印象づけるような仕上げの練習を与えるべきである。正しく言語を使用する習慣を定着させるためには、意味のあるやり方で実際に使っていくしかなく、だから不断の繰り返しが必要になるのである。そのことの学習のために、教師は練習の正しいやり方を示さなければならない。練習が子どもの利益となるには、単に空白を何らかの望ましい形式で埋める以上のものを用意すべきである。それは子どもの思考を刺激し、一つの考えを表すため彼に言語を使わせるものでなければならない。子どもは、練習と彼が学習している特定の語法の使用との間の関係を知っていくことだろう。それぞれの練習は、生活の場面—子どもの経験や観察から得られること—としっかり結びついていることが必要である。

　教師は建設的な練習と、考えと結びつかない、面白くない、生き生きとした感情もない機械的な暗記練習との違いをよく知っていなければならない。練習が建設的なものでなければ、そこに精神的な成長はないだろう。

　言語の意味と使用に結びつかないドリルというものは、不必要であるばかりでなく有害である。日常的な言語の使いこなしは不十分なまま、子どもが空白を埋めたり、形式的に書くやり方を習得することは可能である。例えば、次のような練習はとても良く出来ることもある。

	went	saw	bought
	did － go	did － see	did － buy

しかし、この同じ子どもが話し合ったり書いたりする学習において、"I did not bought the pencil."とか"Mary did not gave me a book."とか言うこともあるのだ。この子にとって必要なことは理解することであり、必要とされる文を実際に考えたり書いたりすることである。この例で言えば、過去否定形の使用である！どんな子どもも、自分に必要な全部の動詞の過去否定形を全て記憶することはできない。将来、正しく言葉を使うため自分自身を鍛えるには、記憶以上のことが必要である。子どもは基本にある語法の法則を理解しなければならない。それためには、学習者に問題をはっきりさせるための説明を与えるべきである。その上で、繰り返しのための多くの機会が必要である。

　聾児が過去否定形に困難を感じるのは珍しいことではない。did のつく過去形を子どもが使ってしまうのには、それなりの理屈がある。何か「終った」ことを述べる時の動詞は、過去時制を用いなければならないと、子ども達は言われて来なかっただろうか？ made, saw, went, watched, fed やその他多くの過去形も教えられてきたのではないのか？ 彼らに必要なのは、形式だけを与えられ、記憶するように言われることではなく、過去否定形はどのように作られるかを知ることである。子どもは多くの動詞の過去否定形を見つけ出さなければならないが、全ての動詞についてその形を覚えることは出来ない。数が多すぎるのである。

　毎日繰り返し使用することから時制については知っているが、それでも新しい動詞を過去否定形で使おうとする時に困難を感じている聾児のために、私は時々、動詞の過去否定形の作り方について明確に説明してきた。私は子ども達にいくつかの動詞を出してもらい、それから、いっしょに下に示すようなリストを作った：

動詞名（原形）	過去	Not のついた過去
go	went	did not go
make	made	did not make
talk	talked	did not talked

　我々は"did"という語について話し、子ども達はそれが過去時制を特定するものだということを認める。したがって、過去否定形を使用する時、did が過去の行為を意味しているので、我々はその他の「過去」動詞を必要としないことになる。そこで、我々はどうするか？　我々は、その動詞名（原形）を用いた。子ども達はすぐに理解し、非常に多くの動詞の過去否定形を―私が示唆した新しい動詞でさえも―実際的に間違えることなく使った。いまでは、彼らはさらに前進している！もちろん、次の段階は、生徒たちによる意味のある表現が続くことになる。

　　先週、お母さんは私に会いに来ませんでした。
　　"My mother did not come to see me last week."
　　兄弟と映画に行きませんでした。
　　"I did not go to the movies with my brother."
　　今日、S先生は学校へ来ませんでした。
　　"Miss S_____ did not come to school today."
　　先週、私たちは劇をしませんでした。
　　"We did not give our show last week."

などのように。動詞の過去否定形を十分繰り返した後に、普通、会話の中では縮約形を使うものであり、didn't が受け入れられ、むしろ自然であるということを話すことになる。

　省略を含む文は、教科のテストでは役に立つかもしれないが、私は、

言語発達の手立てとしては価値がないという意見である。また one と the other を空白の中に埋めることを子どもはやるだろうし、正しくできるだろうが、それは必ずしも学習とは言えないだろう。下に掲げるような文は、子どもにとって殆ど興味のないものである。

　1　John had two pencils.

　　　＿＿＿＿＿＿was red and ＿＿＿＿＿＿ was blue.

　2　Mary found two coins

　　　＿＿＿＿＿＿was penny and ＿＿＿＿＿＿ was a dime.

子ども自身が作る文の中にこの語法を含むという考えを子どもに与える方が、どんなに良いことだろう！　多分そのスタートとして、質問という方法を用いることができるだろう。

　　　教　　師：メアリー、ロッカーにドレスを何枚入れていますか？　"Mary, how many dresses do you have in your locker?"

　　　メアリー：2枚です。"Two"

　　　教　　師：2枚！それは素敵ね。両方とも新しいの？　"Two! That nice. Are they new?"

　　　メアリー：1枚は新しくて、もう1枚は少し古いです。"*One* is new and *the other* is rather old."

　　　教　　師：ジェーン、2階にドレスを何枚もっていますか？　"How many dresses do you have upstair, Jane?"

　　　ジェーン：私も新しいドレスを2枚持っています。"I have two new dresses，too."

　　　教　　師：お母さんが作ってくれたの？　"Did your mother make them?"

　　　ジェーン：1枚は作って、もう1枚は買ってくれました。"She made

第Ⅴ章　新しい世界の探求

one and bought *the other*."

　この特定の語法の使用に変化をつけるには、色や大きさや型などの違いに限らないで使うようにするほうがいい。教師の質問「私たちのテーブルはどこにありますか。(Where are our table?)」、に対して「ひとつは図書室（館）に、もうひとつはホールにあります。(*One* is in the library and *the other* is in the hall.)」、「あなたたちの新しいブラウスは何で作られているのか教えて。(Tell me what your new blouses are made of.)」に対して、「一着は絹で、もう一着は木綿で出来ています。(*One* is made of silk and *the other* is made of cotton.)、「あなたは鉛筆をどこで手に入れましたか。(Where did you get those pencils?)」に対して、「一本は私が見つけ、他のはお母さんに貰いました。(I found *one* and my mother gave me *the other*.)」というように。

　生徒たちに何らかの語法を使わせようしている時に、教師が避けなければならない誤りは、最初に十分考えさせないままに、その子どもに学習させようとすることである。しかし、空の井戸からは水は汲めないものである！興味の湧かない、ありふれた、空虚な語法の事例以上のものを生徒達から引き出すのに先立ち、教師は、まず彼らを様々な示唆や考えや知識で満たしてやるべきである。

　学習するとは理解することを伴うものであり、子どもが受け取るにせよ、自発するにせよ、彼がその言葉を実際に理解しているかどうか、確かめる努力を惜しんではならない。子どもがその言葉を理解していれば、それを使うはずであるが、正しい形で使用する習慣を確立するためには時間が必要である。聞こえる子どもの場合も、間違っている言葉を一回直せば十分とは期待できないように、聞こえの不十分な子

どもについても、一回直せば十分とは考えられない。優しく（誤りに）気付かせることは間違っているとは言えない。「それをどう言うか、昨日、私が話したのを憶えていませんか？あれと同じですよ。」などのように。「掛けて、考えなさい」などと叱ったり、注意したりするよりも、その方がより多くの直接的な成果に繋がるだろう。賢明な教師はその力の限りを尽くして、英語に習熟することへの不安感と無力感が膨らんで行くことから、また学んだ言語の使用に未熟であると信じ込んでしまうことから、きっと聾児を守ってくれることだろう。

　語法を教えるための決まった方法はない。ある教師がある方法でよい結果を得たとしても、他の教師は同じ問題を全く違った方法で挑んでも良いのであり、しかも同じような望ましい結果を確保できるのかもしれない。これは聾児に言語を指導する基本的な原理に関わらないことである。優秀な能力を秘めている多くの教師は、語法を非現実的な方法で教えなければならないという困難を抱えてきたのであり、その時、その教師が自分のアイデアを使うことを許されていたとしても、大きな労力をかけて生徒に教えることになっただろう。一人ひとりの教師は指導に際して自由でなければならないが、私は急いで、学校の基本的な哲学がこの自由の強い支えになるべきであると付け加えておきたい。学校の全てを通じて方法的な継続性がなくてはならないが、それは同時に個人としての教師の才能と能力を活用するということによって維持できるものである。

　どの学年での言語指導も、聞こえる子どもに対するのと全く同じように、聾児に対しても一日の全ての時間を通しての仕事である。それは認めた上で、特定の構文や語法について特に重点的に扱う時間も必要である。しかしそれでも、そういう時間だけが言語を教える唯一の時間であると考えてはならない。そういう時間は、興味がなくなり始

めるところまで引き延ばすべきではない。学習のための準備態勢がなくなった状態では、教師は自分の時間を無駄にしてしまうし、生徒もまたそうである。子ども達の全ての活動に刺激を与えて導いていく教師は、無気力や注意の強制で失う時間はないと知っているのである。

　教師は、一人ひとりの生徒から期待すべきことを知り、またどの生徒もベストを尽すものだということを理解しているべきである。教師は生徒それぞれのニーズに応じて、ある子にはより多くの大きな機会を与えなければならず、また他の子にはより系統化された教材を与えることもあるだろう。全ての聾児はそれぞれ学校生活での多くの活動や出来事の中ではグループの一員であるが、学習への彼自身の能力をもつ個人である。教師は「汝自身を知れ」という訓戒に従うばかりでなく、生徒もよく知らなければならないのである。

　7〜8歳児は、知ることで楽しみ、ともにいることを喜び、教師に満足するものである。毎日は彼等にとっては楽しさに満ち、教師にとっては喜びであり挑戦である。教師は随行者かつ先導者であり、親密な友達かつ導き手でなければならない。委ねられた子どもの生活を豊かにするため、教師に与えられた機会そのものが、実際、大いなる贈りものである。全ての貴重な贈りものと同様に、これらの機会は十分に活用され、大切にされなければならない。

第Ⅵ章
自己表現の型の確立

知識と木材は、用いる時が来るまで使いすぎてはならない。

オリヴァー・ウェンデル・ホームズ
朝食テーブルの独裁者

聾児を教える教師は、より良くより多く持続的な成果が得られる言語指導の方法を絶えず考えているものである。彼らはどんな改善が可能か、何か間違ったことをしていないか、なぜわずかしか成果が得られないのか、といったことを知りたがっている。恐らく、その完全な答は得られないだろうが、こういったことを探し求めることが、言語指導の新しく、またより良い方法の探究と発見において教師を後押ししてくれることだろう。自分の指導法の改善が必要であるということに気付いている教師は、生徒により大きな成果をもたらす方向に向いているのである。

　私達が聾児の指導において直面している問題の核心は、指導法の再評価の必要性にある。変革が可能となる前に、聾児の教師全てに変革の必要性への認識が育っていることが必要である。教師がこのような認識に大きくかつ全面的に目覚めるということは、聾児への大きな祝福となることだろう。つまり、そのことが指導法や技術を豊富に産み出して、聾児に言語を教える上で扱わざるを得ない恒常的な課題の多くが解決されるかもしれないのである。聾児を愛し、聾児に心からの関心をもつ私達みんなが、聾児にとって幸福であたりまえの運命を意味する新たな地平線に達する日を、期待を込めて待ち望んでいるのである。

　聾児の教師は工夫に富んでいなければならない。教師は望ましい言語応答をもたらす普通で自然な場面を創り出すため、多くの機会を見つけ出さなければならないだろう。真の恩恵は、子どもが*実際の生活で出会うのと同じような*状況で言葉を使うことからのみ手に入れられることだろう。この種の指導では、教師の側の気遣いと創意工夫が必要であり、また聞こえる子ども、まして*聾児*には、無関係で無意味な語の使用や単調で関連のないドリル文によって言語を教えることは出

第Ⅵ章　自己表現の型の確立

来ないことを常に分かっていなければならない。心を込めて仕事に打ち込んでいれば、聾の少年少女の興味を引きつけることは難しいことではない。子ども達は本当に興味あるものにすぐに気付いて、それに反応する。全ての聾児は、教室と学校が学習を導く雰囲気にあるならば、学ぶこと、勉強することが大好きになるものだ。教師としての私自身の経験から、私は、全ての年齢の聾児が学習することを望み、教わることを喜び、自分で成し遂げたことを幸せに思うものだと確信している。教師が会話、読み、発話、読話、算数、社会科、およびクラスの子ども達が学んでいる他の教科学習の中に、新しく教えたい言葉を織り込んでいくにつれて、生徒は教科の一つとしてではなく、非常に有用で、必要で、望ましい道具としての言葉の価値をみずから見出すようになるであろう。言葉を自由に使いこなすことは、耳の聞こえる人と日常接するのに必要なだけでなく、幸福で満ち足りた、発展的で苦労の報われる生活への扉を開けるものとなるのである。

　9歳か10歳の聾児の言語的欲求（1anguage needs）について少し考えてみよう。その子がナースリースクールに通っていたら、その子は既に7年間在学していることになる。プレスクールにいた最初の3年間は、ほとんど遊びの活動を通して学んできたが、読話と場合によっては聴能訓練を通して、言語を理解することを学んだのである。その後の3年間か4年間で、彼は英語の基礎のいくつかを学んできた。今や彼は必要な時には完全な文で自分自身を表現することが出来るし、多くの質問形を正しく使えるし、読話できる数百の語彙も持っている。年齢相当の本に興味をもっているが、読む時に助けを必要とすることもある。彼は言語の使用の手を拡げる準備が出来ており、良い教育を受けてきているなら、今は相当の基礎力をもっているはずである。今

や彼は正しくというばかりでなく、同時に面白く自己表現することを学ぶ用意ができているはずである。

　多くの場合に、多大な時間とエネルギーが文法的に正しい構文の指導のために費やされ、その結果、美的で均衡の取れた文を書くことや新鮮で生き生きとした表現によって楽しさを産み出すことに集中する時間が殆ど残されていないということになり、それは不幸なことだと思われる。正しい文を得ようとする強い気持ちが、文法的に正しい文は面白く楽しく美しい文にもなり得るという実感をくもらせてきたと言える。あからさまな間違えを取り除こうとして絶望的にもがいている教師は、聞こえる人が自然に使っているような文で表されていなくても、文法的に正しいものである限り、しばしばそれで結構だという気持で（子どもの）文を受け入れるようになってしまうのである。私は若い教師が聾児の使う変な表現にすぐに慣れてしまい、その教師の語彙にもそういう表現がしばしば無意識のうちに付け加えられていることに、たびたび驚いたものだった。誰か（多分、若くて気の置けない身内など）、「どうして writing paper（便せん）の代わりに、letter paper と言うの？」とか、「聾児はいつも slate（石板）って言わなければいけないの？　子ども達は blackboard（黒板）と言うことができないの？」とか、「人は How much does that cost？（それはいくらかかりますか）とは言わず、How much is it？（いくらですか）と言うものだ。」などと言ってチェックしてくれる人がいる教師は幸運である。私には何人かの姪と甥がいるが、耳の聞こえる子どもが、私にとって誤りに気付かせる魔法の杖となってくれているのである。

　我々が聾児に正しい言語を使ってほしいと願っていることは確かで

あるが、同時に子ども達が良い言語に接した時に、彼らがそれを理解しその良さが分かることを望んでいるのである。だから、我々は、話すこと書くことのわざ（arts）を洞察する力を与えるのに、子どもがアッパースクール（upper school 高校相当）に進むまで待っていることはない。ジョニーは、「ミスAは遅刻したので部屋に走っていった（Miss A ran into the room because she was late.）」を、「ミスAは遅刻したので部屋に駆け込んだ（Miss A rushed into the room because she was late.）」という文に変化できることを学ぶのに、ミドルスクール（Middle school 中学校相当）になるまで待たねばならないということはない。そしてメアリーはまだ幼くても、「ナンシーはお日様みたいに笑っている（Nancy has a sunny smile.）」と書くこともできるし、他の子の目立った特徴を話すのに「ジャックはいつも嬉しそうだ。(Jack is always happy.)」と叙述することも学べるのである。私がずっと前に書いたことは、今もなお真実であり、「黄色い髪」、「青い眼」、「桜色の頬」といった（定型の）叙述方法は全く時間の浪費である。それは have 動詞とか be 動詞を使用する良い練習方法でないばかりか、何かよい目的に役立つことはないのである。このような言葉の断片は、子どもに関する限り、将来の使用には繋がらないのである。

9歳になった子どもは、簡単な文も異なった形容詞や動詞の使用で変わることを学べるものだ。彼らは自分が思ったことを表現するのに、語を選んで使うということを学習できる。語を選択する習慣を発達させるための一つの方法として、一人の子どもあるいは一つの物について、クラスの子どもに各々一つの叙述文を書いて出させるというやり方もある。それぞれが書いた文のリストを作って、子ども達に最も上手に述べている文を選び出させる方法である。子どもに、ある人の目

の色や髪の色を表現しても、同じ色の人はいっぱいいるから、その人について何か言ったことにならないが、人の習慣や癖を異なった表現でちょっと述べると、その人のイメージをより描きやすくなることを理解させるのは、教師にとってあまり難しくないことだろう。例えば、「彼女の髪はいつもくしゃくしゃだ。」とか、「彼女の目はきらきら輝いている。」とか、「彼女の目は楽しそうだ。」というように。これらは個人的な表現であり、子ども達は時にはそういうふうに感じることもあるのだ。

　9歳から10歳にかけての子ども達は、耳の聞こえる兄弟姉妹と同じように、遊びの中で空想し創造する。彼らは忙しいことが好きであり、その忙しさについて話すのも好きである。聞こえる子どもは、散歩に行く、風呂に入る、寝る、学校や教会に行くといったことについては（それが珍しい場合を除いて）多くは語らない。彼らは遊びやおもちゃやその他の持ち物について、想像したこと、見たり、欲しかったり、何かしたり、使ったりしているものについて多く語るのである。

　この頃までに*毎日のニュース*の時間はなくなって、恐らく週末ニュースだけになっているはずである。関連のある言葉を使ったり、自己表現に重きを置いたりするためには、他にも非常に多くの方法がある。会話の時間では、通常のニュースが取り扱われるようになるだろう。子ども達は正しい言語を得ることだけに努力する必要はない。彼らは自分の考えを書き表す興味ある方法を求めて、見つけ出していくべきである。どんなに正しくてもよく考えないで書かれた１０の段落より１つの面白い段落（パラグラフ）の方が価値があることが、彼らも分かってくるはずである。もし子ども達が、自分たちの文が笑いとか楽しい様子をもたらすことができると実感するなら、彼らは完全な文章にすることを期待して文の記憶に全力集中する代りに、「良い絵（good picture)」が浮かぶような語を探すことに努力するであろう。

　グループで語句の選択に取り組む始めの頃の一つの方法は、教師が黒板に2つの短い段落文をそれぞれ書いて、子ども達に彼らが好む方を選び出させるという方法である。例を挙げよう。

Ⅰ

　ジョンは犬を飼っています。それは黒くて大きいです。それは家にいます。その犬は人々に吠えます。人々は怖がります。
人々は逃げて行きます。

John has a dog. It is big and black. It is at home. It barks at people. They run away.

Ⅱ

　ジョンは家に黒くて大きい犬を飼っています。
その犬は、時々、人々に向かってうなり声をあげて人々を怖がらせます。
みんなは、多分その犬を熊だと思っているでしょう。

John has a big black dog at home.
Sometimes it growls at people and frightens them. Maybe they think it is bear.

　なぜ一方の文の方がもう一方より面白いかということについての話し合いが、ブツブツの文の寄せ集めとすらすらと流れるような文のまとまりとの間の違いを子ども達に感じさせることだろう。子ども達はこの感じを言葉に表すことはできないけれども、そこに違いがあることは分かる。こういった練習が続けられていくなら成果が得られることだろう。

　一般に子ども達は描写力のある新しい語を学ぶことを喜ぶものであ

る。彼らは、メアリーは「いつも眠そうだ。(slpeepy ever day)」というよりも、「眠たがり屋（sleepy head）」と言う方がもっと面白いということを感知することができる。彼らが作る物語やその他の種類の作文にピクチャー・ワーズ（picture words：様子が絵のように目に浮かぶ語）を考えることが好きなのである。考えたことを組み立てることを学び、書く時に用いるべき言葉を決めることで、子ども達は自分がしていることについて自信を持つようになる。自信は喜びを招くものだ。子ども達の書く活動の全てにおいて、どんなに簡単なものを書くにしても、まず考慮されなければならないのは、書かれたものの質である。誤りについての分析は、それが終わった後にすべきことである。例えば、教師がシャロンに対して、彼女が素敵な物語を書き、うまく言葉を選んでいると話した後で始めて、「でも、あなたが使っている動詞はよくないみたいね。それを直せますか。」とか、「あなたはとても大切な言葉をちょっと落としたみたいね。もう一度読み直して、忘れてしまったちょっとした言葉を思い出せるかどうか考えてご覧なさい。」というふうに付け加えるとしたら、結果はいつも良くなることだろう。聾児は全ての学年を通してこのようなやり方に慣れており、彼らの全ての作文やその批評の中で、自分の興味はどんなところにあるのかを明らかにしていくはずである。

　短い物語を書く準備として、子ども達に、ある物あるいは人がなぜ好きなのかを１ないし２文で語らせてみるというやり方がある。それに対して子ども達が、例えば、「私はジョンが好きです。彼はいつもおとなしいからです。」、「私はメアリーが好きです。清潔できちんとしているからです。」、「ジャックが不機嫌なことは決してありません。彼はみんなのことが好きなのだと思います。」というように答えることに慣れてくると、彼らはより生き生きとした語彙を持つようになり、

語句の価値を知るようになるのである。

　絵の中の人物について語ることも、優れた語彙を獲得するよい方法である。

　　　教　　　師：ローリー、この絵について思ったことを言ってみてください。
　　　ローリー：この人は年寄りです。この人は流行遅れの服を着ているので、変に見えます。
　　　教　　　師：トミー、この男の子をどう思いますか？
　　　トミー　：彼の服は古くて破れています。彼は貧しそうで、僕はとても寒いだろうと思います。

　お気に入りのおもちゃや持ち物について書くことも、また役に立つものである。例えば、「私は私の大きな人形が好きです。お人形は素晴らしい長い髪の毛をしています。」、「私は私の新しい本が好きです。その本には綺麗な絵が描いてあります。」、「私は私のテディー（ぬいぐるみ）が好きです。テディーは古くなってしまって、目が一つしかありません。ずっと前、お父さんが私にくれたものです。」、「僕のトラックはとても丈夫です。その中に重い石を載せることができます。」などのように。

　腕白な子についての物語を作って、その子がしたことを話すこと、あるいは小さな女の子やペットについて話すことなどもまた、子ども達にとって興味あるものとなり、学習を助けることだろう。

　おもちゃについての物語は、子ども達がおもちゃを好む限り続いていくだろう。9歳から10歳の子ども達は、彼等が使っている物について非常に魅力的な小さな物語を語ることができるものだ。

　簡単な筋を辿ることを学ぶということは、聾児にとって大きなプラスになる。その最も簡単な型は以下のようになる。

Where did you go?　　どこへ行きましたか？
　　　What did you see?　　何を見ましたか？
　　　How did you 1ike it?　　どんな風に（どんなところが）好きなの？

後に、この型は次のように変えられるべきである。
　　　Tell：Where you went　あなたがどこへいったのか、話しなさい。
　　　　：What you see　あなたが見たものを話しなさい。
　　　　：How you liked it　どういう風にそれが好きか話しなさい。

あるいは、
　　　Tell：What you made　あなたが何を作ったか、話しなさい。
　　　　：What it is like　それが何に似ているか、話しなさい。
　　　　：What you will do with it　それで何をするつもりなのか、
　　　　　　　　　　　　　　　話しなさい。

　話し言葉であろうと書きことばであろうと、あらすじの理解は、子どもの考えを系統化して、作文を書く時の要点を押えることを助けるものである。
　教師は、考え（アイディア）こそが言語表現の基礎であるという事実をいつも心に留めておくべきである。教師は子どもの考えを刺激し、彼の経験、彼に関する出来事、あるいは彼が関心を示す出来事、物語、新聞記事、計画的な活動、および選択された読み物などについての会話を通して、子どもにたくさんの新しい影響を与えなければならない。教師は、生徒達が考えるべきこと、話すべきこと、書くべきことを持つように面倒を見ていく責任がある。

第Ⅵ章　自己表現の型の確立

　教師が自らの考えを育てるように、子ども達にも考えを書くことができるような幅広い語彙を身につけさせていくべきである。語彙形成（vocabulary building）には多くの勉強が必要である。しかし、語彙を拡げるためにだけ新しい語を教えることは殆ど役に立たないことを、教師は常に意識しておく方がいい。また表現したいという必要を無視して、新しい語法を導入したり教えたりすることも無駄なことである。子どもは自己表現力を身につけるためにこそ、語彙と言語規則を身につけるのである。

　学期の計画に示されたとおり系統だった順序で教えられる語や言語規則は、自然な場で使われることはまずないだろうというのが、私の信念である。それに対して、自然な場面で、活動や経験と子どもの行為を表現する必要性が結びついて学習した語と言語形式は、記憶され、その子の言語の永続する一部分となり、使うべき状況が出てきたら何時でも使用されることだろう。したがって、言うまでもないが、全ての新しい語や言葉は必要が生じた自然な場面で最初に用いられるべきである。これらは活動や場面と結び付けられたものであるから、印象がいっそう長く続くのである。新しい語、動詞の時制、あるいは構文が、子どもが話そうとすることを正確に表現するのに必要であれば、教師は彼にそれを教えるべきである。もし、ある子どもが「私は街での女の人を見た。彼女は赤ん坊を乗せた乳母車を押した。（I saw a woman on the street. She wheeled a baby in a carriage.）と言ったら、簡単な説明とともに、その時その場で *was wheeling*（押していた）という形が正しいことを教えなければない。もし彼が「私は金曜日に家に帰りました。私の家族は新しい家に引越しました。（I went home Friday. My family moved to a new house.）」と言ったなら、その子どもが家に帰る前に引っ越しはすんでいたという説明とともに、*had moved* と

いう言い方が教えられるべきである。私は過去完了形のことを、この時点で細かいところまで踏み込んで伝えたい気持ちはないが、正しくない用法を見逃しておくのは許されないと考えている。時々、聾児が堅苦しく奇妙な言葉を使っていることがあるが、それは教師の失策である。

　子どもが最近学んだ語法や新しい語や語句を使う時にはいつでも、そのことを言ってあげるべきで、そうすると、子どもは率先して使ったことを誇りに思うはずである。もし、それが効果的になされるなら、他の生徒が学んだことを応用する誘い水となることだろう。もし、ある子どもが2、3の文しか書かないとしても、書いたことがいつもと違ったことだったり、驚くべきことだったり、非常に興味深かったりするものであれば、教師はそのことを指摘して、それに相応しく誉めるべきである。

　言語のいろいろな用法のことに戻って、私は書いて届けられる数多くの短い手紙の存在を強調しておきたい。そこに含むことができるのは、学級の子ども達が校外指導に行くために、理由をつけて書くお願いの手紙である。例えば、ケーキを作るために、あるいはパーティーのために家庭用品の店へ行きたいとか、新しく配架された図書を見るため、あるいは本の借り換えに図書館に行きたいなどである。または窓の日よけをきちんと固定してほしいとか、絵画を壁に掛けてとか、新しい窓ガラスを入れてほしいとかの（建物管理者あての）要望の手紙であり、さらには、仕事をしてもらったことや特別の計らいや許可に対する、あるいは新しい学校備品に対するお礼の手紙もあるし、遅刻したことや教室で起こった困ったできごと、図書館の本を返すのが遅れたお詫びの手紙もあり、そういう機会には限りがないものだ。

第Ⅵ章　自己表現の型の確立

　これらの手紙は短くて形式ばらないほうがいいし、書くにせよ口頭にせよ、返事が返ってくるべきものである。普通、子ども達は手紙を書くことを喜び、それが教わったことばを実際に使う優れた方法になる。学校で一週間のうち、私は２年生のクラスから彼らが作った家を見に来るようにという手紙と、別のクラスから算数の勉強を見学に来てもらえないかという手紙と、３年生のクラスから校外見学にでかけてよいかという手紙、４年生のクラスからは美術館へいく許可を与えたことに対するお礼とその見学について述べた手紙を受け取った。

　男の子、女の子あるいはペットとか人形についての小冊子を作り、毎週ちょっとしたお話しを付け加えていくことは、言語を使用するよい機会を提供し、同時に復習の機会にもなるだろう。その一例として、ブルースが、ジャックと名付けた男の子についての本を作りたいと思っていることを想定してみよう。ブルースは、その本に単に「ジャック」と題名を付けることもできるし、「ジャックについての本」の方がいいと思うかもしれない。彼は本の口絵に男の子の絵をカットとして描くであろう。物語の始めは、ジャックの紹介として彼の年齢や彼が住んでいるところ（町であるとか、田舎であるとか）、その他、未来の読者がジャックを思い描けるようなことが述べられる。そして、だんだんにジャックに出来ること、ジャックがしたいこと、ジャックが友達や家族といっしょに経験することについての短い記述がなされるようになる。きっと小旅行や驚いたこと、事故や楽しい時のことなどもあるだろう。いろいろの本が作られていく過程で、他の子ども達は物語を読むことができるし、また話し合うこともできる。本が出来上がると、子ども達はそれぞれ自分の本を家に持ち帰ることになる。こういう本には、子ども達によって描かれた挿絵が入れられることも多い。

人形についての本も作文のための沢山の機会を提供する。人形は、迷子になったり、隠れてしまったり、パーティーに出かけたり、病気になってお医者さんに通ったり、新しい服を着たり、他の人形を訪問したり、悪戯をしたり、良い子になったり、実際、この物語の幼い著者と同じようなことを数多く経験していくのである。
　「なったつもり（pretend）」物語を書くことは作文の別の形であり、殆どの子どもは人（消防士、警官、看護婦など）になったり、物（時計、窓開け棒、黒板など）になったりすることが好きである。
　子どもが書いた物語の例を示す。

> 私はベルです。私が鳴ると子ども達は休憩しに行ったり、食事に行ったりします。子ども達は、私が学校に居てよかったと思っています。
>
> I am the bell. The children go to recess, or to lunch when I ring. They are glad that I am in school.
>
> 私は紙くずかごです。子ども達は古い紙を私の中に放り込みます。私は部屋を綺麗にします。
>
> I am the wastepaper basket. The children throw old papers into me. I keep the room neat.
>
> 私は窓開け棒です。暑い時、私が窓を開けると、子ども達は新鮮な空気を吸うことができます。寒い時、私が窓を閉めると、子ども達は暖かくしていられます。私はたいへん役に立ちます。
>
> I am the window pole. When it is warm I open the window so the children can have fresh air. When it is cold I shut the window so they will be warm. I am very useful.

第Ⅵ章　自己表現の型の確立

　時々、こういう物語が子供達の心を大変よく示すことがある。自分が非常に重要な存在であることをいつも強く望んでおり、自分のことを特別に気にかけてくれる人がいることを強く望んでいる女の子が、大広間に掛けられている大時計になることを選んだ。この時計は、いつも正しい時刻を示していると思われ、そして教師や子ども達はしばしばその時計を頼りにしていた。この特別な子が書いた文は次の様なものであった。

　　私は広間にある大きな時計です。私はいつも正しいです。人々は正しい時間を知りたいと思うから、私を見つめます。私はこの時計であることを嬉しく思います。

　　I am the big clock in the office. I am always right. People look at me because they want to know the right time. I am glad that I am this clock.

　時々「私が小さい時」とか、「私が大人になる時」で始まる作文を書くことは、言葉を自分のために使う機会を与えてくれるだろう。

　一冊のクラスの物語本（story book）は、個々の作文の活用を可能にするだろう。これは大きなスクラップブックで作られる。ある子どもが特に上手な文を書いた時、このスクラップブックに貼るようにする。この物語の題名が目次に書き込まれる。このような学級読本（class book）は、クラス全体にとって良い読み物となり、意味ある言葉を繰り返し読む機会となるのである。

　今では低学年の時よりも（教師と子どもの発言の）均衡が取れるようになった朝の話し合いの時間を通して、教師は子ども達が特定の語法や偶発的な表現力、また語彙の確実な増大を必要としていることに気付くものである。

教師にとって、今、最も大きな問題の一つは、子どもが正しく質問するよう助けることである。彼らには質問すべきことがたくさんあり、いろいろのタイプの質問形の作り方を知ることが必要である。質問の役目は情報を得ること、あるいは好奇心を満足させることである。これに対する唯一の例外はテストでの質問である。いろいろな質問形を教える最良の方法は使う（use）ことによると思われるが、最初は教師が使い、次に子どもが使うという順番である。私は、教師が学級活動の全段階に結びつけて、また可能な全ての場面で、口頭で質問をすることが役に立つと考えている。質問形は難しいが、子ども達にとっては、自分から尋ねることよりも質問を理解することの方がより易しいものである。実際に質問をする前に、その質問が使われるところを見る（読話する）ことは良いことで、子どもは自分で使うために格闘する前に、その文型に馴染むことができるのである。

　質問は、もともと好奇心を満足させるため、または情報を得るためにあるのだから、教師はそれが質問の用い方であることに確信をもつべきである。与えられた答から子どもに質問を作らせるのは不自然であり、また現実の生活に結びつけようもないので、こういうドリル的方法は避けるべきである。質問形は、いつも自然な状況と結び付けられて教えられるべきもので、子ども達に *by whom*？（誰によって）とか、*in whose*？（誰の）とか、*from whom*？（誰から）といった質問の学習をさせることは、この時期には考えるべきではない。「誰によってこの本があなたに与えられたか？（By whom was the book given on you ?）」というのは全く不自然で、むしろ「誰があなたに本を与えたか？（Who gave you the book?）と言うべきであり、「誰の机にクレヨンがあるか？（In whose desk are crayons ?）」というよりも、むしろ「クレヨンはどこにありますか？（Where are the crayons ?）、あ

るいは「誰がクレヨンを持っていますか？（Who has the crayons ?）と言うほうが自然である。

　あてっこ競争（a guessing contest）で質問することは、質問形を繰り返して使わせることになる。この活動は、プレスクールとローワースクール第1学年の章（Ⅲ章）において述べたので、ここでは詳述はしない。異なった状況で同じ質問を繰り返して用いることで、普通は質問しやすくなるものである。子ども達が何かについて知りたいと思った時、自然に正しい質問形を使うようになるには、充分な練習を積まなければならない。

　時折行うゲーム遊びは、質問形を用いる機会を提供する。まず一人に子どもに、1，2分教室の外に出ているように頼む。その子が教室に戻ってきた時、他の子ども達に、その子が何処へ行ってきたか、何を見てきたか、あるいは何をしたかが分かるような質問をさせる。このゲームは、やり過ぎなければ面白いものである。子ども達は、以下のような質問ができるだろう。「あなたは誰かと話しましたか？」、（いいえ）、「あなたは何か飲みましたか？」（いいえ）、「あなたは図書館に行きましたか？」（いいえ）などのように。よりゲームらしくするために、子ども達に「もうすぐ当たりそう？（Am I warm ?）」とか、「降参。（I give up）」といった表現を教えることもできる。何をしたか言い当てた子が次に部屋を出ることができるのである。

　子ども達が自然に使えるような質問形について、書きことばによる練習課題を見つけるのは難しい。たとえば、教師が「私は週末に旅行をしました。」と黒板に書いて、クラスの子ども達にこれについて5個の質問を書かせたとしても十分には報われないことだろう。というのは、子どもは「誰が週末に家を留守にしましたか？」とか、「いつ、週末旅行にでかけましたか」と書くかもしれないのである。子ども達

は質問を書くということだけに関心を持ち、教師の旅行には関心を示さないだろう。さらには、彼は正しい文を産み出すかもしれないが、それは彼にとって何の重要性もないだろう。

同じ様な場面は、教師によって「口頭で」なら利用できる可能性がある。おそらく、次のように教師との話し合いが続けられるであろう。

教　　師：あのね、私はとっても素晴らしい週末を過ごしましたよ。
生　　徒：何をしたのですか？
教　　師：田舎へ行きました。
生　　徒：農場へ行ったのですか？
教　　師：いいえ、私は田舎に住んでいるお友達を訪ねました。彼女はとってもきれいな庭園を持っています。
生　　徒：その人は、先生にお花をくれたのですか？
教　　師：そう、そのとおりです。彼女は私に花の入った大きな箱をくれました。私が自分でその花を摘みました。
生　　徒：見てもいいですか。
教　　師：いいですよ。みんなが好きなお花をいくつか取り出して、私達の部屋に飾りましょう。
ハーリー：そのほかに田舎でどんなことをしましたか？
教　　師：とても美しい森の中を散歩しました。そこは、たいへん静かでした。
フレッド：その森の中には何か動物がいましたか？
教　　師：うさぎがいました。それから鳥もいました。

最初の書いた質問と後の口頭での質問の間には何と違いがあることだろう！

質問形を教える、もう一つのつまらないやり方は、教師が「ゆうべ、

第Ⅵ章　自己表現の型の確立

私はブルーミングダラス（デパート）のショウ・ウインドーで何かきれいなものを見ました。私に5つ質問をしなさい。」と言うことである。ある子が、「先生は美しいドレスを見ましたか？」と書いたとする。それはまさに教師が見たものである。もし、その子が残りの4つの質問を紙に書く前に考えなければならないとしたら、自分にとって意味のあることを書くのに困ってしまうことだろう。

　聡明な教師は子ども達に質問したくなるような刺激を与えるものだ。教師の心の中で近隣への散歩を計画している場合、教師は子ども達が教室に来た時に、出かけるので帽子とコートを持ってくるように言う。子ども達の最初の質問は、間違いなく「どうして？」だろう。外に出かけるのだと告げられると、「どこへ行くのですか？」、「どうしてそこへ行くのですか？」、「いつ帰って来るのですか？」、「そこで何を見るのですか？」というような他の質問が当然続くはずである。

　子ども達が質問できるようになり、質問しなければならないとなったら、その機会は毎日、数限りなくある。ある質問は簡単であり、ある質問は、かなりの指導と練習を要するだろう。「どれくらい離れているの？（How far are we going ?）」、「どれ位かかるの（How long will it take ?）」といった質問ではたくさんの練習が必要となる。それはそうだが、「―は何のためのもの？（what is ― for ?）」のような質問形は、身のまわりに登場した何か新しいものに子ども達が好奇心を示した時に教えるべきものであり、そのためのドリルは全く必要がないと私は考えている。私たち自身が「それは何のため？」と尋ねるのは、正しい知識を求めている時である。レキシントン聾学校の小さな子ども達は、何かの理由で校外に連れ出される時、しばしば「何をしに、何のために？（What for ?）」と尋ねる。彼らがどこでこの言葉を学んだかは誰も分からないけれども、彼らはどこでそれを使えばいいかを知っ

ているのである。

　子ども達がたまたま偶然に使うその他の質問形として、「何で作られていますか／何で出来ていますか？（What is ― made of ?）」がある。あてっこゲームではこれは手軽な質問であり、形式ばったドリルは必要ないだろう。もし「どんな、どのような？（What kind of ―）」という質問を教えたら、形容詞（強い、大きい、良い、可愛い、赤い）の答えばかりでなく、名詞の答えもある。—「それはどんな花ですか？（What kind of flower is it?）」、「デージーです。」や、「あなたはどんな鳥を見ましたか？（What kind of bird did you see ?）」、「駒鳥です。」といったように。

　Why（どうして、なぜ）の質問には一つ以上の答があるが、一度に取り上げるのは一つである。

　　　あなたはどうして泣いているの？　　怪我しました。または、お母さんが家に帰ってしまいました。
　　　あなたはどうしてあくびをしたの？　疲れてしまいました。
　　　あなたはどうして二階へ行ったの？　髪をとくためです。
　　　あなたはどうして部屋を出たの？　　飲み物を取りに行きました。
　　　メアリーはどうして病院へ行ったの？　彼女は病気だからです。

　質問について最後に言いたいのは、教室の一日や遊戯室の出来事の中で求められる質問形の使用については、継続的で意味のある練習をすることが必要だということである。もし子ども達がそういう質問を正しく使う習慣を身につけているなら、急いで、あるいはまだ学習の準備が整う前に、新しい形を子ども達に押しつける必要はないのである。子ども達に無理強いはすべきではない。

第Ⅵ章　自己表現の型の確立

　質問形だけが聾児にとって困難な語法ではない。聾学校の生徒が個々のそして全ての必要に応じる正しい表現を習慣的に使えるようになるためには、学習すべき言語形式に終わりはないのである。

　短い年数でプレスクールを終えてレギュラークラスに進む時までには、大部分の子ども達が新しい文型を必要とするようになる。その一つに主語の倒置（例：戸棚に本が何冊かあります。There are some books in the closet.）がある。全ての文型についてちゃんとした学習が行われる前に、教師はそれを会話や読みの中で取り入れて、日常的に使用しなければならない。一人の子どもが、「3冊の新しい本があなたの机の上にあります。(Three new books are on your desk.)」と言うかもしれない。新しい文型をまだ教えていなかったとしても、その時その場で教えて、私はその子に「あなたの机の上に3冊の新しい本があります。(There are three new books on your desk.)」と言わせるようにするだろう。

　子ども達が文型の必要をはっきり示した時には、より直接的な指導に乗り出すべきである。きっと、それがその用法を学ぶ望ましい始まりとなるであろう。例えば、教師はいろいろの物を置いて次のように話すことができるだろう。

　　戸棚の中に林檎があります（There is an apple in the closet. 以下同じ文型）。それはあなたにとってあるのよ。ジェーン。
　　一番下の棚にバナナがあります。それはメアリーにとってあるのよ。
　　あなたたちをびっくりさせるものが、机の引き出しの中にあります。

　また、教師は一人の子どもに他の先生の教室をそっとのぞきに行かせて、戻ってきたら、その先生の机の上に何があったかを話させることもできる。

Ｂ先生の机の上に緑色の出席簿がありました。花瓶もありました。
　窓の枠の上に何がありましたか？　植木鉢がありました。
　それは昨日もありましたか？　いいえ。
　昨日は何がありましたか？

一日のうちに、いろいろな偶発的な質問をすることができる。
　メアリー、その戸棚の一番上の棚に何かありますか？　はい。あります。
　何がありますか？
　誰がそこに置いたのですか？
　あるいは、
　ドアの所に誰かいますね。パティー、ドアを開けてくれますか？
　校庭に子ども達はいませんね。子ども達はどこにいますか？

　絵について語ることは、このタイプの文を何度も繰り返して使う練習になる。
　ジョーン、あなたの絵の中に赤ちゃんがいますか？　いいえ、女の人がいます。
　マージー、あなたの絵の中に犬がいますか？　はい、います。かわいいです。
　他に動物が何かいますか？　猫がいます。

　教師がそうしないように十分注意すべきことがある。それは次のような練習をさせることである。
　次の文を " There is ── " を使った別の文に変えなさい。
　１．Some paste is in the closet.
　　　　→　There is some paste in the closet.

　　　　　　　　戸棚に糊が少しあります。
２．A tree is in the yard.
　　　　→　　There is a tree in the yard.
　　　　　　　校庭に１本の木があります。

　このような練習は、子ども達にこれらの文は両方とも正しくて互いに言い換えることができると思わせてしまうだろう。しかし、そうではない。"some paste is in the closet"という文はぎこちなく、不自然であり、下手な文である。それはとても貧しい英語でもある。
　なぜ聾児の英語使用には誤りが多いのだろうか？　無論、その主な理由は彼等が聾であり、英語を学ぶのが困難だったからであるけれども、典型的な「聾のことば（deaf language）」が出てくるのは、時には（教師による）誤った提示と教え方のせいである。例えば、「１枚の洋服の箱（a box of a dress）」とか、「１個の帽子の箱（a box of a hat）」と書いてしまう子は、クラッカー（a box of saltines）や筆記用紙（a box of writing paper）のように箱詰めにされて売られているものもあるが、他のものは扱いやすいようにちょっと箱に入れるだけだということをちゃんと教えられなかったのである。さらに「一対の（a pair of）」を２個の物―いっしょに置かれた２個の物―と考える子は、この句の正しい概念を持っていないのである。"a pair of"は似通った二つの物という意味である。例えば、一対の赤い手袋があったとすれば、その一つは左手、もう一つは右手のための物であり、両方とも同じサイズでなければならない。もし実際がそうでなければ、その子が持っているのは、「一対の赤い手袋（a pair of red gloves）」ではなくて、「２つの手袋（two red gloves）」ということになる。聾学校教師は、生徒に複雑な英語を指導する非常に大きな責任があり、また指導のそれぞれの

段階は子どもにとって明確で筋道だったものでなければならない。

　one and the other（一方と他方）の意味と用法を適切に教えられた子ども達は、*one and the others*（１つとその残り）と *one, another and the others*（１つと他の１つとその残り）といった句に困難はないはずである。もし子ども達が *some* と *any* について理解し、どんな場合に使うかを知っているならば、*somebody* と *anybody*、*something* と *anything* の用法についても容易に理解するに違いない。しばしば、教師は現在教えようとしている語法のいくつかの例を示して、子どもに類似の例をもっと出させようとしすぎるものだ。しかし、子どもの方は頭の中でその言語がはっきり分かっているわけでなく、やっと憶えているだけである。ただ「記憶する」のではなく自分で考え抜かなくてはならない、そういう地点に彼もいつか辿り着くことになるだろう。聾児に対する全ての指導は、いつの日か子どもが以前教わったことと結びつけて新しい言語を学ぶことができる、そういう時に向けて、それぞれの子どもに準備させていく営みである。

　新しい動詞と新しい時制は、学校の全てのクラスでいつも取り上げられるものである。動詞の誤用は、おそらく聾児および聾成人が英語を使う中で起こる誤りの 50％の原因であろう。この共通の誤りを克服する唯一の方法は、動詞は全て時に結び付けられた言葉として用いられることに気付くことである。私達がここで述べているグループの年齢では、子ども達はまだ新しく出てきた全ての動詞について単純時制の全てを知る必要はない。子ども達に必要なのは、話したり書いたりしたい時に絶えず現れる時制において、動詞を繰り返し使うことである。子ども達にはきっと現在進行形や過去進行形が必要になり、また恐らくはごく限られた程度で現在完了も必要だろう。いくつかの動詞

の過去否定形と過去疑問形については多くの学習が必要だろうが、子どもが知っている動詞の全てについて、というわけではない。子ども達は時制の全てについて動詞を活用させる必要はない。

　子どもは、他の人（トムとかジェーン、あるいは彼女とか彼）について、あるいは物（コップとかそれ）について話す時には、三人称をいつも用いなければならないということを知る必要がある。そのことをその子がはっきり知っているならば、動詞時制の構成や主語名詞と述語動詞の呼応関係といった基本的な語法の理解に基づいて、正しい形式の使用を学んで行くことだろう。例えば、9歳になるデイヴィッドの例をとってみよう。デイヴィッドは「メアリーは毎日午後、私の姉妹と遊んでいる。(Mary *plays* with my sister every afternoon.)」と言わなければならないということを知っている。彼はなぜこれが正しいか理解している。そして彼は「彼女は私の父が帰宅すると彼に話をする。彼女は私の家に来るのが好きだ。(She *talks* to my father when he comes home. She likes to come to my house.)」と書くこともできる。デイヴィッドは自分について、あるいは他の人たちについて話す時は、自分には *was* を用いなければならないことや、他の人には *were* を用いるということを学んだ後では、過去完了形の *was* reading や *were* writing が必要となっても困難を感じないはずである。単数形と複数形の間の相違を学んだ（定義によって学んだのではなく実際に使ってみて学んだ）後では、彼は新しい場面において彼の知識を応用することができ、あてずっぽうにやらなくなり、he *have* とか the boys *has* のような誤りをすることもなくなったのである。聾児は話したり書いたりする前に考えているのだと主張する教師は子ども達を大いに助けていることになる。聾児もまた、誰でもそうであるように既に獲得した知識に新しい知識を適用することを学んでいるのである。

まさしく動詞については、たくさんの指導が必要で、生徒の方でもたくさんの勉強をしなければならない。教師はどの動詞に重きを置くべきかを生徒達の会話や質問や書く作業から手がかりを得なければならない。生徒達が尋ね（ask）たり話し（tell）たりするための動詞の準備ができていれば、教師にはそのことが分かるだろう。生徒たちが現在完了時制を必要とする時には、教師はそのことにも気付くことだろう。よくしゃべり、考えたこと、感じたこと、思いついたことを紙に書くという習慣を身につけた子ども達は、動詞をいろいろの形で用いる能力を身につけなければならないし、彼らの動詞のリストを絶えず増やしていくことも必要だろう。教師は指導すべき動詞を型にはまった活動から切り離すことに努力したいものである。私は現在進行形を導入して教えるのに、例えば、子どもを部屋の中を走り回らせたり、スキップやホップやその他の動作をさせたりしようとは思わない。この時制を取り入れるには、「ジーンを困らせないで。彼女は勉強しているんです。（Don't bother Jean. She *is studying*.）」とか、「スージーが書いている時は話し掛けないで。（Don't talk to Susie when she *is writing*.）」とか、「子ども達は校庭で何をしていますか？彼らはバスケットボールをしています。（What *are* the children *doing* in the yard? They *are playing* basketball.）」、あるいは「彼らは家を建てています。（They *are building* a house.）」といった自然な方法の方がずっと良いと思われる。現在進行形のこの使い方から、子ども達は彼らの周囲で進行中の他の事柄や新聞や雑誌や絵本に描かれていることについての話題へと、より自然な適用が可能になっていくのである。

ここで述べているクラスでは、子ども達の語彙全体は大幅に増加していく。多くの新しい名詞、形容詞、前置詞、間投詞および代名詞が

言語使用の拡大に応じて必要となる。どんな前置詞だろうか？最も必要とされる前置詞である。どんな名詞だろうか？子ども達が彼等自身や他の人との関係、個人的あるいはグループでの活動について話すのに必要な名詞である。

　この種の語彙に加えて、教師は慣用句および *big enough*（十分に大きな）や *tall enough*（私は一番上の棚に届くほど背が高くありません。I'm not tall enough to reach the top shelf.）、*much too heavy*（あまりに重すぎる）や *too heavy for me*（私には重すぎる）などのような役に立つ表現を教える機会を見逃さないようにすべきである。

　聾児はありのままの事実を表す言葉以上のものを必要としている。彼らの年齢相応の多彩なことば、会話体のことば、慣用表現など ―つまり聞こえる子どもが何気なく取り上げているような言葉― が必要である。それを提供するには、このような言語の使用を早い学年から始めるべきである。感嘆詞「やったあ！（Goody!）」がちゃんとした表現である「それはいいね（I like that.）」よりもずっと適切であるという時もよくある。また聾児は、突然の喜び、思いがけない驚き、深い同情やちょっとしたおふざけを表す言葉も必要としているのであり、当然そういう言葉も持つべきである。私達の生徒もやはり子どもであるということを、いつも忘れずにいようではないか。

第VII章
想像力は表現を豊かにする

ことばは死んだ
口にされた時、
という人がいる。
わたしはいう
ことばは生き始める
まさにその日に。（亀井俊介訳）
エミリー・ディキンソン
人生：ことばは死んだ

これから言語に関する議論を深めていく前に、*自然な*（natural）手法で聾児に言語を教えることができると確信するに到った私の経験について述べておきたい。始めは私の意見と必ずしも同じではない人々がいるかもしれない。聞こえる子どもがどのように言語を習得するのかを注意深く考察し、学習心理についての、また聾児の言語指導へのその応用について探究してきた後、私は多くの人々がこの信念の正しさを認めるだろうと確信するようになった。私は*自然な手法*によって、配慮と注意なしに聾児の言語が急速に進歩すると言っているのではない。自然法は行き当たりばったりの方法ではない。易しい方法ではないが、訳の分からない方法ではない。私が思うに、この方法は私がこれまで見てきた他のどんな方法よりも、教師に多くの思考と熟慮を求める方法である。

　この方法で教えるには、教師は教える内容について熟知しているばかりでなく、子ども達—全ての子ども達—について知っていなければならない。教師は子ども達が何を好み、どのように学ぶのが最良であり、どんなものが真に彼らの心に届いて根を下ろすのかについて知っていなければならない。そのような知識を通してのみ、教師はプログラムを計画し、学校の日常で起きるいろいろな機会を利用し、それを言語指導の基礎として活用することができるのである。教師は自分の生徒達の言語発達について、グループとしてのニーズと個別のニーズを全て取り込み、保持し、個々の子どもの弱点を心にとめ、これを取除くために援助の手を差し伸べられるように自らを訓練しなければならない。子どもの言語使用を強化するための機会は決して見逃すことなく、新しい言葉を求める必要と願望を示すものは何であれ、決して無視してはならないのである。

第Ⅶ章　想像力は表現を豊かにする

　言語の指導が朝から晩まで一日中の仕事であることは、いくら繰り返して言っても足りないくらいである。私は5時間しかない学校生活のことだけを意味しているのではない。聾児がより正しい言語の使用を学ぶことが可能かつ必要な多くの時間と場所が存在する。私は正規の言語の時間を言っているのではなく、それよりもむしろホール、食堂、運動場、遊戯室、保健室、図書館、体育館、および子ども達が集まるその他の場所での言語の使用のことを言っているのである。もし教師がこのような場所のどこかにいるならば、教師は子ども達が考えていること、あるいはしていることを表現するために正しい言葉を使っているかどうか、ちゃんと見ておく必要がある。もし、これらの言葉がより集中的な学習を必要とする場合は、学級の子ども達が教室にいる時に詳しく取り上げられるべきである。

　教師としての訓練を受けていないカウンセラーや寮母の場合も、担当の子ども達が正しい言葉を使うのを助けることができるし、彼らの多くはそうしている。私は午後遅くなってからレキシントン聾学校の一人のカウンセラーが小学部の一人の子どもに、「どうしてあなたはいつも " want, want "（したい、したい）と言うの？ " I'd like to "（したいです）と言えないの？」と言っているのを聞きつけて嬉しく思ったことがある。このカウンセラーは最も好ましい方法で言葉を教えたことになる。また別の機会には、一人のカウンセラーがある子どもに、「そのことを良い質問形で私に尋ねてちょうだい。そうしたら私が良い答をあなたにあげますよ。」と言っているのを聞いた。学校の内外，家の内外を問わず、何かを話しかけられる子どもは必然的により多くの言葉を使うことになるし、全ての人間関係に必要なこととして言語のことを考えることになるだろう。聾児にはたった一人の教師ではな

く、数多くの教師が必要なのである。学級担任はその子の言語習得の中心人物であるが、その指導は他の人々—子どもの両親、スクールカウンセラー、美術、体育、リズム、図工、あるいは家庭科の教師など—によって補強されなければならない。実際、子どもは毎日の生活に何からの形で関わる人々すべての助けが必要である。これらの人々のおかげで、子どもはともに生きていくべき言語をやがて獲得するのだから。

聾学校のすべての教師は、子どもの現在の様子を見るとともに、5年、10年、そして20年先のことも見ておかなければならない。教師は、聾児に言語を主要なコミュニケーション手段として使っている聞こえる人とともに幸福で成功した生活を送る力を与えるのは、言語を全形態—話すこと、書くこと、理解すること—にわたって自由に使いこなす力だということを決して忘れてはならない。言語の使用と理解が不足していることが、聾者を彼と同年代の人々から隔ててきたのである。言語の自然で自発的な使用なしには聾者は異なった存在と思われ、あまりにもしばしば、とんでもない誤解とたいへん低い評価を受けてしまうことだろう。聾者には何か違った言葉—ポツリポツリとした、限界のある、ぎこちない、変わった言葉—ではなく、聞こえる人と同じ言葉が必要なのである。誠実で、興味旺盛で、十分に能力のある幸福な教師は、自分が受けもった子ども全員を一人一人幸福で有用できちんとした成人の生活に向けて成長していくよう、自分の役割を果たそうと努めることだろう。

10ないし11歳になるまでに、聾児は通例、ミドルスクールに入るが、時には指名されて、中間的な部門（Intermediate Department）に入ることもある。もし生徒達が知的に標準的で、言語使用においてちゃんとした基礎が与えられていれば、彼らはその知識を話すこと書く

ことの勉強に適用し、また容易に効果的に読むこともできるはずである。英語の使用は習慣化し、英語を使いこなす力が増大して、学習内容が何であれ英語の応用力を拡げる準備ができていることだろう。

　私は英語の使用を*習慣化*（habitual）する、あるいは*習慣化*すべきと言ってきたが、どんな場合も正しい使用が必要と考えているわけではない。絶えず指導と修正は必要であろう。子ども達は話したいことがますます増えていくだろうし、興味の範囲も拡大し、語彙を拡げたいという欲求は差し迫ったものとなるだろう。この段階で、子供達は地域社会や彼等の周囲の世界に関心を持つようになり、またより抽象的な概念や人との関係性を発達させていくようになる。またいろいろの印象や観念を表す言葉を集めていく。子ども達の語彙は日常の出来事に必要な言葉に加え、想像の言葉にも及んでいなければならない。子ども達は空想の物語を愛し、人、物、場所、出来事についての自分たちの物語を作ることを好むものだから。

　このグループでの書くことの学習には、独創的な物語を数多く書くという活動が含まれている。これらの物語は集められて、最終的には生徒制作の「本」にまとめられ、家に持ち帰って家族の啓発と楽しみに提供されるのである。「目次」を付けることで、また芸術的なデザインで飾ったタイトルのある表紙によって、この本への興味関心が深まっていく。以前、私は全て個別の物語で成り立っている、このような本を何冊か持っていた。これらの物語を書いた子供達は、学年の終りに、あるいは夏休み中に11歳になった子ども達であった。

　その一冊は「私が想像した物語」というタイトルで、その中の物語の題名は以下の通りである。

森の中の鹿

愉快なお話

こんがらかったこと

雪だるまパーティー

バレンタイン・デイのコンテスト

びっくり（サプライズ）見学

いたずら

聾学校の先生

落とし物みつけた

次に掲げるのは、その物語の一つである。

森の中の鹿

　鹿の夫婦には四匹の小鹿がいました。子鹿達の名前は、リンダ、ジャック、シャローン、ボビーといいました。ある日、子鹿達は隠れんぼをしに深い森の中に出掛けました。シャローンは鬼になりました。他の子鹿達は走って行って木の陰に隠れました。シャローンは、子鹿達を一生懸命探しましたが見つけられませんでした。シャローンは慌ててしまって子鹿達が居なくなったと思い込み、友達の鹿に知らせました。その友達は他の友達に、他の友達はまた別の友達へと知らせました。彼らは一生懸命に子鹿達を探しました。でも探し出すことはできませんでした。シャローンは困り、彼らのことが心配でたまらなくなりました。だんだん暗くなってきたので、家に帰りました。シャローンがお母さんに子鹿達がいなくなったと告げました。お母さんが言いました。「お馬鹿さんだねえ。みんなはちゃんとここにいますよ。お前はこれで分かったでしょう。慌てて判断してしまってはいけないっ

ていうことが。」シャローンは、きまりが悪くなってしまいました。

「ビバリーの話」というもう別の本がある。目次とその中の一つの物語を下に掲げよう。
　　そばかすコンテスト
　　心のない男の子
　　鳩たち
　　シェリー酒とねずみ
　　四人組
　　ハリウッドへ
　　屋根裏部屋での眠り
　　貧しい小さな雪だるまの国
　　ケニーとパル
　　商店主

　　　　　　　　鳩たち
　ある朝、ジェーンは目を覚まして窓の所へ走って行きました。素晴らしい、いいお天気の日だということが分かりました。ジェーンがお母さんに中央公園へ行っていいかどうか尋ねると、お母さんは「いいわよ。」と言いました。ジェーンは、公園に着くと鳩に餌をやりました。ジェーンは一羽だけで歩いている鳩を見つけました。ジェーンはその鳩が病気にかかっているのだと思いました。そこでどうなっているのか見ようと近付いてみました。するとその鳩に６羽の子鳩がいたので、ジェーンはたいへんびっくりしてしまいました。

　第三の本は簡単に「私の想像」と名付けられていて、次のようなお

話が含まれていた。
- 犬
- 壊れた梯子
- 幸福な雪だるま
- きらめく薪のせ台
- おしゃれ
- ひよこ
- 私が大きくなったら

壊れた梯子

　ある日、一人の男の人が近所にポスターを貼りにやって来ました。その人はトラックから梯子を下ろしました。彼は梯子をのぼりました。糊の缶を手に持っていました。それを梯子の段の所に置いて、ポスターに糊をつけて貼りました。一人の男の人がそばを通り掛かりました。はしごの段が壊れて、糊がその人の頭に落ちてきました。その人はタフイー（砂糖を煮詰めて作ったキャンディー）のようになりました。その人はぷんぷん怒りました。

その他の題名は以下のようなものである。
- 森のなかで
- 大統領との面会
- 踊る自動車
- 驚いたこと
- 寝たきりの病人
- 遊園地
- 悲しんでいる雪だるま

第Ⅶ章　想像力は表現を豊かにする

図書館員
ルークと彼の友達

図書館員

　私の将来の希望は図書館員になることで、それは私が本を読むことが好きだからです。私は4年制カレッジへ行かなくてはならないでしょう。私は本の整理の仕方を学ばなければなりません。私は小さな子はどんな本が、大きい子はどんな本が好きか知っています。私は図書館員というのは、とても面白い仕事だろうと思います。

　最も評判の良かった物語のセットは、「多くの国々のクリスマス」と名付けられたものであった。この本は10個の章からなり、各章で他の国ではどのようにクリスマスが祝われているかを述べていた。この本の作成計画には図書館での研究が必要だった。本の終わりには、他の国でのクリスマスの祝い方や服装や小道具を集めたものが紹介されていたが、それは子ども達が美術の教師の助けを借りて、自分たちで作ったものだった。

　こどもがそれぞれ作ったその他の本は、想像の家族についてのものであった。子ども達は、彼等の家族の名前を考え出し、それから本の題名を決定した。考えられたタイトルのいくつかは、次のようなものであった。

　　家でのスミス家の人びと
　　ホワイト一家の楽しみ
　　カイエ家の家族
　　家でのゴードン家の人びと

その典型的な章の一つを下に掲げる。

飛行機旅行（「ホワイト一家の楽しみ」より）

　ジーンの誕生日が終ったある土曜日、ジーンとペネロープとフランクは、ロズおばさんとルーおじさんから手紙をもらいました。おじさんとおばさんから夏にソルト・レーク市へ来るように招待したものでした。ジーンは、息を弾ませるほど跳び上がって喜びました。お母さんはジーンが跳び上がって騒いでいるのを聞いて、外へ出て来てどうしてそんなに興奮しているのかと尋ねました。ジーンはお母さんにその手紙を見せました。お母さんがジーンに言いました。「まあ！素晴らしいわね。あなたはロズおばさんとルーおじさんにお礼の手紙を書かなくてはいけないわね。」

　7月10日、ジーンとフランクの学校が終わりました。午後には二人はトランクに荷物を詰めました。二人ともとても興奮していました。次の朝、ジーンとフランクは小鳥のように早く目覚めました。両親はとっくに起きていました。二人は急いで洋服を着ました。朝食の後、お父さんが二人は飛行機で行くのだよと言いました。二人はまだ飛行機に乗ったことがなかったので、大喜びしました。

　9時頃にお父さんは家族を自動車に乗せて、ラ・グラディア空港へ行きました。途中で、ジーンはお父さんに彼女とフランクは何時にソルト・レーク市に着くのかと尋ねました。お父さんは7時頃着くだろうと言いました。家族がラ・グラディア空港に着いた時、お父さんは係員に31便は何処かと尋ねました。その人は31便は107ゲートだと教えてくれました。そこで家族はそこへ行きました。みんながそのゲートに着いた時、お父さんも二人と一緒に行くことになっていると言いました。二人はそれを聞いてとても喜びました。

やがて父親と子ども達が出発する時間になりました。彼らは飛行機に乗り込みました。ドアが閉まりました。プロペラが回り始め、そして彼らは出発しました。

　それぞれの本の最初のお話は家族についての紹介で、何人いるか、どこに住んでいるか、どんなペットがいるか、さらにその他の適切な情報が得られるように述べられている。
　折にふれて、そこにいろいろなお話が付け加えられていく。家族のピクニック、思いがけない出来事、旅行、病気、誕生日のお祝い、学校での出来事などである。それぞれの本は全く個人的なものである。例えば家族の遠足について書くとしても、それぞれの話はその子が執筆している特別の家族に結びつけられているものだ。基本的な語彙の上に、学級のみんなでいろいろな表現や良い叙述語を見つけ出していく。例えば、all agog（うずうずして）、could hardly wait（まち切れない）、full of excitement（興奮し切って）、up bright and early（早ばやと起きて）、up with the birds（朝早く起きて）、delightful（魅力的な）、a perfect day（申し分のない一日）などである。

　聞こえる人も誰も同じようにうまく書けるわけではない。能力にはいろいろあるので、ある人は椅子にかけて、非常に興味深い、役に立つ、おもしろい手紙を書くことができるだろうが、ある人は全くの用件だけすら、時にはそれすらうまくできないのである。聾者もまた全員が同じ程度の技量で書けるわけではない。教師は言語使用における個人差を許容しなければならない。書く才能をもつ子には、彼のもつ最良のものを引き出すように示唆や励ましが与えられるべきである。技量と想像力に欠ける子には十分な支援が必要で、そういった子は彼より

もっと才能のある級友と不利な比較をすべきではない。その子はより短く簡単な作文を書くことができるし、彼が話したことに加えて良い叙述語を教えることで支援することができる。彼もまた、自分の学習についての自信が持てるようにしなければならないのである。

　どんな作文であれ、書く前に本当の意味での準備が必要である。考えついた事柄について議論し、新しい語彙を教わり、同様の意味を持つ語や表現の仕方について検討し、考えを伝えるのによりぴったり合うような言葉を決めていくのである。この準備に２日ないし３日が費やされる。子どもは１週の間に、日記や作文を毎日一回書くだけでは、正確に面白く自己表現することを学ぶことはできないだろう。その子はどうやったらうまく書けるか、どうしたら面白く自己表現できるかということを、話し言葉と書き言葉の両面から教わることが必要なのである。

　物語のアイデアが決まって題名を選んだら、次は良い書き出しの文についての学習になる。子ども達が皆同じ題で書く場合は、いくつかの良い書き出しの文を黒板に書いて、子ども達に「この書き出しは、物語の残りの部分を読みたいという気持にさせるだろうか。」とか、「これは読む人の好奇心をそそるものだろうか。」とか、「これは、ちょっと言い過ぎではないか。」など、その書き出しについて話し合わせることもできるだろう。例として「ジョンと犬」という作文を取り上げてみよう。子ども達は「ジョンは、黒白（ブチ）の可愛い犬を飼っていました。」とか、「ジョンはみんなが笑い出すような犬を飼っていました。」とか、「ジョンの犬は、いろいろとても可愛い悪戯をします。」といった書き出しの違いが分かるよう教わることができる。普通、才

能のない子ども達は、どうやって話を始めるかということを難しく考えるものである。「新しい洋服」という作文の書き出しの文を「メアリーは新しいドレスに絵の具を付けてしまいました。」とするのと、「メアリーが新しいドレスを始めて着た時、とんでもないことが起こってしまいました。」とするのでは、その間の言語感覚に全く大きな違いあると言える。私は11歳の学級を教えた時、一度、ひとつの作文に3週間を費やしてしまった。最初の1週間は、みんなで良い書き出しと良い終わり方について学習し、第2週は作文の大体を書くこと、第3週は言葉に磨きをかけることを学習した。この期間を通じて、子ども達は新しい語彙や新しい慣用表現句、新しい語法を学ぶばかりでなく、書き方についても－自然で興味深く読ませる自己表現の仕方について－学んだのである。たった一つの物語を書くのに3週間という時間は長すぎただろうか？　そんなことはなかった。子ども達はうんざりしなかっただろうか？否、そんなことは1分たりともなかった。子ども達は、良い物語、自分自身も楽しみ、他の子も読んでくれるような物語を本当に作っているのだという、その作業と経験が大好きだったのである。

　物語を書くということは、まとまった文表現を使うただ一つのやり方ではない。毎日の日記を書くことはもう必要ないと思われるが、子ども達はまだ自分自身あるいは級友にとって面白そうなニュースを書くこともある。親類、近所にいない友達、病気の友達そして以前の級友や先生あてに手紙を書かなければならないことが増えてくる。夏のキャンプに行って来た子は、テント仲間やその時のキャンプ・カウンセラーに手紙を出したいと思うのが普通である。手紙は一つの練習として書くものではない。受け取る人にニュースを知らせ、挨拶を送るという気持ちで書くようにさせるべきである。前の章で述べたような

短い手紙も依然書くべきものであり、多分その頃よりちょっと長目で、伝える情報も多くなるはずである。

　旅行報告は、本来は地理、科学、社会科の学習あるいは楽しみのためのものだが、全てが言葉を使う機会と視野の拡がりを与えてくれるものである。簡単な書評を書くことや、ある本が好きな理由、何かをする理由、あるいはお気に入りのゲームの好きな理由を書くこと、これらは全て言語を使って語る機会となるのである。

　レキシントン聾学校では、毎週、集会があり、時々、各クラスが演じる短い寸劇（スキット）のための台詞を書くことがある。このことは会話体の言葉を書くという機会になる。語彙やまとまった表現を使う集会での人気ある活動は、何人かの子ども達が作ったクロスワード・パズルである。観衆には求める語の意味が教えられ、子ども達は黒板に書かれた空白をその語で埋めなければならない。多くの子ども達がすぐにクロスワード・パズルを作ること、解くことの両方に熟達し、彼らの語彙力を高めることになった。子ども達が喜ぶその他の集会プログラムは、テレビの番組（例えば、"Down You Go"［ことば当てクイズ番組］とか"Beat the Clock"［制限時間内に課題を終えるゲーム番組］など）から取り入れたもので、これは慣用句、ことわざ、および会話体表現への興味をかき立てるものだった。

　私達の集会プログラムの多くは生徒が選出した生徒会によって計画され、実施された。生徒会のメンバーは一つの集会プログラムの計画、実行を担当した。プログラムの準備と進行の過程では、多くの活き活きとした言語経験が得られる。例えば、一人の女生徒は自分の当番の集会で映画を見せることを計画したが、彼女はまず適切な映画を選択するため、学校の司書教諭と相談した。それからフィルムを借りるた

第Ⅶ章　想像力は表現を豊かにする

めの手紙を書き、寮の主任にニューヨーク州立図書館にフィルムを取りに行って、映写がすんだら返却してもらえないかと頼んだ。また先生方にあてて、上映する映画について知らせ、その映画の基礎となっている本について生徒に前もって親しませて、クラスでも準備しておいてほしいというお願いの手紙も書かなければならなかった。最後には、この集会プログラム実施を助けてくれた全ての人々に、お礼の手紙を送ることも必要だった。

新聞、雑誌、その他の資料からの写真も、物語のための示唆として用いることができる。もし朝刊に興味をそそる写真があれば、[写っている]人物や動物などがどう感じているか、あるいは何をしゃべっているかなどについて子ども達に考えさせ、時間をかけて話し合うことができる。このような写真は現実に興味が持てると期待できるなら、まだ新しいニュースのうちに用いられるべきである。

その他の作文のタイプとして、子どもが書く旅行のための計画とか、誰かのために仕事を考えてあげるとか、一日の過ごし方などを書き出すといったやり方がある。口頭で行うこともできるし、黒板に書いたり、掲示板に張り出したりすることもできる。

子ども達はみんな、書き出す前に何を言うべきか知っている時、またどんな順番で出来事を話していけばいいか知っている時、上手に書くことができる。前にも述べたように、一般的にこれは全ての書く作業に先立つ話し合いのなかで行われるものである（テストの場合を除いて）。実際上、書くにしても話すにしても、内容の概略は書きだす前に検討されるべきである。

作文は黒板に書くとよい。そうすることで実践的指導の機会がもたらされ、書かれた各部分についての示唆や修正によって、生徒全員が利益を得るのである。修正には必ず説明を付けるべきであり、また子

どもに対して、たびたび「じゃあ、どうして *ed* を付け加えたのか、話してください。」などと尋ねるべきである。子どもは「どうしてかと言うと、私はずっと前にあったことを書いていたからです。」などと答えることができるはずである。また「あなたはどうして複数代名詞を使ったのですか。」と尋ねられたら、「一人よりも多い男の子のことについて話したからです。」と答えるかもしれない。もし、子どもがどうして直されたか分からなかったのであれば、それについて何か考えるのは無理なことである。

　各児に日々行ってきた修正や説明を思い出すことができる教師は、子ども達もまた教師からの指摘や指導を真剣に受けとめて、それを思い出す努力をしているということが分かるものである。子ども達は、教師が彼らに獲得させようと一貫して教えていることを素早く学び取り、それにふさわしく応えていくのである。

　一日を通して、いま教師が指導している言語規則の練習ができるあらゆる機会を逃さないように気を配っていなければならない。

　作文の学習に加えて、多様なやり方で考えを表現する時間を持つことは重要である。このことは、いろいろな文型についての無意味なドリルに時間を費やすよりも、子ども達にとって、より価値の高いものだろう。言語的には違いはわずかであるかもしれないが、子ども達は一つの考えの表現方法はいつも一つであるとは限らない、という考え方を次第に吸収していくのである。例えば、教師といっしょに出かけたあるクラスでは、以下のようないろいろの表現形を出してきた。

　　今朝、私たちはブルーミングデール（店名）へスミス先生と一緒に行きました。先生は私たちをタクシーに乗せてそこへ連れて行きました。
　　(This morning we went to Bloomingdale's with Miss Smith. She took us there in a taxi.)

今朝、スミス先生は私達をブルーミングデールにタクシーで連れて行きました。(This morning Miss Smith took us to Bloomingdale's by taxi.)

私たちの学級は、今朝ブルーミングデールへ小旅行にでかけました。私達はそこへタクシーで行きました。(Our class took a trip to Bloomingdale's this morning. We went there in a taxi.)

私達はみんな、今朝、ブルーミングデールへ行きました。私達はタクシーでそこへ行くのが好きです。(We all went to Bloomingdale's this morning. We liked going there in a taxi.)

タクシーでブルーミングデールに行ったのは楽しかったです。スミス先生が私達を連れて行ってくれました。(It was fun to go to Bloomingdale's in a taxi. Miss Smith treated us.)

私達がスミス先生とブルーミングデールへ出かけた時、私達はタクシーに乗りました。(When we went to Bloomingdale's with Miss Smith we took a taxi.)

　最も簡単な経験でさえ、一番興味深い表現を選ぶという目的で文を書いたり書き直したりする機会を与えてくれるものである。子ども達に良い作文を書かせたいと願う教師は、教師自身が自分の表現に興味をもっていなければならない。また、生徒たちに立派な作文を書かせようとして時間をかけ過ぎていると思う教師は、話すにせよ書くにせ

よ、生徒達に望ましいやり方で自己表現させることには成功しないだろう。毎日の言語の時間にドリルを使った方がいいと思っている教師もいるようだが、このドリルというやり方は、聾児にとって言葉を生き生きとしたものにはしてくれないし、毎日の全ての出来事のなかで、彼の言葉の使い方を改善するようにしてくれるものでもない。ドリルと呼ばれるものはプログラムの中に含まれてはいるが、その価値は正しい形式を定着させるための練習になるという点にある。だからドリルそれ自体を目的と考えるべきでなく、まとまった文表現を磨く手段と見なすべきである。

　この段階では、質問の活用を引き続き重視すべきである。新しい質問形が導入され学習される前に、これまで教わってきて常に必要とされてきた質問形についての十分な復習が必要である。次のような質問について正しく質問したり答えたりする習慣を定着させるには、１年の殆どが必要となるだろう。―「ニューヨークからフィラデルフィアまでどれ位離れていますか？」、「ジョンが彼の家からボストンへ行くのにどれ位時間がかかりましたか？」、「トレントンへ行くのにどれ位時間がかかりますか？」、「ピクニックに行くのに費用はどれ位かかりますか？」、「あなたが次に読みたい本はどの本ですか？」、「この中のどれがジェリーの本ですか。」などである。

　これらの質問形の望ましい正しい使用法を身につける唯一の方法は、毎日、絶えず使用するということである。教師は引き続きこれらの質問の実際的な使用に心を配り、責任をもって、子ども達が可能なあらゆる機会にこれらを使うように、またもっと力を入れる必要のある質問形の練習や繰り返しの時間を提供するようにしなければならない。

　多くの新しい動詞を聾児の既知の動詞に付け加えるべきである。

第Ⅶ章　想像力は表現を豊かにする

我々は幾つかの動詞を対にしたり、グループにしたりして教えることを避けたいと思っている。例えば、*to let*（……させる）と *to allow*（……させる）といった動詞を同時に教えるべきではないと考えている。*let* は一般的な会話の中で幅広くに用いられており、*allow* よりは形式ばっていない。前者の正しい用法は、後者が子どもの語彙に加えられる前にしっかり定着しているべきである。後者を取り上げる時には、例えば *allow* は *allow to go*（行かせる）のように不定詞が後に続くといったことを、注意深く、はっきりと説明しなければならない。しばしば教師は、何遍も繰り返さなくても子どもが新しい事実を忘れないでいるように、子どもに長く残る印象を提示の仕方によって与えることができるものだ。*to like*（好き）、*to enjoy*（楽しむ）、そして *be fond of*（…を好む）といった動詞は意味が微妙に違っているので、どれでもいいように用いたり、同時に教えたりしてはならない。「She enjoys good conversation.（彼女は良い会話を楽しむ）」というのが普通で、「She is fond of good conversation」とは言わないのではないだろうか。１つの質問に対してこの３つの動詞を用いて子ども達に答えさせることは、どんな質問にも３通りの答え方があるのだという信念を子どもに与える可能性もある。*これは誤った考えである*。このようなやり方がどれ位見当はずれのものであるかという事例を示すと、私はかつて12歳の男子と女子の学級で、まさにいま言及した動詞についての学習をしているところを見たことがある。教師が、子ども達に「Do you like to make a dress?（あなたは洋服を作るのがすきですか）」という質問に３つの答を黒板に書くように求めていた。（この質問の何と拙劣なことだろうか！なぜ、「Do you like to sew？（縫うことがすきですか）」と尋ねないのだろうか。）男子も女子も、親切なことに以下のように書いたのだった。

Yes, I like to make a dress.（私は洋服を作るのが好きです。）

Yes, I am fond of making a dress .（同　上）

Yes, I enjoy making a dress.（同　上）

　この子ども達の頭は、使っている言葉そのものの意味ではなく、教えられた答え方に集中していたのである。聞こえる人であれば「She was fond of making a dress.」とか（a dress の代わりに）「a cake」やその種の何か、と言うかどうか疑わしいものだ。言語規則についてのドリルセットを使うことに私が反対するのは、子どもが非常にしばしば指示されたことを記憶に頼ってしているだけであり、書くことに思考が伴わず、そこから意味を引き出そうとしないからである。フォローアップ（追跡）学習は必要であるが、それを子どもにとって役立つものにするためには、なぜそれをしているのか、それがどんな意味をもっているのかということに子ども自身が気付いていなければならない。

　また私は、making a dress についての質問が、別の理由からも拙劣なものであるということを付け加えたい。このクラスには女子と同数の男子が居るのである。12歳の男子は、洋服を作ることが好きであろうか！　彼らは縫い物を楽しんだりはしないのである。

that で導かれる節に続く動詞も重視すべきである。— think that（と思う）、hope that（と望む）、wish that（と願う）、pretend that（という振りをする）、make believe that（と信じる）などである。例えば：「I hope that Mary can come to our party.（メアリーがパーティーに来ることができるといいなあ）」、「Do you think that Harry is sick？（ハリーは病気だと思いますか）」、「May we pretend that we are taking a trip to the zoo？（動物園に行ったつもりで遊ぶのはどうかしら）」など。

　子ども達は、話したり書いたりするのに過去進行形時制を必要とすることがある。この規則を強調する必要があるなら、教師はクラスの子ども達を調理場や木工教室や運動場など、学校内外の他の場所にちょっと連れ出せばいいだろう。そして教室に戻ってから、子ども達にニュース記事として、あるいは手紙の中に、経験したことを書かせるのである。このような過去進行形時制の導入は子ども達によって意味のあるものとなる。子どもが現在進行形を知っているならば（もちろんそれをきちんと学んでいるはずであるが）、行ってきた場所で起こっていたことを話そうとして、その子は誤って現在進行形を使うかもしれない。それは教師にとって、その子に対してばかりでなくクラス全体に対して、現時点より前に起こった活動で、その時点でまだ続いていて終わっていない行為なら、動詞は was doing とか were doing のように過去時制にすべきであることを説明する糸口になるのである。ある学級の子ども達は、このような見学の後で次のようなことを書いた。

木工教室の見学

　休み時間になる前に、私達は木工教室に行った。みんな忙しそうだった。Ｈさんがテーブルを作っていた。ジョンは椅子にペンキを塗っていた。別の男の子は机を組み立てていた。二人の男の子は床に座って、コーヒーテーブルにワックスをかけていた。私達は木工教室でいろんなことを勉強した。

また別の見学の後、学級で次のような記事をまとめた。

調理場にて

　昨日、私達はみんなで調理場へ行きました。そこで何が行なわれているかを知りたいと思ったからです。料理長が肉のかたまりを焼いていました。彼の助手がパイを作っていました。若い男の人が野菜を洗っていました。女の人がじゃがいもの皮をむいていました。別の一人がアイスクリームを作っていました。その人が私達に味見をさせてくれました。私達はこの見学が一番よかったと思いました！

　仕上げとして、一人の子どもを他の教室や図書館あるいは事務室などへ行かせて、帰ってきた時に、行った先の部屋で人々がどんなことをしていたかを学級のみんなに話させるやり方がある。例えば、

　　Miss_____ was cutting some paper.
　　Some children were writing and others were reading.
　　Mrs.C_____ was telling a story or showing film.
　　S 先生が紙を切っていました。
　　何人かの子ども達は書いており、他の子供たちは読んでいました。
　　Ｃ先生が物語を話したり、映画を見せたりしていました。

　動物園や公営運動場へいったことや、いろいろな人がしていたことについて話することは、いつでも過去進行形時制について繰り返して学習するよい方法になる。
　教師は、過去進行形の指導と現在分詞が後に続く動詞 to see の指導において混同が起こらないよう注意しなければならない。これらは別々の言語規則なので、そのように教えなければならない。
　学級の生徒が何時のことを指すにせよ過去進行形を正しく用いてお

り、その用法を理解して、通常それはもう一つの文の後に続くことが分かっている時は（例：I saw John downstairs. He was polishing his shoes. 私はジョンが階下にいるのを見た。彼は靴を磨いていた。）、生徒に新しい規則―現在分詞を伴う to see の用法―を導入することができるだろう。これは表現にいろいろ変化をつけるための一つの方法として取り入れられるものであり、子ども達はどちらかで表現することができる。

　　We watched some men. They were digging a big hole.
　　私達は何人かの人達を見た。彼らは大きな穴を掘っていた。
　　We watched some men digging a big hole.
　　私達は大きな穴を掘っている何人かの人達を見た。

　　We saw a very little gir1. She was pushing a doll carriage.
　　私達はとても小さな女の子を見た。彼女は人形の乳母車を押していた。
　　We saw a very little girl pushing a doll carriage.
　　私達は乳母車を押しているとても小さな女の子を見た。

　後になって、子ども達が関係節を用いることができるようになった時、彼らは見たことを話すのに第三の選択肢も持つようになるだろう。例えば、We saw a very little gir1 who was pushing a doll carriage. のように。

　いくつかの動詞について、この頃には現在完了形の限られた使用が目に付くようになるかもしれないが、それは偶然である。もちろん、それが求められる機会があればいつでも持ち込まれるべきだろう。子ども達は次のような質問を通してその意味を感じ取ることであろう。

Have you been in the hospital?（あなたは病院行ったことがあるの？）
Have you written all the answers?（答をみんな書いてしまったの？）
Have you seen my classbook?（私のクラスブックを見たことがありますか？）
Where has Karen gone?（カレンはどこへ行ってしまったの？）
Where have you been?（どこへ行っていたのですか？）

　子ども達は一人の子が自分が行った所について話し、相手がそこに行ったことがあるかないかを言うゲームをすることを好むものである。

A	B
I have been to Prospect Park. プロスペクト公園へ行ったことがあります。	I have never been there. 私は一度も行ったことがありません。
I've been to Central Park. 私は中央公園へ行ったことがあります。	I've been there too. 私も行ったことがあります。

同じようなゲームを、物や場所や会ったことのある人についてすることができる。

I have seen the Statue of Liberty. 私は自由の女神像を見たことがあります。	I have seen it too. 私もあります。
I have seen the Washington Monument. 私はワシントン記念館を見たことがあります。	I've never seen that. 私はまだ見たことがありません。

このとき、「So I have.（私もそう）」とか、「I haven't.（私はまだ）」といった答も可能である。

　この学年で、直接話法と間接話法のより進んだ使い方について、きちんとした学習がなされる予定なので、can、will、may といった動詞の過去形の復習をしておく必要がある。
　この学年の子ども達は、"told ＿＿ that " や "said that " などの間接話法のより簡単な形式は使っているはずである。これらの構文は「My mother told me that she would bring me a present on Friday. Mary said that her mother would come to school, too.（私のお母さんは金曜日に私にプレゼントをくれると（私に）言いました。メアリーが彼女のお母さんも学校へ来ると言いました。）」というような会話の中で、しばしば出てきているものだし、ニュースや物語の中にも現れるはずである。レキシントン聾学校では、子ども達はローワー・スクール（lower school）で "told＿＿ that " を使い始めている。彼らがこの形をかなりの正確さで用いることができるならば、told を said に変えるのを困難とは思わないだろう。話しかける相手が出てこなければ、つまり "whom"（誰に）がない場合は。

　John told Harry that he had a surprise for everone.
　ジョンはハリーにみんなをびっくりさせたことを話しました。
　John said that he had a surprise for everyone.（"whom" がない。）
　ジョンはみんなをびっくりさせたことを話しました。

　何の条件もなく、子ども達に直接話法の引用を間接話法の引用に変換させて、間接話法の練習をさせるやり方があるが、これは最も不自然なやり方である。繰り返し練習は子ども達に他の人々（両親、教師、

友達、カウンセラー、その他のひと）が知らせたり話したりしてくれたことについて話をさせることで導入すべきである。教師は絶え間なく教室に尋ねて来る人々と打ち合せて、彼らの旅行の様子や訪問した場所、あるいは彼らの家や住んでいる市や町について、学級の子ども達に話してもらうことができるはずで、その後で、この情報を手紙や他の形の作文に取り入れることが可能である。例えば次のように。

　　親愛なる　ミス・ベネットへ

　　　今朝、マクナルドさんが私達の教室にいらっしゃいました。彼女はカリフォルニアやその他の所へ旅行したことについて、私たちになんでも話してくれました。彼女はたくさんの高い高い木を見たと私たちに話しました。彼女は非常に高い山々を見たと言いました。いくつかの山には雪が積っていたそうです。彼女はメアリーにカリフォルニアにいるメアリーのお祖母さんに会ったと言いました。彼女は私達に湖はとても美しく、水がたいへん碧かったと言いました。

　　　私達はマクナルドさんに、私たちも西部へ行きたいと言いました。あなたはどうですか？

　　　　　　　　　　　　　　　　　　　みんなの愛を込めて
　　　　　　　　　　　　　　　　　　　　　（　名　前　）

　子ども達は学校の職員に「インタビュー」して、それをクラスの友達に報告することもできる。

　他の国からやってきて、子ども達にその国のことを喜んで話してくれる訪問者は、彼らにとって非常に大きな助けになる。訪問者が話してくれたことを彼らに繰り返し報告させることで、その情報は後々まで活用されるのである。

　仲間の特別ニュースを話すこと、また話されたことを学級の他の人

に告げることは、この規則を使った話し言葉の練習になる。
「お友達にどんなことを話したの，マギー？」
「彼女にパーティーで楽しかったことを話したの。それから４月に私のパーティーに招待したいって彼女に話したの。」

　もちろん、教師は子どもたちに話している時に、必要であれば間接話法によるいろいろな形を用いるべきである。子ども達自身はまだその形を使わない時であっても。例えば、日中、教師は以下のように言う機会があると思われる。
　I ask you hurry up.（急いでちょうだい。）
　I told you not to waste time.（時間を無駄にしないようにと言ったでしょう。）
　I asked Tommy where he was going.（私はトミーに何処へ行ったかを尋ねました。）
　Miss O_____ told me that the teachers-in-training were coming in at ten O'clock.（O_____ 先生は、私に教育実習の先生達が10時に来るとおっしゃいました。）

　子ども達はこのような形を理解して、読話で読み取ることにも慣れてくるはずである。ある子が適切に自己表現するために、より難しい形の一つを必要とする特別の場合には、たとえそれがずっと後まで教えられないものであったとしても、その形を彼に教えるようにすべきである。
　間接話法は聾児にとって易しいとはとても言えないので、この全体を扱うにはゆっくりと進めることが最善である。2，3週間のうちに子どもに全ての間接話法の形式を投げ掛けるよりも、1，2の形を十分定

着させる方がずっとよい。新しい形式は子ども達がそれを必要とした時に付け加えられるべきもので、子ども達が非常に短い間に、それら全てを必要とすることはなさそうである。

　子ども達は、彼らの話し言葉では told____to（____に～しなさいと言う）の形を使うことはあまりない。彼らは人に何かをしなさいと絶えず言うようなことはないからである。この形は、物語を書く時や玩具を使ってお話しをする時に、より適切に使われるころだろう。—「Mrs. Bear told her cub to stay near her.（母さん熊は子熊にそぱに居るようにと言いました）」、「Mrs.Bear told her baby bear to stay at home.（お母さん熊は赤ちゃん熊に家で待っているように言いました）」、「John told his dog to sit up and beg.（ジョンは犬に起きてちんちんをするように言いました）」、「Mary told her kitten to drink the milk.（メアリーは子猫にミルクを飲むようにと言いました）」などのように。

　ここで述べたもの以外の形については、次章で取り上げることとしたい。

　その他の多くの新しい句も使うべきである。— *just now*（たった今）、*in a minute*（ちょっとの間）、*a few minutes*（しばらくの間）、*not long ago*（つい最近）、*long long ago*（昔々）、*often*（時々）、*always*（いつも）、*a little while ago*（しばらく前）、*a week ago*（先週）、その他多くの句など。時に関する句は、カレンダー・ワークのように口頭または筆記の作文を通して教えられるべきである。

　some、*any*、*somebody*、*anybody* 及び *anything* の使用は、この段階までに確立しているべきである。これら語句は難しくはない。質問をする時は、普通 *any*、*anybody*、*anyone* あるいは *anything* を使う

ものだということを子ども達にはっきりと説明すれば、たいへん役に立つことだろう。

例

　　Have you any crayons？（クレヨンを持っていますか？）

　　Was anybody home？（家に誰か居ますか？）

　　Did you find anything there?（そこで何か見つけましたか？）

あるいは not を用いる時、

　　I did not see anyone.（誰も見ませんでした。）

　　I haven't any lollipops（お菓子なんか持っていません。）

　　I didn't see anything on the shelf.（棚の上に何もありませんでした。）

聾児の先生は「何々と言うことは*絶対に*（never）できません。」とか、「いつでも（always）こう言わなければいけません。」と言うことは慎んだ方が良い。英語には例外が満ち溢れているので、絶対的なきまりはないと思われるからである。一般的に、人は肯定的な言い方をする時には *some*、*someone*、*somebody* あるいは *something* を用いるものである。「Someone is at the door.（誰かがドアのところにいる）」、「There is something for you in your locker.（あなたのロッカーの中に何かいい物が入っています）」、「There are some new books on the shelf.（棚の上に新しい本が置いてあります。）」などのように。私がこのきまりに従いたいと思うのは、これが子ども達にとって、ある種の手がかりになるからである。

私がこの時点で取り上げたいと思っているもう一つの言語規則がある。それは文の主語や目的語を修飾する前置詞句の用法である。学級

でその詳しい勉強に取りかかる前に、教師は子ども達がwhichを用いた質問形の意味をよく知っていることを確かめておかなければならない。これは２つかそれ以上のもののどれを選ぶかを話す時によく使う規則である。(例：I like the coat *with pockets* better than coat *without pockets*. 私はポケットのついていないコートよりポケットのついたコートの方が好きだ。)

直接的な指導に入る前に、教師は会話や物語の中でこの形式を用いるようにしなければならない。例えば：

Mary's grandmother gave her two dolls for her birthday. One doll had curly hair and the other doll had short, straight hair. Mary likes the doll *with curly hair* the most.

メアリーのお祖母さんが、誕生日に人形を２つくれました。一つのは縮れた髪で、もう一方は短くてまっすぐな髪でした。メアリーは縮れた髪の人形の方がずっと好きでした。

その後、似たような物語を話して、メアリーは問題になっている物のどちらが好きなのか、学級で話させることもできるのである。

Mary's aunt gave her two sweaters for Christmas. One sweater had no collar and one had cute little collar. Which sweater do you think was Mary's favarite?

メアリーのおばさんがクリスマスにセーターを２枚くれました。１枚は衿なしのセーター、もう１枚は可愛い小さな衿がついていました。どっちのセーターがメアリーの気に入ると思いますか？

何人かの子ども達は、メアリーは衿なしのセーターの方を好むと考えるだろうし、別の子ども達は衿つきの方が好きだと思うだろう。いずれの場合も子ども達は前置詞句を用いることになるのである。

子ども達も物語を作り、その中に、あるいは他の書く学習の中に、この言葉（前置詞句）を組み込むことができる。また、「Which book have you? The book with pictures or the book without pictures?（どっちの本を持っているの？　絵のついた本ですか、それとも絵のない本ですか？）」とか、「Which plant did you water? The one my desk or the one on the window side.（どっちの草花に水をやりましたか？　私の机の上にある方ですか？　それとも窓の所にあるものにですか？）」といった質問に答えることで練習することもできるだろう。

目的語を修飾する句の使用はより易しいので、子ども達が困難を感じなくなるまで集中して使うことがベストであると思われる。子ども達がこの用法をよく知った時、主語を修飾する句の使い方を導入することができるだろう。「The hat on the desk belongs to Harold. The doll in the box is Helen's. The book with red cover is missing.（机の上にある帽子はハロルドのものです。箱の中の人形はヘレンのです。赤いカバーの本は落とし物です。）」のように。

when を用いる節の限定的使用は、学級での話し言葉、書きことばの学習の中では当然行われている。— when を独立節、従属節の両方で過去形の動詞とともに使うものである。（例：I saw the circus when I was small. 私が小さい時、サーカスを見ました。I played in the fields when I was in the country. 私は田舎に居た時、原っぱで遊びました。）どの子も自分が赤ちゃんだった時にしたことを話すことが好きなものである。（例：I *drank* milk from a bottle when I *was* a baby.　私が赤ん坊の時、瓶からミルクを飲みました。とか、I *rode* in a carriage when I *was* very small.　私がとっても小さかった時、乳

母車に乗りました。）ある子は海浜にいた時のことを話したり、（例：I *dug* a hole in the sand when I *was* at Coney Island. 私はコニー島にいた時、砂浜で穴を掘りました。）キャンプに行ったり、親戚の家に訪ねたりした時のことを話すこともあるだろう。子ども達にとって話すことは限りなくあり、その中で when に導かれる節を使うことも限りなくあると言えよう。教師は質問やコメントをする時に、*when* が正しい位置に置かれていることに留意する必要がある。例えば、ある子どもが「When I saw the Hunter College girls I looked out of the window.（私がハンターカレッジ［ニューヨーク市立大学ハンター校］の女学生を見た時、私は窓の外を眺めた。）」と書いたならば、その子に「What did you first?（はじめ、あなたは何をしていたの。）」と尋ねるべきである。その子は「I looked out of the window.（私は窓から外を眺めていました。）」と答えるだろう。そこで、彼は *when* は最初に起こったことに結び付けなければならないことを教わり、「I saw the Hunter College girls when I looked out of the window.（私が窓から眺めていた時、ハンターカレッジの女学生を見ました。）」と自分で言い直すことができるのである。

　when を用いる節についてのその他のいくつかの規則が、時折、必要とされ要求されることもあるが、私はその正しい形を指導するものの、一時に全ての *when* を用いる節の規則について詳しい学習に入ろうとは思わない。子ども達はその最初の規則（動詞の過去形－ when －動詞の過去形）を最も多く用いるし、そしてそれを用いる多くの練習を必要とするだろう。子ども達に規則を教えて、例文を書かせるようなことはしないように！と警告したい。こういったことは、この規則を使うための自然な方法ではないのである。彼らに何であれ言葉を教える時、私達がそうするのは、子ども達が必要とした時に、いつでも、

どこでも、その言葉を持っていて欲しいと願っているからである。子ども達の言語学習の全てはこのことの実現を目指すべきである。

　この学年を通して教えなければならない言語規則は、ここで述べてきたこと以上に数限りなくある。ここでは多くの教師が困難が多いと感じていることのいくつかについて触れてみた。教えること全てが普通で自然な方法でなされるならば、そして教わったことの理解と使用に重きが置かれるなら、教師が大きく間違うということにはならないはずである。

第Ⅷ章

自立への成長

全てにまさる素晴らしきもの
それは数々のことば、
友を、一人また一人と作っていく
　　　　　ウィリアム・シドニー・ポーター
　　　　　きびしい商売

ドーラ・スミス（Dora V.Smith）からの引用は、聾児の言語指導について語るとき、大きな重みをもつものである。
　　　小学校で子どもが成長していけばいくほど大きくなっていく危険は、言語学習の時間が一日の他の時間に使う言葉とは切り離されて、練習問題をこなす時間、文脈と離れた語彙一覧表の学習時間、言語形式の時間に陥るかもしれないということである。だからこそ、意味の発達に関連づけて言語発達が続いていくように、また社会的目的への挑戦が表現の刺激となるように、低学年ではあたりまえだった豊かなプログラムの刺激的企画を引き続き実施するよう、特別な配慮が必要である。そうしてこそ、語の知識と言語形式に関して必要な補修ドリルと積極的な指導とが、生徒達が日常生活での言語使用において出会う数々の問題に直接に関係づけられることだろう。[*1]

　この言葉について、聾学校教師は十分に考えてほしいものである！言語の広い理解と使用が可能な聞こえる子どもが日常的な言語使用に直接結びついた練習やドリルを必要とするなら、聾児は型にはまったドリルよりむしろ思考することにもっと集中することが必要である。聾児には使用することが求められる全ての言語形式の正しい用法について繰り返し学習が確かに必要であるが、何よりもまず、自らを明確に正しく表現するのに必要な言語のフォローアップとして、そのような繰り返し学習をする理由と必要性が分かっていなければならない。彼は心に浮んだことについて書けるようになる必要がある。彼は自分が知っていること、考えていること―興味関心、心配、問題など―を表す言葉を必要とする。それが聾児が生きる―幸福に、健康に、十分満足して生きる―ことができるような言葉が教えられなければならない理由である。

12、13歳の子ども達は広範な興味を持っている。学校での学習がより幅広い範囲の情報や彼らの周囲の世界の知識に及んでいくだけでなく、彼ら自身の個人的活動も多岐にわたるようになる。彼らはクラブ活動やボーイスカウト、ガールスカウトに所属する、パーティーやピクニックに出かける、個人でまたは学校のバスで学習旅行に出かける、自分や他の人へのプレゼントとして何かを作る、集会プログラムに参加する、遊戯室で劇や寸劇（スキット）を演じる、スポーツプログラムに熱心に参加する、切手や絵はがきやその年齢の少年少女が興味をもつ物の収集家になる、等々である。要するに、同年齢の耳の聞こえる子ども達と同じように、同じ興味を発達させ、同じ活動に参加するのである。彼らは聞こえる仲間と同様に、今まさに自立して進取の気性に満ちているのである。

　語彙を増やすことへの拡大しつづける必要に伴い、教師は全ての経験にわたって要求される正しく言葉を使用する力を子どもに与え、しかもそれを自然で興味深いやり方でできるようにあらゆる方法を見出さなければならない。また子どもが言葉を使うことに安心感と喜びを感じるようにすることが必要とされる。そうするためには、教師は学級の一人ひとりの子どもが日々必要とする言葉に敏感で、かつ共感的であるべきだろう。またそれぞれの子どもの生活に密着した関心をもつとともに、グループとしての欲求、個人としての欲求と興味を見つけ出すことを学ばなければならない。二人の子どもが欲求にせよ能力にせよ、まったく同じであるということはありえない。だから、学級での活動の多くがグループ学習あるいは協同参加であるとしても、個人に注目した学習が依然として必要なのである。天賦の才能に恵まれ

た子どもには豊かなプログラムが必要だし、そうでない子どもの場合も、その子の弱点である言語規則について勉強する特別の学習時間を設けて助ける必要があるだろう。

　多くの場合、教師は特定の機会に必要となる言葉－例えば、挨拶やその返事、他の人が述べていることへの関心の表現など－を指導する環境の設定が必要になるだろう。聾児は、同年齢の聞こえる子どもが行っている社会的礼儀を教わっておくる必要がある－お茶の時間や外での食事の時や誰かの家に訪問した時、どんなふうに行動して何と言えばよいのか、病気の人、とりわけ大人の人を見舞った時、どう振る舞い何と言うべきか、賞品や贈物を貰った時に何と言えばいいか、商店主、バスの運転手、女店員、新聞売の少年、図書館員、その他、聾児が接するいろいろな人に対して何と言うべきか、といったことである。聾児は、問題は実は言語の不十分さであるのに、しばしば気転が利かないとか、無作法だとか、感情がこもらないとか非難されることがある。そういった欠点の責任は聾児にあるのではなく、気転や共感や思慮深さが必要な社交の場面において、適切な反応や言うべきことばを子ども達に教えることを怠った人達にあると言える。それぞれの場面において、正しい時に正しい言葉を選んで話すということは、若い聾児には難しいことだ。そのうちのいくつかについて、それを自然に、自発的かつ丁寧に使えるように教えてもらうことが必要である。全ての教師が目的とすべきことは、それぞれの子どもが社会において何とか認められている一員としてではなく、愛され尊敬される一員として成長することを助けることである。

　ティーンエイジャー（13－19歳）になっていく子ども達は、普通、

自分自身について、自分で行う物事、およびそれをどう行うかということについてよく自覚しているものである。彼らは全てにわたって認められたいと願っている。そのことが言語をより上手により正しく使おうと努力させる動因となっている。彼らはそれがうまくいった時、英語を話したり書いたりすることに大きな満足を見いだすものだ。しかし、英語をうまく使いこなすようになるのは、聾児にとっても聞こえる子どもにとっても容易な仕事ではない。それは教師の側にも生徒と同じように困難な仕事を要求するのである。

　聾児の教師は、言葉の使用をただ自己表現の手段として限定すべきではない。教師は、聾児にとって習熟が困難な多様な言語形式や規則の使用や知識についても関心を持たなければならない。聞こえる子どもの教師も、生徒が用いる言語を常に正してやらなければならないが、聾児の教師は、生徒の言語を根底から育てなければならないのである。この二つの問題を扱うのに要するテクニックには、大きな相違がある。聞こえる子どもが何度も何度も語や文を聞いて意味を理解する簡単なプロセスで知る多くのことを、聾児では苦労して学ばなければならない。聾児に言語を指導するという仕事を考えた時、圧倒される思いから簡単に逃れることはできない。しかし、それにもかかわらず、平均的な能力をもつ聾児は、英語という言語を学ぶことができるのである。日常に使う言葉から遙かに離れたところまで進めるかどうかは、本人自身によるのと同時に教師によるのである。生来の才能に恵まれた聾児が、その才能を伸ばすことのできる教師に巡り逢うならば、遠くまで進んでいけるだろう。子どもひとりひとりが、自分の能力を最大限に開花させなければならないのである。

　これから私達が検討しようとするグループでは、学校の一日の始ま

りの話し合いの時間は、その時の子ども達の興味によっていろいろ変化するものとなるはずである。この時、多くの慣用的な応答の仕方が教えられ、会話的表現の学習もなされる。その時、もし聾児がぎごちない話し方や不自然な話し方を指摘されないままでいたならば、後になってもそのような話し方が残ってしまうことだろう。朝の話し合いに当てられる時間の長さは、子どもの熱中度やその時の活動次第で変わることは繰り返して言っておきたい。この時間は、ニュースを共有するために、情報を知らせるために、個人的問題がある時はそれを知らせるために、どのように話しあえばいいか学習する時間となるだろう。それは一日をスタートさせるためのよい方法である。もちろん、一日中を通して様々なたくさんの話がなされることだろう。学習中の科目についてのディスカッションやあらゆる種類の作文もあり、もし訪問者があれば挨拶もしなければならないし、子どもが話したり理解したりすべき、数え切れない機会があるはずである。

　聾児たちが自然に正しく書けるということは、彼らが自然で正しい英語で考えているということである。彼等が用いる言語は、彼らにとってほんものであり、生きたものでなければならない。
　7年間の正規の教育課程を経てきた聾の生徒は、自分たちの日々の経験や活動を叙述したり、日常の要望を表現したり、通常の質問をしたりするのに十分な語彙をもち、よく理解し使用しているはずである。これを彼等は正しい英語で行っているのであれば、教師はより進んだ作文の指導をスタートさせ、特別な内容—適切な語句の選択、よりよい明晰な表現、より大きな言語単位での正しい表現、より複雑な文の形式など—について考慮できるようになるはずである。
　より長い作文を取り上げる前に、教師はクラスの生徒たちにとって

最も重要なことは何かを見つけ出すことが大切である。教師は、この最初の探究なしに良い作文を書かせることはできないだろう。作文の主題は個人的なものであるべきで、またはっきりしていて、あまり長くなく、書いたことの質について議論ができるようでありたい。生徒の書く力を飛躍的に伸ばしていこうとするのなら、それが必要である。

　生徒が他の生徒の作文を批評することを学ぶ時には、批評は表現の乏しさや間違いの指摘と同様に、特に良い点の指摘も意味していることを強調することが大切である。子ども達はより良い語句、異なった構文、より興味深くより人の注意をひく書き出し文などについての示唆を客観的に受けとめるべきである。学級で行う良い批評は全員の役に立ち、より良い作文へのインスピレーションになることだろう。

　手紙や短信は必要な機会があれば何時でも書かせるようにすべきである。これらは以前よりも長く、より興味深く、より良いものであるべきで、これまで述べてきたものに加えて、お悔やみ、お祝い、感謝の手紙なども含むべきである。

　書評、行事のお知らせ、集会のプログラムやその他の催し物についての掲示、活動のレポート、そして情報提供や注意のための掲示板用の記事といったものは、すべて言語指導プログラムの一環となるべきものである。

　絵を添えた短い物語、新聞記事、あるいは子供の経験の範囲の出来事などを書くことは、新しい語彙、新しい言語規則を教えるための、また自己表現力をよりよく伸ばすための基礎となるものである。ますます面白く分かり易く自己表現するために、生徒の側でも継続的な努力が必要である。彼らは良い作文を意識するようになり、良い作文を

見るとそれが分かるようになるはずである。

　何かを紛失したこと、怖かったこと、驚いたこと、事故にあったこと、あるいは面白い経験などの個人的な経験も作文の素材になるし、また出会った人についての描写や、町で偶然見かけた事故や興味深い出来事も同様である。

　聾児が自分の思いをうまく表現することを学ぶのにどんなに大きな関心を示すか、また、例えば書き出し文あるいは話題（トピック）文についての話し合いにどんなに貢献しているかを知るのは、驚くべきことである。最近、私は 13 歳の学級を教えていたが、彼らはティーンエイジャーの女の子について物語集を作る計画に着手したところであった。子ども達は前もって女の子の名前と年齢を決めていた。私たちは、その子の誕生日のサプライズについて書こうと決め、それぞれが自分の物語の中ではサプライズを何にするか決めることにした。

　物語の題名は「誕生日」ということにした。それから私たちは書き出しの文について話し合い、メアリー・アンと名付けられたヒロインが、彼女の誕生日に早起きをしたのか、寝坊をしたのかということについて検討した。それぞれの意見は、多分メアリーは 14 歳の誕生日には朝早く起きたであろうということに落ち着いたので、私たちは早起きという意味の表現について話し合った。そのうちのいくつかを挙げると、*up with the bird*（鳥と共に起きて）、*at the crack of dawn*（夜明けに）、*up with the sun*（日の出と共に起きて）などである。それから私たちはメアリーの起床について、彼女が目覚し時計を必要としたのか、あるいは誰かに起こされたのかということを話し合った。

　私達の話題文は、結局、第三日目に書かれた。以下はその一部である。

10月3日、メアリー・アンは鳥とともに起きました。
　10月3日土曜日、メアリー・アンは誰にも起こされずに起きました。
　10月3日、メアリー・アンは夜明けに起きました。
　10月3日、メアリー・アンを起こすのに目覚し時計は要りませんでした。
　10月3日に35番街で一番早く起きたのはメアリー・アンでした。
　10月3日、メアリー・アンはとても早く起きました。
　ある朝、メアリー・アンは一番鶏が鳴いた時起きました。

　こういった記述はすべて話し合われ、変更されたり、新しい記述が付け加えられたりした。

　次の段階は話題文を発展させることである。これには一日45分から50分の学習を数日間おこなった。第二の文は、メアリーはなぜそんなに早く起きたのかについて述べるものである。
　　彼女の14回目の誕生日で、彼女はそのことで大喜びでした。
　　その日は彼女の誕生日で彼女には沢山のプランがあったので、興奮でうずうずしていました。
　　誕生日のプレゼントを見に一階に降りるのが待ち切れないほどでした。
　　彼女の誕生日なので、お父さんから新しい自転車を貰えると期待していました。
　　その日に彼女は14歳になるので、誕生日の贈物を見たいと思いました。
　　その日は彼女の誕生日なので、しなければならないことが沢山ありました。

　この作文は次第に発展し、やがて良い終わり方について勉強する時がきた。子ども達は、自分たちが幸福なわくわくした一日を過ごした

後でどう感じたか、すべての興奮が収まった時に何をしたか、「心の中で」どう思ったかといったことについて話し合った。終りの文章のいくつかを以下に挙げる。

　　メアリー・アンは、友達にさようならと手を振りました。そしてお母さんに抱きついて言いました。「ああ、なんて素晴らしい誕生日だったことでしょう！本当に有難う。」

　　「お母さん、なんて幸せな誕生日でしょう！何もかも素晴らしかったわ。」とメアリー・アンは言いました。

　　「今日は今までのうちで最高の誕生日だったわ。」とメアリー・アンはベッドに入る時に言いました。

　　友達が帰ってから、メアリー・アンは「なんて素晴らしい誕生日だったんでしょう。」と言いました。

　　メアリー・アンは14回目の誕生日が終った時、幸福な気持ちでいっぱいでした。

最良のものではないが、クラスで平均的な作品を次に挙げる。

　　　　　　　　　　誕生日

　　メアリー・アンは、10月3日の朝早く鳥とともに起きました。その日は彼女の誕生日で、彼女にはすることがたくさんありました。というのも、夕方、大きなパーティーをする予定だったからです。彼女は今や14歳になり、とても幸福でした。

　　メアリー・アンが一階に下りた時、家族は誰も起きていませんでしたが、彼女は気にしませんでした。彼女は自分で朝食の用意をしました。それから居間をちょっと覗きました。そこにはプレゼントはありませんでした。メアリー・アンはプレゼントが気がかりでしたが、心配はしませんでした。

メアリー・アンはお母さんのお手伝いをしようと思いました。彼女は居間のじゅうたんに掃除機をかけました。それで家族みんなを起こしてしまいましたが、みんな気にしませんでした。みんなは一階に下りてきて、メアリー・アンに誕生日のお祝いを言い、プレゼントを上げました。「なんて素晴らしいプレゼント！」「どれも大好きだわ。」とメアリー・アンは言いました。お父さんが「お前はまだ私のを見ていないよ。それは外のポーチの所にあるよ。」と言いました。メアリー・アンはポーチのところへとんで行きました。彼女は素晴らしい自転車を見て、「あら、まあ！」と叫びました。彼女はお父さんを強く抱きしめました。

　メアリー・アンは午前中ずっとお母さんのお手伝いをしました。彼女はお皿を洗って乾かし、居間と食堂の掃除をし、パーティーのためにナプキンにアイロンを掛けました。

　夕方、７人の男の子と７人の女の子がパーティーにやって来ました。みんなは楽しいひとときを過ごしました。ゲームで遊んで、素晴らしいお茶や御菓子をいただきました。殆どの子がメアリー・アンにプレゼントを持って来ていて、彼女はそれが大変気に入りました。友達が帰る時、メアリー・アンは「なんて素晴らしい誕生日だったことでしょう！皆さん、どうもありがとう。」と言いました。

　すべての物語を長くする必要はないが、子どもが「本」のために書く文章は、他の作文よりは長いのが普通である。

　時々、生徒はメアリー・アンについての他の物語を書いた。彼女は旅行し、お祖母さんの農園を訪れたり、ニューヨークへ行ったりした。彼女は病気になって、一週間床についたり、学校で賞を貰ったり、ガ

ールスカウトのパーティーに出席したりした。要するに、メアリー・アンは14歳の女の子が興味を持つ沢山の活動に参加したのである。これらの作文に時間を掛けたことは、言語の習熟という観点からは価値あるものだっただろうか？　まったくその通りだった！　子ども達は新しい単語や慣用表現、そしてカジュアルな（普段使いの）表現の仕方を学び、考えたことを表現する、より良い、より面白い、より多様な方法を学ぶことができた。それぞれの物語は、まず最初にクラス全員で話し合われたので、子ども達は皆それぞれの貢献から得るものがあり、また上手な書き表し方や価値ある話し合いについて何か学ぶところがあった。もし教師とクラスの子どもが、行っている学習に本当に興味をもっているのなら、時はいささかも失われてはいない。もし、文構成について注意をする必要が出てきたら、教師は、その場でこれらの言葉の使い方について説明し、その後の時間にそれをもっと詳細に取り上げれば良いだろう。私は子ども達に関連性のない多くの文章表現の断片を書かせることよりも、作文の一部分に数日を費やす方が良いやり方ではないかと常々思ってきた。というのは、前者は殆どあるいは全く実際的準備もなく行われ、学習場面を提供することもないからである。聾児には、彼等自身または他の誰の興味も引かないような冷たい事実よりも、むしろ書くための着想の源（インスピレーション）の方を必要としているのである。

　先ほど引用したような物語を集めたものは、完成後も長く興味の対象になる。子ども達は、これらの物語を何度も何度も読むことを喜び、他の子にも読ませたがるし、時には家に持って帰ることもある。この方法によって、多くの共通表現や慣用表現が、子どもの話し言葉や書き言葉の財産の一部になるのである。英語を教える上でのこの方法の

第Ⅷ章　自立への成長

他の価値は、生徒たちが学級の誰かが書いたものを楽しんで読むようになり、時にはその作文の修正について提案するということである。言語の使用が子どもの日々の生活の一部となる時、そして子どもが当たり前のこととして望んで言葉を使う時、私たちはその子が「言語を持っている」と言っていいだろう。もしその子が練習した言葉しか用いず、あるいは型にはまった言葉しか用いないならば、その子は「言語を持っていない」のである。

　子ども達に役に立つ確かな英語駆使力をつけさせたいと願う教師は、子ども達が容易に、正確に、面白く、楽しく表現するのにどうしても必要な道具（tool）を提供する多くの方法を見つけ出すことだろう。このような教師は、この技能（スキル）は聾児によって獲得されるのだということを*信じている*に違いない。また常に、書くことと教えることの両方について、教師自身の技術を高めるために研究を続けているはずだ。子ども達が教師を写す鏡であることは避けようがない以上、教師は模範を示し、見習うに値するモデルにならなければならない。言語指導について気を配ることも十分に知ることもない教師は、生徒の良好な言語使用を発達させることに成功することはないだろう。もし、教師が熱心でなければ、その生徒もまた熱心でないであろう。どのような科目であれ、教師がそれを教えることを楽しんでいなければ、うまくはいかないことだろう。子ども達は言われなくても教師の熱心さが分かるものである。このことは彼らが5歳であろうと15歳であろうと当てはまることである。言語指導を通じて、聾児は自分自身について、他の人々について、彼らの環境について、自分の能力について、そして外の世界と内の世界について、多くのことを学んでいく。それが真実であるからこそ、あらゆる年齢の聾児は、指導を通じて聾児の生涯を悩み多いものでなく祝福に満ちたものにできる教師を求めてい

るのである。

　作文指導を始める教師にとって、本書11章にリストで示している言語課目の教科書シリーズを用いると役に立つと提案しておきたい。この中には、書きことばを伸ばすための示唆を与えてくれるいろいろなタイプの作文学習の例を提供してくれるものがある。

　12、13歳児に対する言語規則の学習についてはどう考えたらよいだろうか？子ども達が勉強して学び取るべき、多くの新しい文構成と言語形式が出てくるだろう。作文の中に表われる言語用法上の誤りのすべてに注意を促して、特別の時間に取り上げるべきである。生徒の正しい言語使用習慣の定着を目指して必要な反復使用ができるように、言語規則については注意深い説明がなされ、着実な練習が行われるべきだろう。
　もし子どもを助けるようなルールがあれば、私は子ども苦手にしている言語規則の学習の始めから終わりまで、その子を助けるためにそのルールを教えたいと思う。例えば、when で導かれる節についてのルールがあれば、子どもが時制についてすっきりと理解するのを助けてくれることだろう。残念ながら英語の構文にはきちんとした明瞭な規則がないものが多い。子どもに正しい用法を与え、それを覚えるように言うより他になすべきことがない場合も多い。子どもにとってその用法を覚えるしかないのなら、教師は、その用法が彼にとって必要で、その使用に関心があることを確認して、彼にその特定の言葉を何度も繰り返して用いる機会を与えるような学習を提供すべきである。

　ハリー・アラン・オーバーストリート（Harry Allan Overstreet）は、

「*About Ourselves*（私達自身について）」の中で次のように述べている。「子ども達は、実際、情報を取り入れていかなければならないのだが、まず第一に彼等がそうすることを望むか、あるいは何とかそう望むように導く必要がある。第二に、その情報は彼らを惹きつけるようなものでなければならない。」*2　これは、私たちのことばで言えば、動機付け（モチベーション）である。「行動によって学ぶ」（4章）で私たちが述べたことの多くは、すべての言語学習の実践にあたり、完璧な教師と殆ど完璧な子どもを前提としているように思われる。しかし、そうではなく、聾児の教師は、仕事の性格上、言語表現を伴う何事かを*行いながら*（doing）言語を教えることに非常に合っているのである。また平均的な力の聾児が正しい英語でどう自己表現するか知りたいと*強く望んで*おり、そうできた時に幸福に感じているということも真実である。

　ミドルスクールの生徒は、話すこと書くことの両方で、より長い文を用いるようになる。形容詞、前置詞句あるいは副詞を使って単文を洗練させることは、子どもの言語をより分かりやすく、より興味深くする一つの方法にすぎない。複文を用いることも、もう一つの方法である。when によって導かれる節の用法は、特別の注意を要する言語規則の一つである。私たちは前の章で when を用いる節の最も簡単な用法について述べた。つまり主節と従属節の両方において動詞の過去形を使うものであった。もし子ども達が動詞の一般的な時制の意味を理解しているならば、彼らは（主節・従属節の）どちらも現在動詞を使う when 節の使い方への準備も出来ているはずである。（例：I help mother when I am at home. 私は家に居る時、お母さんの手伝いをする。Granny always brings me a present when she comes to our house.

おばあちゃんは私の家に来る時、いつもプレゼントをくれる。）これまで述べてきた2つの形式は、子ども達にとって難しいものではない。子ども達にとって難しいのはwhenで導かれる節の使い方の第三のルールである。聾児は節の中の動詞が過去時制の場合も、現在時制の場合も一致しているのだと思って、もし未来形が用いられたなら、彼はそれも一致させるかもしれない。その結果、「I shall work with Daddy when I shall be home next week.（来週、家に帰るだろう時、お父さんと勉強をするだろう）」と言うことになるだろう。彼には、第三のルールが始めの二つとは同じでないことをしっかり印象づけて、それを覚えてもらう必要がある。この形式を自由に使えるようにするには、子ども達に彼らが家やキャンプや誰かを訪ねたり、お店で買い物をしたりする時に、何をしようと思うかを言わせるようにするといいだろう。（例：I will learn to swim when I am at camp. キャンプに行ったら水泳を習うつもりだ。 Mary will play on the beach when she stays with her aunt. メアリーは、叔母さんのところに滞在する時、海辺で遊ぶでしょう。Mother will buy me new shoes when we shop at Macy's on Saturday. 土曜日にマーシーズ・デパートで買物をする時、お母さんが私に新しい靴を買ってくれるでしょう。)

　連結詞としてのifの用法は非常に難しく、私はこの段階では取り上げようとは思わない。子ども達は教師が使っている表現を通して、この言葉（if）の条件的な性格についてはっきりした概念を持つようになるであろう。

　　勉強（仕事）が終ったら、あなたは帰ってもいいですよ。
　　You may go if you've finished your work.
　　ミスV＿＿＿＿がいいと言ったら、私たちは博物館へ行きます。

We'll go to the museum if Miss V_____says that we may.

それがあまり重くなかったら、そりを使います。

We will take the sled if it isn't too heavy.

注意深く扱うなら、接着剤を使ってもいいよ。

You may use the glue if you are very cafeful with it.

　この学年中に間接話法の全ての用法をマスターさせたいが、子ども達は新しい形式が提示される前に一つの形式について十分に練習することが必要であり、一時に間を置かずに教えるべきではない。

　教師は間接話法の用法の基本的なルールをよく知っていなければならない。*Crowell's Dictionary of English Grammar and Handbook of American Usage*（クロムウェル英文法辞典とアメリカでの用法ハンドブック）は時制の一致－主節に関連する従属節の時制の関係－について、下記のように述べている。

　　時制は論理的にも文法的にも対応していなければがならない。「He *says* that it *is* too late ; yesterday he *said* that it *was* too early.（彼は遅過ぎると言っている；昨日、彼は早過ぎると言った）」のように。

　　原則や普遍的な事実を述べる場合は、一般に現在形が使われる。「You have heard that honesty is the best policy.（正直は最良の政策ということをあなたは聞いたことがあるだろう）」のように。

　　もし、主節動詞が現在もしくは未来であるなら、従属節動詞はどんな時制でもかまわない。「I understand that he has come but will soon go again.（私は彼が帰って来ても、またすぐ出かけて行くだろうと思う）というように。

動詞は「I wonder if he will come.（彼が来るかどうか疑わしい）」のように、論理的な時間関係にある時は、*natural sequence*（自然な一致）と呼ばれ、「I am tired, he said」が、「He said that he was tired.（彼は疲れたと言った）」になるように、従属節動詞を主動詞に一致させるように変換しなければならない時は、*attracted sequence*（索引された一致）と呼ばれる。*3

　動詞 *to ask* の用法に手を広げる前に、教師は *told that* を用いる時は、後に続く節の動詞もまた「過去」動詞であることを理解しているかどうかを確かめなければならない。もし子ども達がこの法則を知っており実際使っているならば、彼らが *asked if* の形式を使う時、動詞の過去時制を適用することに困難を感じないであろう。
　この特別の形式を繰り返して使わせる方法の一つとして、生徒に、個別の訪問客やその他の人に、旅行などといった決まった内容について質問させることがある。その後で、生徒は尋ねたことについてまとめて話したり書いたりすることができる。例を挙げよう。

　This morning Miss B_____ told us all about her trip to California. We asked her many questions. John asked her if she went in a car. She said, "Yes." Helen asked her if she went alone. She told her that she went with her mother. Mary asked her if she had a fine time. She said that she did. Harold asked her if she saw any bears. She told him that she had seen many. Bobby asked her if she met any Indians. She said, "No."

　今朝、ミスＢ_____はカルフオニアへ旅行したことについて、いろいろ私たちに話してくれました。私たちはたくさん質問をしました。ジョンは自動車に乗って行ったのかと尋ねました。彼女はそうだと答

えました。ヘレンは一人で出かけたのかと尋ねました。彼女はヘレンにお母さんと一緒に行ったのだと言いました。メアリーは楽しかったかと尋ねました。彼女はそうだったと言いました。ハロルドは熊を見たかどうかを尋ねました。彼女は彼に沢山見たと言いました。ボビーはインデアンに逢ったかと尋ねました。彼女は「いいえ」と答えました。

　この用法について練習するもう一つの方法は、子ども達が遊戯室、運動場、寄宿舎などにいた時に他の子に尋ねたことを思い出して、学級で話させるというやり方である。例を挙げよう。

　　Mary：" I asked Harold if he saw the movie about the wild animals."
　　John：" I asked He1en if she had an eraser."
　　Harry：" I asked Bobby if he liked the new boy."
　　Julia：" I asked Ruth if she wanted to play with me."
　　メアリー：私は、ハロルドに野性動物の映画を見たかどうか尋ねました。
　　ジョン：僕は、ヘレンに消しゴムを持っているかどうか尋ねました。
　　ハリー：僕は、ボビーに新入生が好きかどうか尋ねました。
　　ジュリア：私は、ルースに私と遊びたいかどうか尋ねました。

　子供達は教室外で誰かに尋ねられたことについて書くことを喜ぶものである。例えば、

　　Miss M_____asked me if I liked the picture.
　　ミスM_____は私に絵が好きかと尋ねました。
　　Mr.J_____asked me if I wanted to play basketball.
　　ミスターJ_____はバスケットボールをしたいかと私に尋ねました。

その他の練習としては、物語を読んだ後、その本に出て来る人物が述べたり、誰かに話したり尋ねたりしたことを、話したり書いたりすることもできる。

The mother asked her little girl if she wanted to go downtown.
The little told her that she wanted to play at home.
お母さんが、小さい娘にダウンタウンへ行きたいかどうか尋ねました。
その小さな女の子は、お母さんに家で遊びたいと言いました。

直接話法を間接話法に変える不自然なやり方によらないで、間接話法を用いさせる練習の方法はたくさんある。例えば、教師が直接話法を用いた非常に短いストーリーを話してやり、その後でその物語についてチェックするのである。

Teacher：" What did Mrs.Smith tell her little boy?"
Child：" She told him that the family would go on a picnic."
Teacher：" That's right. Now tell me what the little boy asked his mother.
Child：" He asked her if she wanted him to help her."
教　師：ミセス・スミスは小さな男の子に何と言ったの？
子ども：彼女は家族でピクニックに行こうと言いました。
教　師：そうですね。では、その小さな男の子は、お母さんに何と言ったか言って下さい。
子ども：その子は、お母さんに手伝って欲しいかどうか尋ねました。

asked if の形式は、他の形式が導入され学習される前に、子ども達にしっかり定着していなければならないが、しかし、「Did ＿＿？」で始まるのではない質問形で尋ねたいと思う場合は、その子に正しい用

法が教えるべきである。即ち、

 I asked the new boy where he lived.
 私は新入生に彼がどこに住んでいるのかをたずねました。
 I asked Mr.S. when we were going to the ball game.
 私は、S先生に私たちはいつボール遊びに行くのかと尋ねました。

　後に where、when、how、what color、why などを伴う動詞 *asked* は、これらの連結語の後は動詞の単純過去形を用いなければならないことがよく分かれば、平均的な力の聾児にとって難しいものではない。

 We *asked* Mary *where* she found the pen.
 私達はメアリーに、どこでそのペンを見つけたかと尋ねた。
 We *asked* her *when* she got the book.
 私達は彼女に、いつその本を手に入れたかと尋ねた。
 We *asked* her *how* she liked the story.
 私達は彼女に、どれ位その物語が好きかと尋ねた。
 We *asked* Harold *why* he stayed at home.
 私達はハロルドに、どうして家に居るのかと尋ねた。
 We *asked* him *how* he made the box.
 私達は彼に、どうやってその箱を作ったのかと尋ねた。

　もし子どもがこれら形式で混乱した時には、尋ねられた人の行動を行に分けて書くと、子どもに分かりやすくなるだろう。

 What John did（ジョンがしたこと）：
 1　He went to the country.
  彼は田舎へ行きました。
  We *asked* John *when* he went to the country.

　　　　　私達はジョンにいつ田舎へ行ったのか尋ねました。
　2　He stayed on a farm.
　　　　　彼は農園に滞在しました。
　　　　　We *asked* him *why* he stayed on a farm.
　　　　　私達は彼に、なぜ農園に滞在したかと尋ねました。
　3　He saw a bull.
　　　　　彼は雄牛を見ました。
　　　　　We *asked* him *where* he saw a bull,
　　　　　私達は彼に、どこで雄牛を見たかと尋ねました。
　4　He watered the horses.
　　　　　彼は馬に水を飲ませました。
　　　　　We *asked* him *how* he watered the horses.
　　　　　私達は彼に、どうやって馬に水を飲ませたのかと尋ねました。

　大人にインタビューをして結果を報告するやり方も、間接話法を使う機会を提供する、より発展した方法になるだろう。
　間接話法の指導については、十分な注意を呼びかけたい。即ち、急ぎ過ぎてはいけないと。子ども達は以前に教えられた形式が正しく使用できるようになる前に新しい形式が付け加えられると、しばしば混乱してしまうからである。

　この時期までに、子ども達の言語使用の発展にともなって、いくつかの動詞の現在完了時制の使用について特別な取り立て学習が必要となる。子ども達は、この時制について学ぶばかりでなく、その使用がいつ必要なのかも学ばなければならない。現在完了時制を使う最も簡単な場合は、行為は終わっているが、時間の特定はない場合である。

I have finished my work.（私は仕事をし終えた）

I have seen that.（私はそれを見たことがある）

John has been to the hospital.（ジョンは病院に行っている）

The man has washed all the window.（その人は窓を全部洗い終えた）

　子ども達は、以上の文では何時ということは問題でないことをよく理解するはずである。時が与えられた場合は、単純過去が用いられることになる。

I finished my work last night.（昨夜、私は仕事をし終えた。）

I saw that yesterday.（私は昨日それを見た。）

John went to the hospital last Sunday.（ジョンは先週の日曜日病院へ行った。）

The man washed all the windows on Saturday.（その人は土曜日に窓を全部洗った。）

　現在完了時制の第二の使い方は、*ever*、*never*、*often*、*seldom*、*always* などの時を表わす句とともに使うものである。

We have never gone to Jones Beach.（私達はまだジョーンズ海岸へ行ったことがない。）

Mary has never been to the circus.（メアリーは、まだサーカスへ行ったことがない。）

I have often visited Johnny.（私は時々ジョニーのところへ行きます）

I have always thought that ＿＿＿＿（私は、いつも＿＿＿＿とを考えています）

Have you ever been there?（あなたはそこへ行ったことがありますか）

生徒にこの形式を使い始めさせる良い方法は、彼らにしばしば、「したか」、「見たか」、あるいは「一度もしたことがないか」、「見たことがないか」について話させることである。また、この時制は物語を話したり読んだりする時にも使用できるもので、会話の中でも頻繁に起こるはずである。

　現在完了形の最も難しい第三の用法は、現時点になる前になされているが、過去のある時点から現在までに拡がって行われている行為について使われるものである。

　　I have been in this school for ten years.
　　（私は、10年間この学校に通っています。）
　　Miss M. has been my sewing teacher for three years.
　　（ミスMは、3年間、私の裁縫の先生です。）

　一度、生徒がこの時制の意味と用法を学んだならば、それを会話の中や作文の中でいつでも使うように励まし、思い出させていくことが必要である。

　　I have broken my glasses.（私はコップを壊してしまいました。）
　　John has spilled the ink.（ジョンはインクをこぼしてしまいました。）
　　The fire bell has just rung.（火災報知得が今鳴ったばかりです。）
　　Harry has gone to the hospita1.（ハリーは病院へ行っています。）
　　May I go? I have never been there.（行ってもいいですか？　私は，まだそこへ行ったことがありません。）

　子ども達にとっては、絵について話すことがいろいろと役立つ。赤ちゃんが泣いている絵を使うと、次のような質問と答を思いつくこと

が出来るだろう。

 Why do you think the baby is crying?
 （赤ちゃんはどうして泣いていると思いますか？）
 She has dropped her bottle or her mother has left her alone.
 （赤ちゃんはミルク瓶を落としたか、お母さんが赤ちゃんをひとりにした、と思います。）

　中等段階の生徒たちは日々成長するにつれて、動詞の目的語として動詞不定形を使う、より広範囲な用法を獲得していくことになる。― *to like to read*、*to try to write nicely*、*to pretend to study*、*to want to eat*、*would like to rest*、*wishes to speak* など、またその他の多くの動詞について。

　絶え間ない繰り返しによってのみ、*put on*、*take off*、*pick up* のような動詞の正しい使用の習慣が身につくことだろう。これらの動詞の扱いが難しいのは、代名詞が目的語で、子どもが代名詞は前置詞に先行しなければならないということを知らない時である。このことはよく説明して、何度も使わせることが必要である。以下のように。

 I saw a dime on the sidewalk. I picked it up and put it in my pocket.（私は舗道で10セント銀貨を見つけた。私はそれを拾い、ポケットに入れた。）
 Mary's mother bought Mary a beautiful coat. Mary put it on to show her friend.（メアリーのお母さんがメアリーにきれいなコートを買った。メアリーはそれを着て、友達に見せた。）
 Harry dropped his glove. Johnny picked it up.（ハリーが手袋を落としました。ジョニーがそれを拾いました。）
 Harry tried on his new shoes. Then he took them off put them

away.（ハリーは新しい靴を履いてみました。それからそれを脱いで片付けました。）

　もし、子どもがこれらの「複合動詞」の一つを正しく使うことができるなら、彼が言語使用が増えるにつれて出てくる新しい複合動詞についても困難はないはずである。

　よりいっそう確実な学習が必要なのは、形容詞の使用についてである。生徒たちは話し言葉で使うにしろ、書きことばで使うにしろ、形容詞についての比較変化の三つの形（原型、比較級、最上級）を知っており、それらの用法の理由も理解していることだろう。はじめに、big － bigger － biggest、strong － stronger － strongest、tall － taller － tallest のようなあまり難しくない規則的なものをリストに挙げることによって、形容詞の比較変化の指導を始めるのが良いだろう。子ども達が比較変化の意味をはっきりと理解し、それぞれの語形が必要な場合を理解してから、不規則な比較変化をする形容詞を取り上げるべきだろう。この時期に使っていない形容詞まで彼らに比べさせるのでなく、彼らにとって有用であると思われる形容詞の学習の範囲で扱いたい。この変化形については子ども達が習熟すべき、いくつかのスペリング（綴り）のルールがある。例えば、
　　1　最後に無声の e が付く形容詞では、付け加える er および est の前の e は省かれる。　　fine － finer － finest
　　2　y で終る形容詞の場合、最後の er および est の前の y は、i に変えられる。　　happy － happier － happiest
　　3　短母音を含み一個の子音で終る形容詞は、終りの er と est の前の子音は重ねる。　　fat － fatte － fattest

第Ⅷ章　自立への成長

　以上の規則は、実際に用いて学習すべきであって、ただ覚えるだけにしないようにすべきである。

　比較変化の最も難しい形容詞は、原型に more と most を付けなければならないものである。
　　beautiful　―　more beautiful　―　most beautiful
　　spelendid　―　more spelendid　―　most spelendid

　子ども達は、2音節あるいはもっと多くの音節でできている形容詞の場合は、上述の方法で比較変化することを覚えなければならない。
　それから、もちろん、異なった語を使って比較変化する形容詞もある。
　　good　―　better　―　best

　すべての形容詞について比較変化を求めるとき、生徒には常に文表現で変換させるようにする。2つのものの大きさを比べるときは、普通の意味では本当に大きくないものでも、一つがもう一方より大きいことを示し、砂糖と酢というような質の違った2つを比較するわけではないことを教える。
　比較の概念は、聾児にとって獲得が非常に難しいものなので、形容詞の比較変化についての学習は、すべてゆっくりと進めるのが良いやり方である。記憶によって形容詞のリストを比較変化させることができても、聾児がこれらの語形を真に理解したということにはならない。子ども達は必要にせまられたときに始めて、これらを正しく使うようになるのである。

　as sweet as sugar（砂糖のように甘い）とか、*as dark as night*（ま

っ暗な）とか、*as good as gold*（非常によい）といった比喩を示す句は、会話や読みを通して教えられるべきである。

　毎日の学習で子ども達が用いる副詞もまた比較変化をするので、3つ比較の形が全部使えるようにしておくべきだろう。例えば、以下の通りである。

fast	faster	fastest	（速く）
early	earlier	earliest	（早く）
carefully	more carefully	most carefully	（注意深く）

　子ども達がどんどん単位が長くなっていく構文で話したり書いたりしようとする時、多くの新しい言語規則に注意する必要がある。私は、教師がこの時点で導入し指導すべき言語規則の全てを挙げようと思っているわけではない。教師は、担当する特定のグループの子ども達が自己表現しようと話したり書いたりする時に示される言語ニーズ（language needs）を手がかりにすべきである。どの学級でも彼らの言語ニーズが同様ということはない。教師の責任は、担当した学級のニーズに合わせることであって、言語規則の指導について、ある学年ある段階に定められている順序や提示法に合わせることではない。もし担任学級の学習が順調であるならば、生徒達は、彼らの興味や好奇心や生活のあらゆる場面での言葉の大切さへの気付きを通して、必要とし知りたいと思うことを教師に示していくようになるだろう。

　教師は、正しい言語使用の習慣を定着させるために、生徒の書いたものから、明確な説明と集中的な繰り返し学習を要する特定の言語規則を取り出すことも必要である。

　やっかいな語法の一つに受動態の用法がある。注意深い指導がなけ

れば、聾の生徒は不必要なところにで、それを用いることがあるだろう。能動態の文を受動態に変えなければならないという機械的練習を与えられた子ども達は、きっと混乱してしまうことだろう。彼らは二つの形式は互いに交換可能であって、どちらも可能だと信じてしまうこともある。そうではない！子ども達が、「My purse was lost by me.（私の財布が私によって失われた）」とか、「The doll was held by me.（人形が私によって抱かれた。）」と書く時、彼らが受動態はどんな時必要とされるのかということを理解していないのは明白である。数年前、受動態を指導する授業を見たことがあるが、それはこの特別な言語規則を提示するのに、教師はこんなにも大きく誤るものかということを示すものだった。一人の少年がキャンディーの箱を渡すように求められ、そうした時、先生は「あなたのしたことを話しなさい。」と言った。少年は自分が行なったことの自然な表現である「I passed the candy.（私はキャンディーを渡しました。）」と答えた。すると先生は「では、キャンディーについて話しなさい。」と言ったのである。私は、その子が「これでいいんです。」と言うことを願ったけれども、彼は教わった通りに「The candy was passed by me.（キャンディーは私によって渡されました。）」と従順に答えた。私には、このクラスの子ども達は受動態について本当に学んだのではなくて、単なる形式を学んだだけだと思われる。

　生徒が学習すべきなのは、私達は以下の理由でも受動態を使用するということである。

　　1　　存在の状態あるいは様子を叙述するために。
　　　　My shoes worn out．（私の靴が履きつぶされている。）

Harry was embarrassed.（ハリーはどぎまぎした。）

2 (a) 行為者が分からないか無形のもので、普段によくある事柄について述べるために。

Our clothes are washed in the school laundry.（私達の洗濯物は学校の洗濯場で洗われている）

The classroom are swept everyday.（教室が毎日掃除されている。）

(b) 例外的な出来事を述べるために。

The room has not been swept.（部屋は掃除されていない。）

Little weat was raised last night.（昨夜、小さな小麦が芽を出した。）

3 (a) 事件や広範囲な災害のような重要な出来事の報告のために。

The car skidded into a tree and driver was injured.（自動車が木にぶつかり、運転手が負傷した。）

Hundreds of people were killed in the earth puake.（地震で数百の人が死んだ。）

A great deal of property was destroyed by the floods in Pennsylvania.（ペンシルバニア州で莫大な財産が洪水によって損なわれた。）

(b) 個人にとっての重要なできごとを報告するために。

I was not invited to the reception.（私はレセプションに招待されなかった。）

The man was arrested and taken to jail.（その男は逮捕され、刑務所に連行された。）

必要な言語形式を「どうして、なぜ（why and wherefore）」使

うかを知っている生徒は、単にその形式を覚えているだけで理解しないままに書く学習をしている生徒よりも、誤用は非常に少ない傾向にある。例えば、過去完了時制の用法を取り上げてみよう。非常に多くの子ども達がこの時制を誤用するのは、それが単なる過去を意味すると思っているからである。私たちは、それは間違いであることを知っている。過去完了時制は２つの出来事や行為のどちらが先に起こったかを示したい時、自然な順序が入れかわっている時に用いられるものである。いくつかの文法書は、「過去完了時制は、その行為が過去にある時点で完結したということを示す。」と定義している。教師は、過去と過去完了とは同義ではないという事実を生徒にはっきりと印象付けておかなければならない。

　簡単な話の中では、そこで話題になる出来事は普通は起こった順番で話されるから、この時制は殆ど使われない。そうは言っても、低学年の子どもでも過去完了時制を用いる機会があるもので、その場合は、子どもには簡単な説明とともに、その用法を教えるべきである。年若い子どもが、次のように書くこともあるだろう。「One of our turtles was on the table when we came to school this morning. It crawled out of its box. It was dead.（今朝、私たちが学校へ来た時、みんなの亀が一匹テーブルの上に居ました。それは箱から這い出しました。それは死にました）」その子は、その時その場で、子ども達が学校に来る（came）前に亀が這い出していた（had crawled）という説明とともに、had crawledの形が教えられなければならない。もし子どもがその状況を視覚化していれば、その状況を表す正しい形を教えられた時、彼が混乱することはないだろう。それどころか、その事実をそのときは意識していなかったとしても、動詞語形を表現意欲をかき立てる生き生きとした情景と結びつけることで、子どもに強い印象を与えること

だろう。

　動詞の用法で聾児が間違える極めて多くの誤りは、誤っている提示の仕方と、これらの動詞についての正しい概念を子どもに与えなかった非現実的な練習によるものである。ある言語規則を組み込んでいる文を数多く書いたとしても、もし子どもの注意がそこで使われている規則のみに集中しているとすれば何の価値もないだろう。そうではなく、その子が新しく習った言語規則を用いて話す経験を数多く与えられたならば、この新しい知識は、理解した上で用いられるようになるだろう。

　最後の１，２学年になる前に、生徒たちは正しい英語で自己表現するために必要な言語規則の数々について、きちんと理解して正しく使えるようになっているはずである。もし彼らがそうなっていなければ、上級段階での言語学習は、控えめに言っても平凡なものになり、彼らはその学年での進んだ学習への移行準備ができないことだろう。

　私は、この章の最後をマーガレット・ウッド（Mrs. Margaret Wood）先生担当の11歳半から12歳半までのクラスでの作文指導の完全な授業記録で締めくくることにしたい。この子ども達は全員３歳で入学している。３人がI,Q100未満、３人がちょうど100、そして残りが112、114、118である。うち２名は補聴器装用時にはかなり聴くことができ、他の子供たちは典型的な聾児である。子ども達全員が良好な読話力の持主である。

　この授業は速記によって逐語的に書かれ、修正はなされていない。作文は黒板に書かれ、そして参加した子ども全員で修正と批評を行っている。

（2枚の絵が用いられた。1枚は小さな女の子がボールを打とうとしており、その後に笑っている男の子がいる絵で、2枚目はボールを打った後の女の子と、後で口をポカンと開けて立っている男の子の絵である。）

指導目標

連続した絵から、子ども達に面白い物語を書くよう指導する。

導入

教　　師：あなた達は野球が好きですか？
子ども達：はい。
教　　師：私は野球をしている子どもたちのかわいい絵のセットを持っています。この絵から、みんなで物語を作ってみましょう。（子ども達に最初の絵を見せる。）面白いでしょう？
子ども達：はい。

授業展開

教　　師：女の子は男の子達に何と言ったと思いますか？　あなたたちで女の子に好きな名前を付けていいですよ。
フランシス：ジャンが男の子達に、一緒に野球をさせてくれるかどうか尋ねました。
Jan asked the boys if they would let her to play baseball with them.
教　　師：あなたの文には間違いがありますよ。
マーシャ：to はいりません。
教　　師：そうです。

マーシャ：ジャンは男の子達に、一緒に野球をして遊んでいいかと尋ねました。

Jan asked the boys if she could play baseball with them.

レ　　バ：デビーは、彼女はとても野球が上手なのだろうと思いました。

教　　師：いいですね。でも、彼女は何と言ったと思いますか。

シャローン：彼女はみんなと一緒に遊んでいいかと尋ねました。

教　　師：2つの文を一つにまとめなさい。

シャローン：デビーは、彼女は野球がとても上手で、それで男の子達に一緒に野球をしていいかと尋ねたのだと思いました。

Debbie thought that she could play baseball very well so she asked the boys if she could play with them.

教　　師：良い文になりました。

ジャン　：シャーリーは考えて、彼らと一緒に遊ぼうと男の子達に尋ねようとしました。

Shirley thought and tried to ask the boys to play with them.

教　　師：これはいい文ですか？

子ども達：いいえ

教　　師：どんなことが起こったと思いますか。

バーバラ：シンシヤが運動場のそばを歩いていました。彼女は男の子達が野球をしているのを見ました。彼女は彼らを見て、一緒に野球をしてもいいかと尋ねに行きました。彼女は野球がとても上手だと自慢をしました。男の子達は信用しませんでした。男の子達は笑い、そして・・・

Cynthia was walking by the playground. She saw a group of boys playing baseball. She watched them and then she went over to ask them if she could play with them. She bragged that she could play well. They didn't believe her. They laughed and・・・

教　　師：あなたは snickered（くすくす笑った）ということばを知っていますか？

バーバラ：彼らは彼女のことを笑ったり、くすくす笑ったりしました。They laughed and snickered at her.

教　　師：とてもいいですね。ではキャッチャーがピッチャーに何と言ったかを考えてください。

ビヴァリー：ある日、ジエーンは学校が終って家に帰ろうとして、男の子達が野球をしているのを見ました。
　　　　　　One day after school Jane was going home and she saw the boys was playing baseball.

教　　師：間違いがありますよ。

バーバラ：playing の前の was を取ります。

教　　師：（ビヴァリーに、なぜ was playing は必要でないかを説明する。）

ビヴァリー：ある日、ジエーンは学校が終って家に帰ろうとして、運動場で野球をしている男の子達を見ました。彼女は男の子達のゲームを見たいと決めました。それから彼女は野球をやりたいと思いました。彼女はキャプテンの所へ行き、彼女も野球をしてもいいかと尋ねました。彼は「女の子はお断り。」と言いました。彼女が抗議したら、彼が彼女にチャンスを一回くれました。彼女が打つ番になって、男の子達は彼女をからかいました。

教　　師：大変良い文です。

シャローン：ある日、ジェニーは野球をしている男の子達を見ていまし

　　　　　た。彼女は彼らといっしょに野球をしたいと思いました。彼女は男の子達の所へ行って一緒に野球をしてもいいかと尋ねました。男の子達は、彼女が上手ではないし、まだ小さいからできないと彼女に言いました。彼女は男の子達にどうかやらせてくれるようにと頼みました。彼らはいやだけれど、一回だけチャンスがあると言いました。
教　　師：いいですね。

第二日目

ジャン　：ある日、スージーQは運動場で友達と遊んでいました。彼女は遊んでいる時、何人かの男の子が野球をしているのを見ました。彼女は家に帰るはずだったけれども。男の子達と遊びたいと思いました。
ビヴァリー：彼女は代わりに男の子と遊びたいと思いました。
　　　　　She wanted to play with the boys *instead*.
教　　師：それはグッドアイデアです。
ジャン　：彼女はキャプテンに会って、彼等と一緒に野球をしてもいいかと尋ねました。
教　　師：それはビバリーの考えと同じですよ。もっと違ったことがないか考えなさい。
ジャン　：男の子達は、彼女に野球ができるということを証明するように求めました。
　　　　　The boys asked her to prove to them that she could play,
教　　師：あなたは、他の人と違った文を作ることができるかどうか考えてみなさい。
マーシャ：ある朝・・・・

第Ⅷ章　自立への成長

教　　師：one day, one time, one morning といった同じやり方で段落を始めないようにしましょう。

マーシャ：ある朝、スーザンは彼女の友達に会いに運動場へ行きました。彼女は午前中ずっと友達と遊びました。それから彼女は野球場で遊んでいる男の子達に気付きました。

教　　師：「one morning(ある朝)」という言い方は止めたらどうかしら。

レ　　バ：土曜日にデビーは散歩をしていました。彼女は野球場のそばを歩いていました。そして、彼女は野球をしている男の子達を見ました。彼女は彼等をじっと見ていました。彼女は、自分はとても上手にできると言いました。

バーバラ.M：彼女は男の子達の所へ一緒に野球をしてもいいかと尋ねに行きました。男の子達は彼女が野球ができると信じなかったけれど、一度だけ打つことが出来ると言いました。

パット　：打席１回です。

教　　師：いいアイデアです。私達は最初の絵について十分話しました。ほとんどみんなが考えをもっているし、それについて書くために必要なことばも持っているので、次の絵について話すことにしましょう。これを見て、どんなことが起こったかを考えなさい。女の子は野球ができますか？

子ども達：はい。

教　　師：男の子達を見てください。彼らはどんな気持ちでしょう？

子ども達：びっくりしました。

教　　師：どんなことがあったのか考えて、言ってください。

バーバラ.M：ピッチャーがボールを投げた時、アンジェラがボールを打ちました。

When the pitcher threw the ball, Angela hit the ball.

教　　師：the ball を２回使うのはよくありません。
レ　　バ：It.
教　　師：そうです。
バーバラ.M：ピッチャーがボールを投げた時、アンジェラはそれを打ちました。男の子達はとても驚きました。

When the pitcher threw the ball, Angela hit it. The boys were so surprised.
教　　師：その言い方が正しいです。でも、みんなは、これはとてもすごいことだとは思いませんか？　絵を見て御覧なさい。女の子はわくわくしているし、男の子達は自分の目が信じられないようですよ。もっと、びっくりして興奮している感じを文にしてみましょう。
レ　　バ：ピッチャーがボールを投げた時、デビーはすごいヒットを打ちました。そしてボールはフェンスを飛び越えました。

When the pitcher threw the ball, Debbie hit it very hard and it went over the fence.
教　　師：よくなりました。私は、あなたの文の終りのところが大変よいと思います。
フランシス：ピッチャーがボールを投げた時、ジェーンは大得意でした。彼女はバッチリ打ってホームランになりました。

When the pitcher threw the ball. Jane was so proud of herself. She hit it just right and got a home　　　 run.
教　　師：私は、"She hit it just right" のところがいいと思います。まだ他の考えがありますか？
バーバラ.M：キャッチャーは高めのボールを投げるようにサインを送りました。ピッチャーは腕を大きく振ってボールを投げまし

第Ⅷ章　自立への成長

　　　　　　　た。シンシヤはその投球がお望みのものだったので大喜び
　　　　　　　でした。彼女は力一杯バットを振りました。ボールは高く
　　　　　　　上がってフェンスを飛び越してホームランになりました。
教　　師：とてもよい考えですね。
パット　：オードリーがボールを打とうした時、キャッチャーは、男
　　　　　の子達に彼女はボールに当てられないだろうと言いました。
　　　　　When Audrey was going to hit the ball, the catcher said to
　　　　　the boys that she wouldn't hit the ball.
教　　師：アイディアはいいですね。でもその言い方はあまり好きで
　　　　　はありません。もっと改善してみてごらんなさい。
パット　：もっと良くしてみます。
ジャン　：ピッチャーは腕を大きく振って、ボールを投げました。サ
　　　　　リーはバットを振って、ボールを打ちました。ボールはフ
　　　　　ェンスを飛び越して行きました。男の子達は、自分の目が
　　　　　信じられませんでした。彼女はホームランを打ったので、
　　　　　とても興奮していました。
教　　師：あなたのはじめの文より良くなりました。
ビヴァリー：それからキャッチャーは、ピッチャーに低めのボールを投
　　　　　げるように言いました。ピッチャーが投球準備をしたとき
　　　　　間違って完全なストライク（ボール）を投げてしまいまし
　　　　　た。ジェーンは学校を飛び出すようなヒットを打ちました。
　　　　　男の子たちが、彼女がたいへん上手にプレーできることを
　　　　　信じたので、彼女はとても幸福でした。
教　　師：よいアイデアですね。
シャローン：ジェニーは、もしうまくできなかったらゲームから外され
　　　　　てしまうかも知れないので、とても心配でした。とうと

う彼女の番になりました。彼女はホームランを打ちました。男の子達は黙ってしまいました。ゲームが終ってから、男の子達は彼女のところにやって来て、彼女は男の子のようにプレーをするたった一人の女の子だと言いました。

教　　師：これから物語を書きましょう。2つの段落で書いてください。物語にぴったり合う題名を考えるのを忘れないようにしましょう。文の書き出しと終わりの文に注意しなさい。

　書くに当たって、子ども達は綴りや特定の動詞語形や表現の仕方、段落の分け方について、必要な場合は助けてもらった。彼らのうち何人かは支援はまったく必要なかった。以下に主な修正がなされる前の作文の例を示す。

「幸運な」スーザン

　ある朝、スーザンは友達と遊んでいました。彼女は午前中ずっと彼らと遊んでいました。そのとき彼女は男の子達が野球をしているのに気がつきました。彼女は友達がお昼を食べに家に帰ったので、そのゲームを見ることにしました。彼女は男の子達のところに行って、一緒に遊べるかと尋ねました。男の子達は、彼女と一緒に野球をするのはいやだと言いました。スーザンは仲間に入れてくれるようにと頼みました。男の子達は、彼女に一度だけチャンスを上げると言いました。
　彼女が順番を待っている時、男の子達は彼女のことをクスクス笑ったり、イヒヒと笑ったりしました。とうとう彼女の番になりました。彼女はピッチャーがいい球を投げてくれることを願っていました。彼が投げました。スーザンがボールをポーンと打ったら、ホームランになりました。男の子達は信じられませんでした。彼等は口をあんぐり

と開けて、何も言うことができませんでした。スーザンはにっこり笑って、次にクスクス笑いました。

―マーシャ

"LUCKY" SUSAN

One morning Susan was playing with her friend. She played with them all morning. Then she noticed the boys playing baseball. She decided to watch the game because her friends went home for lunch. She came to the boy and asked them if she could play. They said that they didn't want her to play with them. Susan begged them to let her play. They said to her that she could have one chance.

While she was waiting for her turn, the boys giggled and snickered at her. Finally it was her turn to bat. She hoped the pitcher would give her a good pitch. He did. Susan smacked the ball and made a homer. The boys couldn't believe her. They opened their mouths and couldn't say a word. Susan smiled and giggled.

— Marcia

りっぱな女の子

ある日、スージーQは運動場で友達と遊んでいました。彼女は家に帰ることになっていましたが、それより男の子達と野球をして遊びたいと思いました。スージーQは、自分がうまくできるかしらと思いました。彼女は走って行って、男の子達にいっしょに遊べるかどうか尋ねました。男の子達は、彼女の番になるまで待つようにと言いました。

とうとう彼女の番になりました。ピッチャーは腕を振り上げて、完全なストライクを投げました。彼女はボールを打ち、ボールはフェン

スを飛び越えて行きました。男の子達は自分の目を信ずることができませんでした。なぜなら、スージーＱがホームランを打ったからです。ゲームが終ってから、男の子達は彼女に一緒に野球ができるよといいました。

―ジャン

A PROUD GIRL

One day Susie-Q was playing with her friends on the playground. She was supposed to go home, but she wanted to play with the boys instead. Susie-Q wondered if she could play very well. She ran and asked the boys if she could play with them. They told her that she would have to wait for her turn.

Finally it was her turn. The pitcher wound up and threw a perfect strike. She hit the ball and it went over the fence. The boys couldn't believe their eyes because Susie-Q got a home run. When the game was over, they told her that she could play baseball with them.

— Jan

大きなチャンス

ある日、ジャニーは男の子達が野球をしているのを見ました。彼女は男の子達の所へ行って、彼女も野球をできるかどうか尋ねました。男の子達は、彼女は野球が上手ではないし、小さすぎると言いました。ジャニーは男の子達に仲間に入れてくれるように何度も頼みました。男の子達は彼女にうんざりしました。

男の子達は、彼女に一回だけチャンスを与えました。ジャニーは自分がうまくプレーができなかったら、ゲームから外されてしまうだろうと心配になりました。とうとう彼女の番になりました。彼女はホー

第Ⅷ章 自立への成長

ムランを打ちました。男の子達は黙ってしまいました。ゲームの後、男の子達は彼女の所へやって来て、彼女は男の子みたいに野球をするたった一人の女の子だと言いました。

―シャロン

A BIG CHANCE

One day Janey saw the boys playing baseball. She went over to the boys and asked them if she could play. The boys told her that she was no good and too young to play. Janey kept brothering them too much. They were disgusted with her.

The boys gave her a chance. Janey was so nervous because if she did not play very well, she would be out of the game. Finally it was her turn. She knocked a home run. The boys were speechless. After the game the boys went over to her and told her that she was the only girl that played like a boy.

― Sharon

大きなスマック [ピシッという音]

ある日の放課後、ジェーンが家に帰ろうとすると、男の子達が野球をしているのが見えました。彼女は彼らと野球をしたいと決心しました。彼女はキャプテンの所へ行って、男の子達と一緒に野球をすることができるかと尋ねました。キャプテンは、「駄目、女の子はお断り。」と言いました。ジェーンはキャプテンに抗議したので、彼は一回だけ彼女にチャンスを与えました。彼女の番になりました。男の子達は、彼女のことをからかいました。

キャッチャーがピッチャーに低めのボールを投げるように言いました。ピッチャーがボールを投げる時になって、彼は間違って完全なス

トライクを投げました。彼女は校舎を越えてボールを飛ばしました。男の子達はあんまりびっくりしたので、口をぽかんと開けて一言も言うことができませんでした。ジェーンはすっかり元気になりました。その後、男の子達はジェーンの所へやって来て、これからは一緒に野球をやらせてあげると言いました。

―ビヴァリー

A BIG SMACK

One day after school Jane was going home and she saw the boys playing baseball. She decided that she wanted to play with them. She walked over to the captain and asked him if she could play with the boys and he said, "No Girls Allowed." Jane pleaded with him and he gave her a chance to play. When it was time for her to play. The boys made fun of her.

The catcher told the pitcher to give her a low ball. When it was time for the pitcher to pitch the ball, he gave her a perfect strike by mistake. She knocked the ball over the school. The boys were so suprised and they opened their mouths and didn't even say a word. Jane cheered up. After the game the boys went over to Jane and told her that from now on they would let her play baseball with them.

— Beverly

強打者

ある日、シンシアは校庭を散歩していました。彼女は野球をしている男の子達のグループを見ました。彼らが野球をしているところをじっと見ました。彼女も野球をしたいと思って、男の子達のところへ行って自分もできるかどうか男の子達に尋ねました。男の子達は大笑い

しました。彼女は自分は野球が上手だと自慢しました。男の子達はクスクス笑いましたが、とにかく一回だけチャンスをくれました。

キャッチャーはピッチャーに高めのボールのサインを送りました。ピッチャーは大きく腕を振ってボールを投げました。シンシアは、お望み通りの投球だったので大喜びでした。彼女が力一杯バットを振ると、ボールはフェンスを飛び越えてホームランになりました。彼女は大喜びでした。キャプテンはとても驚いて、彼女がチームに幸運をいっぱい持ってきたので、彼女をチームのマスコットにすることにしました。

―バーバラ

A SOCKER

One day Cynthia was walking by the school field. She saw a group of boys playing baseball. She watched them play. She wanted to play, too, so she went over to the boys and asked them if she could play. The boys laughed. She bragged that she could play well. They snickered at her, but they gave her a chance anyway.

The catcher gave the sign for a high ball to the pitcher. The pitcher wound up and threw the ball. Cynthia was so happy because it was the pitch she wanted. She swung the bat with all her might and the ball soared over the fence for a home-run. She was so happy. The captain was so atishoned that he made her the mascot of the team because she brought lots of luck to the team.

― Barbara

黒板に書かれた物語の逐語的修正と批評（*速記録に基づいて*）

教　　師：まず全ての物語について話すことにしましょう。皆さんが書いた中で良くなかった点について話したいと思います。あなた方は、物語を書く時いろいろ違った書き出しがあることを忘れないようにすべきです。あなた方はみんなまったく同じように始めています。ごらんなさい。（*教師は各児の物語の時に関する句—"one morning"、"one day"、"on Sunday afternoon"にアンダーラインを引いた*）私が何を言っているか分かりますか？分かりましたか？　女の子はみんな物語を"when"（いつ）で始めていますね。（*各児の物語の時に関する句の上に"when"と書いた*）これは書き出しの一つの方法ですが、物語の時を表わすには多くの違った方法があります。最初の文の冒頭をそれで始めなければならないということはありません。バーバラ、もっと別のやり方で文を作ることができますか？

バーバラ.W：When school was out for the afternoon, Cynthia walked by the baseball field.（午後の授業が終わった時、シンシアは野球場のそばを歩いていました）（原文：*One day Cynthia was walking by the school field. ある日、シンシアは校庭を歩いていました。*）

教　　師：前の文よりずっとよくなりましたが、他の言い方を思いつきませんか？"when"という語で始めないで。

バーバラ.W：どうすればよいか分かりません。

教　　師：私はあなたがもっとよい文を作れると思いますよ。

バーバラ.W："when"なしで文を始めるのですか？

第Ⅷ章　自立への成長

教　　師："when"、あるいは"when"（いつ）を意味する時間句を用いないで、あなたの書き出しを考えて欲しいのです。文の他のところに時間句を入れなさい。ジャン、あなたの文を直してごらんなさい。

ジャン　：Susie was playing with her friends on the playinground after school．（スージーは、放課後、運動場で友達と遊んでいました。）（原文：*One day Susie-Q was playing with her friends on the playground*　ある日，スージーQは運動場で友達と遊んでいました。）

教　　師：こちら（黒板）に来てそれを変えなさい。違いが分かりますか？　前にはあなたは文の一番始めにある"one day"と言ったけど、今、それを変えて、その変わりに"after school"を使いました。そのことは、*when*（いつ）は、いつも"one day"や"one time"でなくてもいいことを教えています。"after school"も *when* を示しています。これは，前のものよりずっと良いですよ。マーシャはどうですか。

マーシャ：Susan was playing with her friends one morning．（スーザンは、ある朝、友達と遊んでいました。）（原文：*One morning, Susan was playing with her friends.* ある朝、スーザンは友達と遊んでいました。）

教　　師：あなたは、ただ時間句を始めのところから後へ動かしただけです。これではちっとも変わっていません。これでは目新しくもないですね。もっと違うようにできませんか？

マーシャ：Susan was playing with her friends in the morning．（スーザンは、朝、友達と遊んでいました。）

教　　師：朝？（*教師はマーシャが言ったように黒板に書いた。*）あな

たは " in the morning " とか、" all morning"（朝ずっと）ということばが好きなんですか？（マーシャは、*Susann was playing with her friends one morning. She played with them all morning.* と書いていた。）あなたは、それが好きなのかな。文を書く時は、いろいろ違ったことを考えなければいけませんよ。

マーシャ：私はそれを変えられます。" She was playing with them ……"

教　　師：あなたの最初の文を離れてみましょう。その " in the morning " を取ってみましょう。誰か、もっと別のアイデアがありませんか？

ジャン　：最初の文を省きます。

教　　師：もし最初の文を省いたら、物語全体が台無しになります。She played with her friend all morning. Then she noticed the boys playing baseball.（彼女は朝の間ずっと友達と遊びました。その時、彼女は男の子達が野球をしているのに気付きました）だめですね。もし最初の文を省いたら、文全体のアイデアが変わってしまいます。別のアイデアはありませんか？

ジャン　：ありません。

教　　師：ではマーシャの提案のままにしておきます。（*Susan was playing with her friends. She played all morning.*）
　　　　　バーバラ、あなたは書き出しの文について何か思いつきましたか？

バーバラ.W：At three o'clock, after school was over……（午後3時、学校が終わってから・・・）

教　　師：これでいいですか？
ジャン　：とてもいいです。
シャローン：私もそう言おうと思いました。
教　　師：これでいいのですか？　良くないですね！
シャローン：どうしてですか？
教　　師：これはとても長くて、あまり面白いとは言えません。先生は変わったとは思いませんよ。みんなはこれよりもっと良くできると思いますよ。もっと改善できませんか？
マーシャ：彼女を助けて上げてもいいですか？"after school was over"を取ったらいいです。
教　　師：それはいいアイデアです。そんなに長くないし、前に言ったものとは大分変わりました。先生は彼女が言いたかったことの別の言い方を知っています。他に誰か分かりませんか？
レ　　バ：After school（放課後）。
教　　師：レバは"after school"とだけ言いました。バーバラ、あなたの物語ですよ。あなたは「3時に（three o'clock）」と「放課後（after school）」とどっちがいいですか？
バーバラ.M："at three o'clock"がいいと思います。

（この話し合いが続けられ、女の子達は"when"（いつ）ということを表すために、書き出しの文を変化させる多くの方法について教えてもらった。）

教　　師：これから私達はバーバラの物語を全部読むことにします。
ビヴァリー：どうしてですか？

教　　師：とてもよい物語だからです。彼女は良い題名を付けました。バーバラは書き出しの文を変えたので、文の始めの部分が大変よくなりました。でも、物語については少し問題もあります。これからみんなでいっしょに読んで、どこが悪いかについて先生に話してほしいのです。きっと皆さんは自分でそれが分かるとおもいますよ。(*教師は文の下をキーワードのところで止めながら指でなぞっていき、子ども達は黙読していく。二つの文の繋がり方について考えさせた*：She bragged that she could play. They snickered at her but they gave her a chance" 彼女は野球ができると自慢した。彼らはクスクス笑ったけれども一回チャンスを与えた、の2文。*バーバラは順序を逆にしようと提案した。教師は、これは書かれたままにしておこうと言った。*)

(*次に教師は、間違った綴り— atishoned —について指摘した。*) Astonished（驚いた）が正しい語だと思われますね。

バーバラ.M：それはどんな意味ですか？

教　　師：とてもびっくりしたと言う意味です。あなた方は、この物語について何かうまくいかないところがあると思いますか？　これはよい物語だと思いますか？

ジャン　：ピッチャーがシグナルを与える（というところ）ですか？

教　　師：シグナルでもサインでも構わないでしょう。この物語の部分に悪いところがあるのに気がつきませんか？

バーバラ.W：私は最後の文が物語に沿っていないと思います。

教　　師：バーバラは、最終の文が物語に沿っていないと言いました。彼女は物語のなかでとても良いことを思いつき、多くのことを一つ一つ話してみんなを面白がらせながら終わり

の方に来ましたが、そこがうまくいきませんでした。注意がそこまでは行き届かなかったのです。物語の最後の文はいい感じで終わらせるべきものです。最後の文で物語は終わりますが、それは読み手を事柄全体に対して正しい感じを持たせるものです。この文（バーバラの作文の最後の文）*The captain was so astonished that he made her the mascot of the team because she brought lots of luck to the team.*（キャプテンはとても驚いて、彼女がチームに幸運をたくさん持ってきたので、彼女をチームのマスコットにすることにしました）は物語を終わる正しいやり方ではありません。その文にはうまくいかないところがいくつかあります。まず長過ぎるということです。バーバラはいろいろなことを思いつき過ぎています。アイディアは一つ、あるいは二つでいいのです。さあ、締めくくりの文をどう直したらよいのか考えてください。みんなは、この物語がよく分かっていますか？　あなた方は、バーバラが素晴らしいアイディアをもっていたことに気付いていますね。「The pitcher wound up and threw the ball. Cynthia was so happy because it was the pith she wanted. She swung with all her might and knocked the ball over the fence.（ピッチャーは大きく腕を振ってボールを投げました。シンシアは、お望み通りの投球だったので大喜びでした。彼女は力一杯バットを振り、ボールはフェンスを飛び越えました）」彼女はハラハラさせるように話を展開してきたけれど、そこで全体が平板になったのです。

ジャン　　：" all her might" とはどんな意味ですか。

教　　　師：" all her strength "（彼女の力全部、力一杯）です。

マーシャ：" soared " とはどんな意味ですか。

教　　　師：" went high（高く飛んで行った）" ということです。締めくくりの文は、どんなふうに変えたらいいか、みなさんどうですか？

バーバラ.W：" The boys did not believe it.（男の子達はそれが信じられませんでした）（*教師はそれを黒板に書き、みんなはそれを見ていた。*）

教　　　師：これでいいですか？（子ども達に話しかける）この文は短くなりましたが、物語の終わりとして適切な感じを皆さんに伝えていませんね。

バーバラ.W：分かりません。

教　　　師：そう。でも、あなたはできますよ。

バーバラ.W：The boys surprised at her strength.（男の子達は彼女の強さにびっくりしました）

教　　　師：（*黒板に文を書いた後で*）これは、" swung with all her might "（力一杯バットを振った）というところと関連していますね。あなたは前の文よりもこの方が良いと思いますか？この方がましだけど、良くはない。（*教師は" surprised "を丸で囲んで*）これは弱い言葉ですね。

バーバラ.W：Astonished（唖然とした）。

教　　　師：あなたはその言葉がいいの？

シャローン：それはどういう意味ですか？

教　　　師：とても驚いた、ということ。前にも説明しましたよ。

ジャン　：ぼくはいいとは思いません。

教　　　師：私はどちらもいいとは思いません。あなたはもっと良い言

い方ができるはずですよ。

バーバラ.W：The boys watched the ball fly over the fence.（男の子達はフェンスを飛び越えて行くボールを見つめました。）

（*教師はこの文を黒板に書き，そして男の子達が見つめた"watched"のがどんなふうだったかを動作でまねた。*）

教　　師：私は、これはあなたが前に書いた「soared over the fence（フェンスを飛び越えた）」と大きく変わったとは思えません。同じことばを繰り返さないよう注意してほしいと思います。そうすると物語が退屈なものになってしまいます。

バーバラ.W：The boys watched the ball going high in the sky.（男の子達は空高く舞い上がったボールを見つめていました）

教　　師：それでは、活き活きした感じがしませんね。

バーバラ.W：The boys stared at the ball as it disappeared. The boys watched the ball intently as it disappeared.（男の子達は見えなくなっていくボールをじっと見つめました。男の子達は見えなくなっていくボールを一心に見つめていました。）

ジャン　：これで終わりですね。

教　　師：これで終わりです。ここで止めておきましょう。

バーバラ.W：私はこの方が好きです。

教　　師：大分よくなりました。続けることもできるし、もう少し良くすることもできると思います。皆さんは、文を書く時には文の締めくくりが一番大切なのだということを良く覚えていなければなりません。（*教師はマーシャの締めくくりの文を取り上げる。*）マーシャは、「Susan smiled and giggled.（スーザンはにっこりして、クスクス笑いました）」と言いました。これは締めくくりの文としては非常に短い

ですが、多くのことを語っています。スーザンはとてもうれしくて得意だったのでにっこりして、またクスクス笑ったのですが、それは不安な感じとうれしい気持ちが同時にあったからでしょう。これは短い締めくくりの文ですが、良いものです。もう一つ、バーバラの物語について言いたいと思います。これを見てください。「She saw a group of boys playing baseball. She watched them playing.（彼女は，野球をしている男の子達のグループを見ました。彼女は野球をしている彼等を見つめました)」の両方が必要ですか。（二つの文を指差して）

バーバラ.W：いいえ。「She watched them playing baseball.（彼女は野球をしている彼等をじっと見ました）」

教　　師：(マーシャの文に移って) 見てください。("went"の下に線を引いて) この動詞について、何が問題になるか分かりますか？ 彼女は家に帰りませんでした。彼女は運動場に留まりました。友達は家に帰りました (went home)。友だちがそこに居ないので、彼女は野球をしている男の子達を見ようと決めたのですね。まず始めに何があったのですか？ 私はこのことについて話したいと思います。("because her friends went home"彼女の友達が家に帰ったので、の下をなぞる。) まず始めにあったのはどっちですか？

マーシャ：彼女の友達は家に帰りました。

教　　師：まず彼女の友達が家に帰りました。それで、彼女は野球をしている男の子達を見ようと決めましたね。２つのことを一緒に述べる時、その中の一方が先に起こった場合は、あなた達はその動詞を変化させるべきではなかったですか？

　　　　　彼等はもう家に帰ってしまっているのです。いいですか。二つの出来事を一緒にして言おうとして、その一方が先に起こっていたら、あなた達はこんなふうに言わなければいけません。
　　　　　("*went*"の代わりに"*had gone*"と書く。)なぜならば、これが(先に起こった出来事を指差して)先に起こったからです。今度は、"came to the boys"に気をつけてください。
シャローン：マーシヤは間違えました。マーシヤは"went"と言うべきです。
教　　師："went"のほうが"came"よりもいいですね。もっと別の言い方を知っていますか？
ジャン　：She decided to go over.（彼女はそばに行くことに決めました）
ビヴァリー：She walked over.（彼女は歩いていきました）
教　　師：彼女は男の子達のところに歩いて行きました。"walked over"は"went"よりも遥かに良いでしょう。"came"は私のそばに来たという意味です。あなたは私のところへ来て(You come to me)、私はあなたのところへ行く(I go to you)、と言います。(ここでは)彼女は行きました(She went)が正しいですね。次を見てください。(*They said to her that she could have one chance.* 彼等は彼女に一回チャンスがあるといった、を指差して、教師は"*to her*"に線を引いて消した。)これは要りません。また次の"The boys could not believe her."のところを見てください。何と言ったらもっと良いでしょうか？
ジャン　：The boys could not believe their eyes.（男の子達は自分た

　　　　　　ちの目を信じられなかった。)
教　　師：ジャン、その通りです。でも、マーシャ、あなたは良い物語を書きましたね。(クラスの生徒たちに) マーシャは注意深いです。マーシャは好いアイデアを持っていたし、私は彼女の終わり方も好きですよ。次に、みんなにビバリーの物語の中の一部を見てほしいのですが、それはとても大事なことで、ビバリーにぜひ覚えておいてほしいことです。皆さんも責任があることですよ。見てください。(不完全な文 *"when it was time for her to play."* 彼女がプレーをするとき、を指差して) これは文になっていますか？
シャローン：コンマをつければいいです。
教　　師：どこに？この文は終っていません。"play"の後にコンマをつけて文を続けて、そして文の最後にピリオドを打ちます。みなさん、わかりましたか？このようになります。(*教師は完成した文をなぞって示す。*) 次に、(*後から思いついたこととして、子どもが挿入した* "by mistake" (間違って) *を示しながら*) 私はこれはとても好きです。良いと思います。それから "surprised and" とは言いませんね。何と言ったらいいでしょう？
バーバラ.W：surprised that.
教　　師：The boys were so surprised that they opened their mouths wide and didn't say a word. (男の子達はあんまり驚いたので、口をポカンと開けて一言も言うことができなかった。) (ビヴァリーは "wide" とは書かなかったが、教師が追加) 私は皆さんの物語のいくつかはとても良いと思いました。アイディアのいくつかも素晴らしかったですね。使

っている語彙もいいと思います。良い題名、良い書き出しの文、締めくくりの文を書こうと頑張った人もいます。次回は、皆さんは書き始めの文は、必ずしも「いつ」のことから始めなくてもいいことを覚えているだろうと先生は期待しています。

第IX章
表現の自由

彼らは思ったことを口に出し、
口にするのは真実のみ、
といった少年と青年の間の年頃だった。
　　　　　ウォルター・スコット卿
　　　マーミオン（佐藤猛郎訳）

若いティーンエイジャー（13歳〜）の聾児を教える教師に課せられた課題は、話し言葉と書きことばの両方における急速な発展するニーズのペースを保つことである。子ども達の考えや関心は、彼等の言語表現の能力を遥かに上まわっている。聾児たちは既に獲得したものより遙かに多くを必要としているので、教師は時間に追われつつ、彼らが耳の聞こえる兄弟姉妹及び友達という仲間社会で自分の位置を守っていこうとするのに必要なあらゆる言語を指導しなければならない。

　14 ないし 15 歳の子どもたちの作文には幅広い語彙が見られ、広範囲の言語規則が使われているのが当然である。また子どもたちの書くものの中に、彼らの生活、気持ちのあや、個性をがより多く盛り込まれるようになるはずである。私がいいたいことを示す一例として、両親聾で兄弟の一人も聾である全聾の 14 歳の女の子の作文を紹介したい。彼女は書くことで自分を表現するという力を身につけていた。彼女のクラスでなぜ読むことが好きなのかについて書く課題が与えられた。その時の作文をそのまま後に示した。また彼女はどんな本が特に好きかと尋ねられた時には、次にように書いて答えている。

> Why？？？？？？？？？？？？
>
> I like any books especially fiction ~~ＡＮＤ~~ I don't know why, but I do. If I am yearning for a book to read, I just grab a book I haven't read and read it.

　理由？？？　−私は特にフィクションについてのいくつかの本が好き

なんです。どうしてだか分りませんが、私はそうなんです。私は読む本が欲しくてたまらなくなると、読んだことのない本はひったくって、それを読みます。

もう一つの例が、13才の先天聾の女の子の考え方と気持ちを示してくれるだろう。彼女は規則違反のために私に罰として生徒証を取り上げられていた。この文は、ありふれた黄色の紙切れに書かれ、私の机の上に置いてあった。書かれたそのままを引用する。聾児の側から見た自然で有用なことばの良い例であると思ったので、私はその文を保存しておいた。

親愛なるグロート先生

シャリーが私にアドバイスしてくれました。私が癲癇を起こしたことを反省し、学校が閉まるまでちょっとしか時間がなくて閉まる前に何とかしたいから、どうかパス（生徒証）を返してくださいと、先生にお話しするようにと。ベラがジョセフィンと帰るのに、私だけが残っていなければならない毎日の午後にうんざりしています。どうか私にパスを返してください。だめなら一日だけでもお願いします。私はもう殆ど二週間トラブルなしでした。

ジョアン

追伸　私はトラブルに関わらないよう努力するつもりです。

このように言葉は子どもの実感と思考を反映させている。それは教師によって設定された文型に従っているのではなく、子どもが自分で考えたものである。よい指導を受けていれば、聾児が何かを書く時、自分自身を表現するはずだし、書くことが自分にとって面白いことや

自分に関わることであれば、きっとそうすることだろう。創造的な教師なら、単に一連の事実やできごとを報告させるより、むしろ子どもたち自身の個人的な感情や反応やアイディアについて書くように子どもたちを励ますだろう。より形式的なタイプの作文の場合でさえ、子ども自身の視点は明示されるべきである。

　もし、子どもがプレスクールの時代から段階を追って、話すのに必要な言語が与えられ、言語の真の意味と使用法を学び、良い言語表現への関心と判断力を発達させ、そしてコミュニケーションを通して、より幸福により満足して生きていけるということを発見してはいないのなら、このようなタイプの書く学習は容易に達成されないことだろう。しかし、正しい学級の精神と、機敏で熱心で物事や人に興味を持つ子どもたちがいて、元気があり熱意にあふれ、情報豊かで刺激を与えることのできる教師がいれば、どの年齢の聾の少年少女も良質の話し言葉、書き言葉を学ぶことができるのである。子ども達が良質の言葉への正しい態度をもち、あらゆる機会にそれを使うことに喜びと助けを見いだしていくのであれば、それは真実となる。私は単調で平凡なことばを用いていた作文から、素晴らしく良くできた話し言葉、書きことばへと移行し、彼ら自身や他の人たちに本当の喜びを与えてくれた多くの聾生徒を知っている。

　書き言葉の内容は多様で、そして確かな目的を持っていなければならない。例えば、遠足の計画は、口頭で話しあわれるばかりでなく、多くの場合、クラスのいろいろなメンバーへの様々な責任の割り当てや実行のための指示が書き言葉の学習になるのである。書き言葉は機能的なものであり、子どもたちの家庭生活の中にも取り込まれるだろう。この線に沿って挙げていくと、集会プログラムのための計画とそ

第IX章　表現の自由

こでの各生徒の役割分担の決定、ポスターや絵の見出しの作成、出品物のためのラベルと説明の作成、テストのために注意書きを書くこと、クロスワード・パズル用の語の定義を書くこと、ゲームのやり方の説明を書くこと、社会的なクラブの規則を作ること、遊びのための対話を発展させること、学校やその他の場所でのいろいろな人々へのインタビューについて書くこと、掲示物の作成、短いメッセージを書くこと、またその他、一般的に、子ども達に日常の簡単な言葉を使わせるような数限りない機会がある。事実についての簡潔で明解な叙述は、段落全体を書くことより、しばしば難しいものであり、また他人に何かをどのようにすべきかを説明することは、そのことを自分で行うよりも往々にしてずっと難しいものである。生活の全てを通して、聾者は短い手紙、メッセージ、指示、要望などを書く能力を必要としている。そうであるから、聾児達は、簡潔で、正確で、分かりやすく相手に理解させる方法を学ばなければならないのである。

Roslyn   Jr. Hi II   Nov. 4, 1955

Why?????? ??????????

Why do ~~I~~ like to read?
~~It bits to read because I~~ I love to
read. Sometimes my brain gets hungry
and I feed it books. I like to
imagine things and I read books to
help me imagine better. I hate to
sit still, but if I'm reading, I just ~~hate~~
to move or be ~~interpreted~~ interrupted by my
brother or the clock.

(I'm sorry it's two paragraphs)

I love to read because it carries me
off somewhere far away where everything
is interesting compared with my dull
life. When I have no ~~body else
but~~ myself to play with, naturally
I don't feel like playing. I just
grab an easy chair and a good, fat,
interesting book_and read. ~~And I have been
saying, books are the best friend
of a lonely person who has no one
How you say it~~ So you see, this is
my answer to ~~this~~ question.
                 the above

Change Closing →

第IX章　表現の自由

	ロズリン　ジュニア・ハイ２年　1955.11.4
	なぜ？？？？？？？？？？
教師の書き込み	なぜ、私は本を読むのがすきなのか？私は読むことが大好きです。時どき私の頭が飢えてしまうと、私は本で栄養を与えます。私は想像するのが好きで、その想像をもっとよくするために本を読みます。私はじっとすわっているのが嫌いですが、でも本を読み出したら、もう動くのがいやになるか、兄弟や時計（時計）に邪魔されるのがいやになってしまいます。
(残念、２段落ですね。＊課題は１段落で述べる)	私は本を読むのが好きです。読書は私をはるか遠くのどこかに連れて行ってくれ、そこでは私の退屈な生活に比べて全てが興味深いものになるからです。私はいっしょに遊ぶ人がいない時には、自然に遊びたいとは思わず、
(結びを 変えなさい)	安楽椅子と素敵な厚くて面白い本を掴むと読み始めてしまいます。これでわかると思いますが、これが上の質問へ答えです。

　ニュースを書くことは、このレベルのプログラムには含まれていないが、クラブでの遠足とか家族旅行とか、あるいは普段とは違った特別なできごとについて、子ども達が話をしたいという特別な機会もあ

る。朝の話し合いの時間は、生徒達が考えたこと、したこと、見たこと、聞いたこと、あるいは好奇心をそそるようなことについて知らせる場を提供している。

　この領域において、段落（paragraph）についてのより高度の学習が行なわれるべきである。よい段落の作り方を知らなければ、子どもはそれを書くことができない。彼の作文が価値あるものとなるには、そのように作文する方法を教えてもらわなければならない。シュリダン、クライザー、マシュウズ（Sheridan, Kleiser and Mathews）は、「話す英語と書く英語」（Speaking and Writing English）の中で、作文という*行為*（act）と作文したことを紙の上に*記す行為*とを、教師はしばしば混同していると指摘している。一方はプロセスであり、もう一方はその*産出物*である。作文は思考のプロセスである。生徒が３つ、４つの文あるいは１段落を自分で考え出した時に、彼にとって作文の行為は成し遂げられたのである。ところが、実に多くの聾児が表現する着想もなく準備も全くない時に、紙を渡され、椅子に掛けて物語やニュースやその他の作文を書くように言われてしまうのである。生徒によく考えさせ、よく話すよう指導する教師こそ、よく書ける子どもを育てることができるだろう。

　前に述べたように、１段落を書く時にあたって覚えておくべき大事な点は、子どもにとって興味のあることを主題にすべきということである。当たり前のことだが、人は何事もよく知れば知るほど、そこからより多くの楽しみを得ていくのである。このことは英語の学習についても当てはまる。子どもたちは、彼らが書いている事柄について知ったり感じたりする時に書くのが楽しいのである。ある子どもに割り当てられた話題（トピック）が彼にとって興味があるという事実が、

当然ながら彼が書くものが他の子どもの関心を引くことを保証してくれる。その子にとって興味のもてる方法で書くことを教わるべきだと言える。子どもは、著者が考えたり感じたりしたことの方が、彼等が実際に見たりしたりしたことよりも、しばしばより面白いものだということを学ばなければならない。

　中級および上級のレベルに達するにつれて、子ども達は何が段落を良くするのかということを知らなければならない。この頃には、彼らは段落についての意識（センス）をもっているはずである。彼らは各段落は主題の一側面を語るものであること、それは好奇心や期持をかき立てる話題文（トピック・センテンス）を持つこと、主題は進展させたり拡げたりできるものであることなどを知っているはずである。また、彼等は結びの文の大切さにも気付いているはずである。要点が書かれた後も書き続けられたり、あるいは後に何も付け加えない平板な文で終わったりしたため、良くできた段落の流れが台無しになってしまうことも多いものだ。これらは子どもたちが実際に文を書くこと、比較対照すること、批評すること、そして賞賛することを通して学ぶべきことである。段落の意識は、思考を実際的に組み立てていく上で必要なものである。

　教師は使うこと（文を書かせること）を通して、生徒の意識の中に文の意識（sentence idea）と段落の意識（paragraph idea）を持たせなければならない。教師自身が良い作文を書くことの基礎にあるルールの全てを知っていなければならない。非常に多くの教師が、しばしばこの知識を欠落させている。言語課目についての最新の本の多くから、その知識を簡単に手に入れることができるにもかかわらず。作文よりもドリルの方がよいと考える教師は、生徒の言語使用をより良く発達させることはできない。表面的に新出語を提示しても価値ある結

果をもたらさないし、これからもそうならないだろう。聾児が学ぶ全ての新出語は、彼らにとって意味に満ちたものでなければならないし、連想と経験を通して意味が明確にされるべきものである。そうでなければ、聾児にとって、言葉はどんなものであれ役に立たないものとなってしまうだろう。このことは、子どもが言葉に身をさらすようになったごく初期の時から真実なのである。次に述べる9歳半になる子どもと親に対する面接の報告が、おそらく記憶はしていて毎日用いてはいるけれども、子どもにとって現実的な意味のない言語を教えることの無意味さを示してくれるだろう。テストによれば、この子は平均の知能を持っていることが分かっている。彼女は人なつこい子で、周囲のものへの興味ももっている。私は彼女の言語の使い方（1anguage usage）がどのくらいであるかを知ろうとして、紙と鉛筆を与え彼女が前の日にしたことを書くように求めた。その時、私が話している日（前日）をカレンダーで示してやることが必要であった。その子はにっこり笑って書き始めた。紙に書かれたことのコピーを、そのままここに再現する。

News
Today is Thursday.
Yesterday was Wednesday.
Tomorrow will be Friday.
All is Cloudy and Cold.
The temperature is 40°.
play doll school
book car
home flower peter pan

今日は木曜日です。きのうは水曜日でした。あしたは金曜日です。
(不明)はくもりで寒いです。温度は40度（＊華氏）人形、学校、本、自動車、おうち、花、ピーターパン遊びます。

天気レポートの後に書いた数語は、私が彼女について知りたいことや彼女がしたこと―項目の羅列でなく―を表現するように言って、やっと子どもが書いたものである。

　5年以上も学校に居て、こんなにも貧しい言語使用しかできず、そのことに何も感じていない様子であるのを思うと、本当に衝撃を受けてしまう。この子は非常に簡単なドリルはできたが、学んで来たと思われる言語規則を応用して用いることはできず、空欄を埋めることしかできなかった。彼女にとって言語とはバラバラの単語を書くことであり、いくつかの文を記憶することだったのである。

　私はこのケースが典型的なものであるとは、今のところ思わないけれども、これが他に例のない稀なケースであるとも思えない。私は能力不足が原因ではなく、*言語そのもの*（1anguage facts）だけが提示され、それらの背後にある意味という概念を持てなかったという原因で英語を使う学習を妨げられている聾児がいるに違いないと思っている。

　聾学校教師の誰も、平均的な聾児の言語の状態に対する万能薬をまだ見つけ出してはいないが、いくつかの示唆は整理することができるだろう。まず第一は、教師が学級の生徒に言語を指導するにあたり、生徒の個性を抹殺するような規制をきっぱりと除くことである。もし言語がそれぞれの子ども個人のものであったなら、それはより多くの意味と結びつけられていたことだろう。意味をもたないのであれば、子どもにとってそれはどういう使い道があるのだろうか。

　どのようにして言語を子ども個人のものにするか。何よりもまず、幼い幼児が彼自身と彼の経験の全てに伴う一般的読話（general lipreading）を通して言語の概念の発達させることを保証したい。前に述べたように、子どもがすべきでないのは、毎日、決まった時間にテ

ープルの上にある物の名前を読話して、幼い子ども達が円になって座っているところで「芸をする」(perfrom)ことである。彼らは、それら全てが何のことだかわからないし、どんなふうにやったとしても目の前に置かれた物に特別の興味はわかないものである。なぜなら、置かれている物は彼らの持ち物ではないし、いずれにしろ授業が終われば、子ども達の目の届かないところに注意深く片付けられてしまうからである。このような手法は、言語の導入とはなりえない類のものである。むしろ、読話は毎日の子どもと教師の間の、子どもたち同士の、子どもと家族の間の日々の刺激に満ちた関わりを通じて育つものなのである。

　ティーンエイジャー年代の生徒が行き当たりばったりに言語を用い、文の構成についてのしっかりした基礎がない場合、彼らが書いたものは貧弱なものになるだろう。このような生徒は、表現の修正を教師に頼りすぎ、また物事を考え抜くということができないのである。というのは、彼等は自分に自信がなく、言語を使用するための堅固な基礎を持っていないからである。彼らの言葉は混乱し、行きあたりばったりで、不明瞭なものになる。それは既に出てきた言語規則について学びもしなかったし理解もしていないのに、新しい規則が出てきてしまうからである。一つの語法を*提示*することと、それを*教える*ことは、全く別のことなのである。生徒にとって、まだ簡単な語形や文構造を扱うこともできない時に次々に複雑化した言語を導入することは、子どもを混乱させ、英語の獲得をより難しいものにするばかりである。

　従って、14歳を担当する教師は、作文の学習を取り上げる前に、子どもたちが持っている言語形式を全て見直してみて、子どもたちが使っている、あるいは使おうとしている言葉を理解していることを確かめておかなければならない。この見直しに当っては、子どもたちに特

定の言語規則を使って文を作らせるような練習課題の形をとるべきではない。むしろ、見直の対象の形式を自然に使うような短い物語（ショート・ショート・ストーリーズ）を書くことを求めたらどうだろうか。例えば、もし教師が関係節の使用能力を見直しているのなら、教師は、「who か that で始まる関係節を用いた文を書きなさい。」と言うべきではなく、その代りに「あなたを一番良く助けてくれる人のことを書いて、そして、どうしてその人を選んだかについて説明してくれませんか。」と言うことが考えられる。

　生徒たちが自分を正しく面白く表現するために必要な語彙や構文を本当に理解した時に始めて、彼らはより上級の学年で書くようなタイプの文を扱う準備ができる。形容詞と動詞は作文に面白みを付け加えるものなので、特にこれらを強調した非常に短い文を書くことから始めるのが良いと思われる。少しずつ、教師は言語への本当の関心、語に対する感じ方、自己表現への欲求、良い作品への評価などを育てることができるようになる。このような見直しを全然必要としない子どもたちのグループもあるものだ。そのような強化学習が必要でなければ、彼らはもっと複雑な形式と豊富な語彙を使ったより長い作品を取り上げる準備ができていると言える。

　要点の整理と活用については、より集中的な学習が必要である。子どもたちがこれから述べようとすることについて十分考えて、その考えを概略の形でまとめることができるならば、彼らはより良い作文を書くことができるだろう。この準備的な学習につけ加えて、語の選択、慣用句の使用、使おうとする文型などについても考慮が必要である。このように準備していれば、子どもたちは、当然、明確で表現も優れた作文を書けるはずである。

このレベルにおける英語学習には、書評や簡単な伝記、市民について書かれた話、趣味や切手の蒐集や芸術活動や運動のような特別な興味についての報告、経験や絵から導かれた独創的な物語、旅行記、想像による物語、多様な生徒の生活エピソード集、新聞や雑誌に書かれている解説、訪問した場所についての描写などが含まれるべきである。また生徒もいろいろなタイプの手紙や短かい手紙を書かなければならない。例えば、どうして読書や映画が好きなのか、クラブを作ることが好きなのか、田舎に住むことが好き（あるいは嫌い）なのかかということを書いて説明することを学ばなければならない。また、お気に入りの本、ゲーム、場所あるいは時間の使い方なども、よい作文の主題となる。作文のためのアイディアは数限りなくあるもので、教師は受けもっている特定のグループに応じて、主題を選択しなければならない。

　言語指導計画の重要な部分として、物語や社会科や理科で学ぶこと、読んだこと、雑誌や新聞の記事、および百科事典の見出し項目などについての要約の指導がある。聞こえる子ども達と同様に、聾児も教材を活用するにあたり、読んでいることを要約することを学ばなくてはならない。彼らは重要なことを重要でない些末なことから切り離すことができ、読んだこと、あるいは学んだことの要点をとらえて、それを短い文で表現できなければならない。この能力は上級の段階でどんな教科内容を学ぶにせよ、その学習に欠くことのできないものである。歴史、地理、公民、理科やその他の科目で、どんなことが最も重要で記憶すべきことであるかを知っている子どもは、どんな事柄が重要で学習し記憶すべきであるのかが分かっていない子どもに比べると、遙

かによく勉強して、学んだことから最大限の利益を得ることができることだろう。

この学習の初期には段落から始めるべきで、教師はいくつかの段落を黒板に書いて、クラスの子どもたちにその中で大切な点は何であるかを決めるように促す。時々重要な部分に色チョークで傍線を引くことで要点がはっきりすることがある。その裏付けとなる文については、別の色で傍線を引くこともできる。重要な文を移動して別の場所に置くことで、これらの文が物語を手短に語っていること、あるいは必要な情報のみを指摘していることを、子どもたちにはっきりと示すことになるだろう。段落の残った部分は、主要な要素に単に付け加わっているものだということになる。

はっきりした出来事について述べている例文を取り上げ、生徒に物語の中で何が重要で何が重要でないかということを決めさせ、そしてその重要な点を叙述の形で列挙することが、物語の細部は完全に保ったまま、これらの叙述により物語を最小限の言葉で伝えられることを示してくれるだろう。物語の残りの部分は表現に面白さや美しさを付け加える意味で重要である。しかし、もしそこに物語に欠かせない要点がなければ、物語は成り立たない。子どもたちは英語の課題であろうと教科の課題であろうと、書くことの中に大事な要点を含めることを学ばなければならない。読本の中には要約の学習に利用できるたくさんの短い物語がある。初期には、要点が非常にはっきりしているものを選択することが賢明である。

聾児にとって、新聞の最新トピックスの主要な内容をとらえることはしばしば難しいものであるが、この能力は上級学校の学年で発達していくべきものである。たいへん多くの聾者が非常に限定された世界

に生きている。彼らの生活範囲が狭いのは、彼ら自身の生活から手の届くような事柄以外の、世の中で進行している多くのことを読むことも理解することも少ないことから来ている。もし彼らに固有の社会生活からの脱却を図るなら、より良い読書家になるべきだろう。もしより広い地平での出来事について読むことができず、また聡明さと理解力を持って読むのでなければ、彼らはそのことに気付かないままになってしまうことだろう。こういった事情の故に、教師は生徒が図書や新聞、雑誌で読んだことから「中身」を取り出し、さらにこのプロセスを通して、彼らの周囲で進行している事柄への興味と知識を発達させるよう心がけなければならない。新聞は、我々の毎日の生活に欠かせない非常に重要なものである。情報やそこで表現される意見に気をつけることは、聞こえる人と同様、聾者にとっても必要不可欠である。

　もし、聾児が読んだことを理解し楽しめるなら、彼らは読んでいるものに出てくる人の立場に自分を置いてみることができなければならない。加えて、人物、場所、物事などをイメージ化できなくてはならない。このことは読みの教材を使う時ばかりでなく、数学の問題を解くことにも、その他のあらゆる教科内容の理解にとっても大切なことである。例えば社会科の学習で、もし彼が読んで学習している内容を頭に描くことができないなら、殆ど意味を理解できないであろう。子どもが一つの話題や段落を再生できることは、その子がそのことについて知っていることの、あるいは書いたことを理解していることの指標ではない。私が教師になりたての頃、一人の子どもが学習室で書いた一枚の紙を私に見せにやってきて、私に「私は一人で書きましたが、私にはそれがどんな意味だか分かりません。」と言った。しかしその子は、ことばの意味を知りたいと強く願っていたのだから希望が持てたのである。

既に述べたように、英語は一日中継続する学習科目である。そこには、あまりにたくさんのことが含まれているので、私たちは扱うべき教材の山の中で必要な特定の言語スキルのいくつかを時々見落してしまうことがある。反対に、特定のスキル学習を進めている時には、子どもの全面的発達を見逃していることもある。私たちは、子ども達が話したい書きたいと願って、話すこと書くことをたくさん持つところまで彼らを連れて来なくてはならないので、まさにそのための道具（ツール）を持つ必要がある。その必要な道具とは語―いろいろな構文の中で使いこなせる語―である。有用で、楽しく、そして変化に富む語彙を作り上げていく（vocabulary building）ことは、終りのない追求である。言語理解と言語表現は緊密に織り合わされている。私たちはその一方を指導するのと同時に他方も指導していることになる。

　私が教えた聾児達は、みんなが語彙を豊富にするという学習を喜んでいた。彼らは新しい語を獲得することが大好きだった。語を選択すること、語の変化が違ったイメージをもたらすこと、同じイメージを異なった言葉で叙述することについて夢中になって学んだ。これらは全て、読んだことの解釈と表現を伴って行われるべきことである。

　語彙の学習を殆どやっていない子どもたちのためには、教師は語について話すことや学級の子どもたちに語の生命や色合いといった考え方を理解させることを、授業という形でなく始めることができる。教師は、ある語は弱々しくぼんやりしていて、一方、別の語は強烈で鮮やかな印象を与えるということや、明確で強烈で活気のあるイメージ、あるいは美しいイメージを語によって作り出せるということを、子ども達に感じとらせることができる。このことを説明するには、子どもたちが見たことを優美にすらすらと口に出して言うやり方が分かるま

で、例えば、詩と散文における表現の美しさを参考にできることだろう。

　ほとんどの英文法のテキストは、生徒たちに与えられた名詞について考え得るすべてのことばを言わせるような単語の練習を用意している。例：水（きれい、青い、泡立った、濁った）：兵隊（疲れた、勇ましい、勇気のある）といったように。その他の練習として、例えば" The house was an <u>old-fashioned, antique</u> farmhouse "（その家は、<u>古風な時代おくれの</u>田舎家だった）のように、名詞を修飾する最もよいと思われる語にアンダーラインを引かせるといったものがある。

　動作や感じを説明するのに最もピッタリすると思われる語を選び出すことは、生徒に語の重要さに気付かせ、前に使っていた語にはみられない知識、つまり、語によって微妙な相違のあることについての知識に目覚めさせるのである。*fear*（持続する恐れ）、*terror*（非常な恐怖）、*fright*（突然の恐怖）、*panic*（わけの分からない恐怖、パニック）といった語がそのよい例としてあげられる。教師と生徒は生き生きした語を用いて話すべきであり、子どもたちは、*putting a boat*（ボートを出す）と *shoving a boat*（ボートを押し出す）、*hitting into a tree*（木に打ちつける）と *crashing into a tree*（木に衝突する）といった語の相違を学ばねばならない。子どもたちは、あまり使わない長い語ではなく、様子を活き活きと表すような語を選択することを理解するようになるはずである。*walked*（歩いた）、*strolled*（ぶらぶら歩いた）、*ambled*（ゆっくり歩いた）、*dashed*（突進した）、*raced*（疾走した）、*hurried*（急いだ）、*trotted*（小走りで行った）、*galloped*（大急ぎで行く）、*ran*（走った）などの語からイメージが見えてくると、より興味深い英語の使用にとってばかりでなく、読み素材の理解にとっても非常によい学習となる。

同義語になるように語を対にして並べたり、与えられた語の同義語を見つけたりすることは、語彙力を向上させる良い練習である。

　接頭語や接尾語を教えることも大切なことである。殆どの聾児は早くから *happy*（幸福）と *unhappy*（不幸、不運）の違いについて学んでいるし、また *uncomfortable*（気持ちが悪い、不愉快な）などという言葉に出会った時は、口ごもりながらも言ってきたものだが、子どもたちは接頭語の un- の意味については教わっていないため、新しい場面でそれが使われているのを見ても応用することはできなかった。しかし、上級学校に行くまでには、子どもたちは、*un*、*dis*、*trans*、*sub*、*pre*、*semi*、*inter* などの接頭語や、*less*、*ful*、*able* などの接尾語や、*port*、*cent* といったも語幹を知らなければならない。また同じ語源から異なる品詞を作ること— *deceive*（欺く）、*deceit*（欺くこと、詐欺）、*decitful*（偽りの）、*deceitfully*（欺いて）—も、役に立つ練習の一つである。

　集合名詞（*crowd*：人ごみ、*team*：チーム、*family*：家族、これらでは動詞は単数形を使う）、抽象名詞（*curiosity*：好奇心、*honesty*：正直、誠実、*selfishness*：利己主義、わがまま）、人を性格づける名詞（*coward*：臆病者、*stranger*：見知らぬ人、*hero*：英雄、主人公、*bachelor*：学士）を教えることも語彙を豊富にするもう一つの方法である。

　as blue as sky（空のように青い）、*as deep as the ocean*（海のように深い）、*as light as feather*（羽根のように軽い）、*as cross as a bear*（熊のように気難しい）や他の多くのおなじみの比喩（直喩）も、この時期にとり上げられるべきである。与えられた段落文や詩の１行の中にある「ピクチャー・ワーズ」を見出すことや、非常に強く鮮やかだと思われるところに下線を引くことは、適切に選ばれた語の価値を子ど

もに意識付けることを助けてくれる。例えば、クラスでテニスンの「The Brook（小川）」を読むことが、作者がどのように永遠の印象を残すような語を選択したかを教えてくれるだろう。美しい思想と楽しさあふれるイメージを伝える言葉を見つけて喜ぶ聾児を、私は数多く見てきている。

　意味がより広く、おもしろい語彙を形成していくための学習は、すべて語彙を使う学習、つまり表現と結びつけられるべきである。聾学校教師は、毎年毎年、生徒の正しいけれど貧弱で、個性や面白味に欠け、変わりばえのない言葉を受け入れてしまうことに満足してしまってはならない。聾生徒自身もこのような言葉に価値を認めることは出来ないし、（教師がそれで満足してしまえば）より良く話し、書き、読むことへの働きかけすら受けられないことになってしまうのである。聞こえる子どもにとっても聾児にとっても、言語は生命、意味、個性、重要性を持つべきものである。

　語彙形成に役立つと私が思うのは、Language for Daily Use [*1]（日用言語）という題名の、セットになっている本で、ここでは語の選択を重視している。聾児と聞こえる子どもでは教師が英語を教える際の問題が全く同じわけではないので、聞こえる子どものための多くの教科書と同様、このセット本には聾学校教師には役に立たない教材も多いが、それでも語彙についての教材はとても参考になる。

　全ての学年を通じて、生徒たちは質問形の継続的な指導と修正を必要としている。how で始まる質問はしばしば聾児を混乱させる。それの最も単純な用法は、子どもが何かについて「どうやって、どのように」したかをたずねることである。

How did John walk?	Cautiously.
How did you catch cold?	I got my feet wet.
How did Jane cut her finger?	With a knife.
ジョンはどんなふうにあるきましたか。	気をつけて。
あなたはどうして風邪をひいたの。	足をぬらしてしまいました。
ジェーンは何で指を切ったの。	ナイフで。

その次の質問は

How do you know that?	あなたはそれをどうやって知ったの？
I read it in the paper.	新聞で読みました。
Mary told me.	メアリーが話してくれました。
I saw it myself.	自分で見ました。

　how を用いた質問に対して、私たちは現在分詞を用いて答えることはめったにないので、私はその形式を教えようとは思わない。したがって、下に掲げるような答え方は選けるべきである。

How did you your knee?	By falling.
膝をどうしたの？	ころんだから。
How did you catch cold?	By getting my feet wet.
どうして風邪をひいたの？	足をぬらしたから。

　このような答えは不自然であり、形式も不十分である。私は、子どもたちが他の答え方に習熟した時に初めて、読みを通して、「He get the car rolling by pushing it from behind.（彼は自動車を後から押して動かした）」といったことばを教えることにしている。
　「How long（does, did）＿＿＿take to＿＿＿？（＿＿＿するのに、どれ位

かかりますか、ましたか）という質問形は、聾児にとって「How long will it take whom to ____?（誰かが____するのにどれ位かかりますか）と混同してしまうために、聾児にとって難しいようである。私はちょっとした外出の時に、出かけた時間と戻って来た時間に注意させることが、こういった質問に対して正しい概念を持たせることができると考えている。

 How long did it take us to walk to Bloomingdale's and back?
 ブルーミングダラスへ歩いて行って来るのにどれ位かかりましたか？
 25minutes.
 25分です。
 How long does it to fly to Washington?
 ワシントンまで飛行機で行くとどれ位かかりますか？
 One hour.
 1時間です。
 How long will it take you to finish your work?
 仕事（勉強）が終るのにあとどの位かかりますか？
 A half hour.
 半時間です。

これらの質問は、ショートアンサーでなくてロングアンサーで答えが求められる時に難しくなる。

 How long did it take Helen to reach Boston?
 ヘレンがボストンへ行くのにどの位かかりましたか？

子どもがあまり注意深くなくても、「It took Helen to reach Boston four hours.（ヘレンがボストンへ行くのに4時間かかりました）」と書くことができるだろう。ここに示す「It *took whom how long to do what?*（誰が何をするのにどれくらいかかった）」という鍵になる書きだしが誤りを正すことを助けてくれることだろう。子どもがこの語順を記憶することができるなら、その子は正しく答えることができる。正しい形式を何遍も繰り返すことが、この質問形や他の質問形の正しい使用法を確立する唯一の方法であり、その繰り返しは、非現実的な質問や答のドリルではなく、意味のこもった経験を通して行われるべきである。

この他にも、問題が起こりやすく、注意が必要な特別な動詞がある。*had to*（I had to finish my work. 私は自分の仕事を終えなければならなかった）、*ought to*（Mary ought to help her mother. メアリーは母親の手伝いをすべきだ）、*to make — feel*（The medicine made me feel better. 薬が私を楽にした、薬が効いた）、*make — cry, laugh, do*（Harry made me laugh. ハリーが私を笑わせた）。また慣用表現の *to take cold*（風邪をひく）、*to take pains*（骨を折る）、*to feel blue*（憂鬱になる）などや、後に like が続く動詞 *to feel like*（…のように感じる）、*to look like*（…のように見える）、*to taste like*（…のような味がする）、*to act like*（…のように振る舞う）、*to smell like*（…のような匂いがする）なども重要である。

連結語（接続詞・関係詞・前置詞など）を用いることは、聾児にとってしばしば難しいもので、特に、*for*、*as*、*while* 及び *since*、*before*、*after* は困難である。これらが前置詞として用いられるいくつかの句、*before school*（始業前）、*after church*（礼拝の後）、*since recess*（休み時間から）、*for lunch*（ランチの時に）など、かなり前から用いていてすっかりおなじみになっている句でも、困難だと言える。連結語

は授業として取り上げるずっと前から子どもたちは話しことばでも書きことばでも使っているはずなので、学級の大多数が使っているのでないとしても、彼らにとって全くなじみがないというわけではない。教師は以下のような指示を与えることによって、こういう表現に十分慣れさせることが出来るだろう。:「You may talk quietly to one another *while* I am out of the room."（あなたは私が部屋にいない時には、お互いに静かに話をしてもいいですよ）」、「Don't make a noise *while* you are in the dining room.（ダイニングルームに居る時は、大きな音をたてて騒いではだめです）」、「Jack has been working on his airplane *ever since* he arrived here this morning.（ジャックは、今朝ここに来てからずっと彼の飛行機をいじりまわしています）」、「She was alarmed *for* he had been gone for a long time.（彼女は彼がずっと出かけているので、不安でした。）」

　Since（…から）という語は、一般的には過去のある時点から現在までの時について話す時、現在完了とともに用いられる。少なくともしばらくの間は、教師が since の使用を含む肯定文を作ることに集中して扱うほうが良いだろう。以下に掲げるような実際的な生活の中から生れる文が、子どもが語の意味を理解するのを助けだろう。

　　Helen has worn glasses since she was ten years old.
　　（ヘレンは10歳になった時から眼鏡をかけています）
　　Mary has had long hair since she was five.
　　（メアリーは5歳の時からロングヘアにしています）
　　Harold has been in the infirmary ever since he fell last week.
　　（ハロルドは先週倒れてからずっと診療所に行っています）

　このような使い方に加えて、下記のような質問に答えさせることが、

この連結語を使用する機会を与えることになる。

　How long you lived with your grandmother?
　（あなたはどれ位おばあさんと一緒にくらしていますか？）
　Since my mother died.
　（お母さんが死んだ時からです）

　How long have you taken dancing lessons ?
　（あなたはどれ位ダンスのレッスンを受けていますか？）
　Since I was a little girl.
　（小さい時からです）

　さらに、会話や短い物語や読み教材の中で *since* が出てくることが、生徒たちの since の使用を促進してくれることだろう。
　子どもたちが since を用いた肯定文を作ることができるようになったら、否定形について指導を開始すべきである。

　I have not seen my grandmother since I was a little girl.
　（私は小さい時からおばあさんに逢ったことがありません）
　Helen hasn' t been to the country since she was eight years old.
　（ヘレンは８歳の時から田舎へ行ったことがありません）

　子どもたちには実際に起こったことについて話し書くことを通して、十分使わせるようにしよう。

　子ども達はより長い文で話したり書いたりするようになるので、関係代名詞の使用について重視しなければならない。学級での学習の準

備として、教師は教室での指示で、話したり書いたりする物語の中で、質問の中で、これらの代名詞を用いるようにしなければならない。いくつかの例を挙げる。

 Please get the books which are on the library table.
 (図書テーブルの上にある本を取ってください)
 Give this to the woman who is talking to Miss V―.
 (ミスV―に話をしている女の人にこれを渡しなさい)
 Will you water the plant that is on the window sill ?
 (窓の下枠にある植物に水をやってくれませんか)
 Once there was a little girl who always wore a little red cape ?
 (昔、いつも赤いケープを巻いていた女の子がいました。)
 I'll tell you about a boy who was very brave.
 (みなさんにとても勇敢だった男の子のことについて話しましょう。)

子どもたちが知っている事実を述べるために関係代名詞 who を用いることは、関係代名詞の意味をつかみ、その先行詞の理解を容易にしてくれることだろう。(例文：Miss V____ gave honor badges to the girls who use their speech continually. V____ 先生はよく話しをする女の子たちにごほうびのバッヂをくれました)

子どもたちは、関係代名詞 *who* は以下のどれかについて告げていることを学ばなければならない。

 1 誰のことを話しているのか。
  Give this to the boy who just went down the hall.
  (今、玄関に下りてきた男の子にこれを上げなさい。)
 2 その人について何か付け加えるか。
  Mary saw a man who had only one leg.

(マリーは一本しか足のない人を見た。)
3　その人は何をするのか。
A doctor is a man who helps sick people.
(医者とは病気の人を助ける人である。)

　子どもたちは、そのルールの実例として、下に示すような文で練習しなければならない。
I know a girl who can paint very well.
(私はとても上手に絵のかける女の子を知っている)
I know a girl who has five sisters.
(私は５人の姉妹のいる女の子を知っている)
I saw a man who was shaking his umbrella at some boys.
(私は男の子たちに傘を振っている男の人を見た)
A nurse is someone who takes care of the sick.
(看護師とは、病人の世話をする人のことである)

　始めのうちは、いつも関係節が目的語を修飾する方がより簡単である。私は子どもたちがこの形式を正しく用いることができるようになって始めて、主語を修飾する文を使わせるようにした。
(例：The woman who gave me this ring lives near my home.：この指輪を私にくれた女の人は私のうちのそばに住んでいます)
　いったん関係節を使いはじめた子ども達の中には、必ず、長い込み入った文を書く子どもがいるものだが、これは避けるようにした方がよい。
　関係節を用いる時に子どもが示す典型的な誤りは、通常、誤った説明や２つの単文をつなぎ合わせるドリルのせいであると言える。－こ

のドリルは聾児を混乱させがちで、いつ、どのように関係節を使うのかを知る手助けにはならないものである。この典型的な誤りの例をあげる。

 1 ぎごちない表現：

 The letter which I wrote my mother I mailed to her.

 （私が母に書いた手紙を母に送った）

 （不自然で不正確な表現で、どの文も認めがたい。）

 2 主節の一部の脱落：

 Miss N____who was our supervisor of speech.

 （私たちのスピーチの先生であるN先生）

 （フィッツジェラルド・キー（Fitzgerald key）（章末に監修者注）を使って考えれば、主節がないことに子どもも気付くだろう。）

 3 人称代名詞と関係代名詞の両方の使用：

 The knife which I found it has a pearl handle.

 （私が見つけたナイフは、それは真珠の取っ手が付いている）

 （これもフィッツジェラルド・キーを使い、代名詞が1つしか必要のないところに2つあることを示したり、1つの先行詞を指し示したりして、修正する）

 関係代名詞の語法を一度学んだ子どもたちには、who, whom, whose, that や which の用法はどれも難しいものではないはずである。子どもたちは定義を学ぶのではなく、関係代名詞は主節の中の先行詞に直接に関係づけて主節と従属節を結びつけるということを、使用を通して吸収することが必要なのである。子どもたちは独立節が主要な思想—最も大切なこと—を述べるのであり、関係節はちょうど形容詞

や形容詞句のように、いろいろな附加情報を伝えるということを理解しなければならない。

聾児たちは一つの考えをいろいろの方法で表現できる能力を楽しむものであり、それは下学年と同様にこの段階でも実現すべきことである。新しい言語規則が彼らの言語財産に付け加えられたら、表現を変化させるための学習の機会を随時設けたいものである。

 1 We watched a policeman.He was directing traffic.
  (私たちはお巡りさんを見た。彼は交通整理をしていた)
 2 We watched a policeman who was directing traffic.
  (私たちは交通整理をしているお巡りさんを見た)
 3 We saw a policeman directing traffic.
  (同上)

子ども達はそれぞれ好きな文を選び、それを近所の散歩の報告に取り込むことが出来るだろう。

より難しい英語の用法を教える時に教師が留意すべき大切なことは、聾児が母国語を使いこなす能力を伸ばしていくには、自分が使っている言葉のすべてについて、はっきりした真の概念をもつべきだということである。いつも書くことに興味をもっている子どもたちは、書くべきことがたくさんあり、新しい表現やより難しい言語規則をマスターするためには不断の助けを必要とするだろう。言葉が必要だと感ずる子どもは、たいてい自分の必要を知らせてくれるものであり、注意深い教師はその必要を満たす方法を見つけ出すものである。教師が生徒について、また彼の心情や学力の成長に集中して考えていれば、*何を、どのように*教えるべきかということは自ずと分かっていくだろう。

賢明な教師は生徒のあらゆる欲求に気付き、その欲求を満たそうとするなかで、学級の子どもたちの協力と質の高い反応を得ることができるだろう。言葉を教えることは、決して骨のおれる労働ではなく、楽しく価値ある仕事なのである。

(監修者注）フィッツジェラルド・キーについて
　バージニア聾学校教師フィッツジェラルド女史の「Straight Language for the Deaf」（1926）によって提唱された聾教育言語指導の実際的手法。文法的指導法の一つであるが、機械的なドリルや丸暗記にならないよう、段階的に子どもの活動と理解に沿って指導すべきことも強調されていた。8個のシンボル（後に6個－主語、動詞、直接間接目的語、修飾部など）といくつかのキーワード（what,who（主語）／ what,whom（目的語）／ where,how,when（動詞修飾）など）で分割した表を作成、その各枠に文を構成する語や句を当てはめる学習から始めて、やがて子ども自身が表を参考に文を構成していくように考えられていた。（上野節男：フィッツジェラルドの方法「言語指導用語解説」1974を参照して作成）

第X章

広がる地平線

文体は思考の衣裳である。
チェスターフィールド伯爵
書簡集

アッパースクール（高等学校相当）の２年次においても、教師は良く書くことへの動機付けを提供するか強化することを継続しなければならない。このレベルに到達した生徒には、話すべき書くべき多くのことがあるはずで、彼らにとって「世界は多くのもので満ち満ちている」というのは真実である。彼らが書くものから、拡がった概念、より抽象的な思考、そして彼らが見聞きし読んだことから意味を引き出す大きな能力が明らかになるにちがいない。アイディアが無い、自己表現をためらう、個人的会話あるいは学級での話し合いに加わらない、ということはなくなってくる。書くことでは、特にティーンエイジャーの関心を引くような社会的事実に、より大きな注意を払うようになるだろう。子どもと大人と間だけでなく、子ども同士の社会的コミュニケーションが、話しことばでも書きことばでも多くなってくる。もはや言葉の不足が現実的な思考や行為の障害となることは、事実上ないはずである。

　教師の方はまだ英語の誤用について絶えず直すことや、担任学級の生徒が書いたものをより効果的にするため改善努力することが必要だと思っているのだが、今や生徒たちは15〜16歳の聞こえる少年少女と殆ど同じように、英話を使用する能力をこれからも徐々に伸ばしていく準備が出来ている。生徒達は自分の書いたものを見直すことも改善することもできるのである。

　活動に関連した言葉の使用については、次のような機会に、引き続き重視していくべきである－個人的な会話、話し合い、作文、さらにカリキュラムに基づく教科内容についての話、催し物の計画、特別なプログラム、学校行事の計画、およびあらゆるタイプの通信文作成など。

　前章で取り上げた子どもの作品への提言の多くは、これから検討する領域でも適用できることである。独創的な設計図に沿って思考を明

第Ⅹ章　広がる地平線

確化する機会を生徒に与えることによって、より想像的な文体で書くことを後押ししてやるのが良いのではないだろうか。レキシントン校のある学級で、選挙の頃、新聞に掲載された象とロバが交わす想像的会話を書いたことがある。そのうちの一例を下に掲げる。
（訳者注：アメリカでは、共和党を象、民主党をロバで表す）

一組のペアの話！

　「私は、好奇心は猫を殺す、という諺を知っていますが、あなたはどんな動物なのか見当がつきません。」と、一匹のロバが合衆国行きの飛行機の旅行仲間に言いました。

　「じゃあ」と、その旅行者は冷たく言いました。「あなたがどうしても知りたければ、私は象ですよ。どうか、今まで長い鼻を見たことがないみたいに私をジロジロ見ないで下さい！」

　「いや、ごめんなさい。そんなつもりじゃなかったんですけれど。」ロバはできるだけ親しそうに言いました。「私はサウジアラビアから来たジュディーというもので、サウジ王の息子からアイク（＊アイゼンハワー大統領）の孫への贈物としてアメリカへ行く途中なんですよ。‥‥」

　象はその無礼な目付きには心を留めないで、ロバのことばをさえぎりました。「で、私はダニーです。私はアフリカ象で、アメリカの国立動物園へ行くんです。ところであなたはどうやって捕えられたんですか？」

　「どういう意味ですか？」ロバは質問口調で言いました。

　「じゃ、あなたは今まで自由なロバだったことがないんですね。私はあなたが自由にジャングルを歩き回っていて、突然、人間のにおいのする陥とし穴に陥ちこんだ、ということがなかったのかと尋ねているんです。私はそうやって捕えられたんです。私は人間がみんな嫌い、

その汚い臭いが憎い！」「全ての人間とは言わないで下さい。」ロバが言い返しました。「人間が全部そうだということはないです。王室動物園では私はサウド王みたいに扱われましたよ！」

「そんなくだらないことを私が我慢するとでも思っているんですか？」とダニーはあざ笑いました。「あのね、ダニー、私の言葉はみんな本当ですよ！あなたの仲間の象はみんな同じような性格だったのですか？」とジュディーがたずねました。
「いいや、違う。」ダニーが答えました。
「でしょう！」ジュディーは勝ち誇ったように言いました。「人間だって同じですよ。そして一番親切な人間が動物園の管理人ですよ。」
「おやまあ！」ダニーは大きな声で言いました。「そうあって欲しいもんだな。私は動物園に行くんだから。」

その時、飛行機の止まる音が聞こえました。「ああ、降りる時間だ。ジュディー、どうか動物園に居る私を訪ねてデービットに来て下さい。私は他の象と一緒に居ると思いますよ。動物園の管理人についてあなたが言ったことが本当だといいんだけど。さよなら！」とダニーは急いで言いました。
「分かった。バイバイ。」と、ジュディーは、真面目な顔をした人に連れられて厚い板を降りながら肩越しに言いました。

ペットとして子どもに与えられ、住む家もできた猫と犬についても、想像による対話が考え出された。また新聞には、意外なあるいは不思議なできごとについての写真がしばしば載るものだが、それが子どもたちの興味を喚起するものとなる。彼らはそのイラストをどのように解釈できるかについて書くことを楽しみ、その線に沿ってお話を作ったりする。風刺まんがを言葉で書き表して個人的に反応することによ

って、上級クラスの子どもたちは個人的な意見や仮説を表現することもできる。絵に題をつけることは、そこにある思考や気分を適切に表現しようとする子ども達の刺激になっている。

次に掲げたのは、上級学年のある子どもが書いた説明文の例である：

口にパイプをくわえた男の人が腋の下に道具を抱えて働いているシルエットの絵について，ある生徒は「無名の人（Mr.Nobody）ここにあり」と書いた。

森の上に雲の大きなかたまりが漂っている絵に、他の生徒は「大地と大洋を覆う優しい動き」と書いた。

他の子は、「止まれ！全体進め、1、2、3、4！」と書いていたが、それは一人の小さな女の子がどら猫の後を元気良く反り返って歩いている絵の感じをよく捉えていた。

このような文作りは、普段の作文の場合とはまた違った言語の使い方を必要とするものである。表現がユーモラスであれ、詩的であれ、あるいはちょっと良いなといったものであれ、大切なのは絵が呼び起こす主要な印象を捉えるのに必要ないくつかの言葉の選択である。

子どもが思い感じたことすべてを打ち込んで書いた創造的な文は、その子にとって最高の作文となる。それを通じて、彼は自分自身を、また彼の基本的な欲求と興味を外に現す。私は創造的に書くことを通して、引っ込み思案で意見のはっきりしない反応の弱い人間から、自分自身を表現することができるようになって、安定して幸福で周囲から受け入れられる人間へと変わっていった多くの子どもたちを知っている。こういう子どもは自分自身について知ることに目覚め、そしてそれが彼が周囲の生活―初めのうちは教室の中で、やがて少しずつ教室の外に向かって―に溶け込む結果に繋がる。彼は書くということに

非常に大きな満足を感じ、そして他の生徒が彼の作品を気に入ってくれる時、更に喜びを感じるのである。彼にとって、言葉は本当に神の恵みともなるのである。

　ユーモアのある物語やおもしろいできごとについて書いたものは、聾児の作文として優れたものだと言える。場面の中でユーモアを見出し、話すか書くか、どちらにせよそれを伝えることは、聾児にとってしばしば難しいものである。しかし一度それが出来るようになると、聾児の会話と書いた作品の両方とも、新しい面白さを獲得することだろう。親しい便りの中にちょっとしたユーモアを混じえることができることは、聾児の手紙にも聞こえる子どもの手紙にも等しく一つの宝である。次に挙げる追伸は、夏休みの間に一人の女生徒が彼女の教師に書いた手紙の末尾にあったものである。

　　追伸：学校が始まったら，あんまり私をしぼらないで下さい。私はとっても憂鬱なんです!!!

　　（P.S. I hope you will not make me work too hard when I return to school，1 feel very lazy!!!）

　ティーンエイジャー年代の聾児にとって、話すことと書くことの両方で言葉の「コツ」を学ぶ必要は聞こえる子どもと何ら変わりないはずである。起こってしまった物事のせいではなく、その時に使った言葉のせいで、教師や他の友達から拒絶されてきた聾少年、少女も多い。大人に話す場合、「パーティーに付き添って欲しいです（We want you to chaperone us to the party.)」「パーティーへ私たちを連れて行かなくてはいけません（You must take us to the party.)」というのと、「パーティーに私たちの付添いになっていただけるなら、とても嬉しいです。(We would like it very much if you could chaperone us to the party.）」「お願いを聞いていただけませんか？　パーティーへ私たちを連れて行っていただけたら、たいへんありがたいのですが。（Can you do us a favor？　Would you take us to the party？　We would appreciate it.）と言うのでは、その間に大きな相違があると言える。

　礼儀にかなったちょっとした行為の多くを聾児が見過してしまうのは、彼らが現実に感じていることを言い表す言葉を持っていないためである。許容される行為をあらわす言葉があり、聾児もこの特別な言葉を教えてもらわなければならない。共感や理解を表現するため、あるいは援助や激励を申し出るため、あらゆる状況において言うべき適切な事柄の知識が求められているのである。聾者は人間関係の機微を理解し、他の人々の深い要望に応えており、他の人達の苦悩や悲嘆、問題、葛藤を感じないということは全くないにもかかわらず、彼らが感じたことを表現する言葉を持ち合わせていないのだと分かることがよくあるものだ。こういった不足が、彼らを手痛い社会的不利益の立場に置くことになり、彼らは他の人々のことに関心がないのだと、しばしば思われてしまうのである。実際、彼らは心の奥に秘めた感情をどのように表現したらいいのか知らないために、慰めやお悔やみの気持ちを伝えられないように思われている。
　この種の自己表現の仕方について、生徒に自分の思ったことを述べる能力を発達させるよう助けることは、教師の重要な任務の一つである。このことは手本になる手紙を提示し、子どもたちに実在しない人たちに手紙を書いたとしてもうまくいくものではない。なぜなら、このような短信や手紙は、真心から述べられ、共感と深い配慮に満ちた個人的な思いを表すべきものだからである。従って、教師は、いつで

あれ、そういう事実が起こった時に、実際の状況に即して生徒に書かせるようにしなければならない。

下に掲げる短い手紙は、レキシントン校職員が受けとったものであり、この種の文の簡単な例示となるだろう。

レキシントン街904　ニューヨーク市21　11月20日

親愛なる＿＿＿＿様

　私たちは、月曜日にW先生からお母様が亡くなられたことを伺って大変驚きました。私たちは、あなたにお母様を失われたことへの哀悼の気持ちを表したいと思います。

　私たちは、あなたが学校に戻られたとき、何かしてあげたいと思っております。

心を込めて＿＿＿＿＿

Dear＿＿＿＿,

　We were surprised on Monday when Mrs.W —— told us about your mother's death. We went to express our sympathy to you on your loss.

　We hope that we can help you when you return to school.

Love,　＿＿＿＿＿

レキシントン街904　ニューヨーク市21　10月1日

親愛なる＿＿＿＿様

　私はあなたが大変重い病気にかかっていると聞きました。本当にとても気の毒に思っています。もう学校に来られるくらい良くなっているようにと願っています。私はあなたのことをずっと思っています。早く良くなってほしいし、それに私はあなたが大好きだからです。

第X章　広がる地平線

愛する＿＿＿＿より

Dear＿＿＿，
I heard that you were very ill. I am really very sorry. I hope you are well now so that you can come back to school. I have been thinking about you because I want you to get well and also I like you very much.
　Love,＿＿＿＿

レキシントン街904 ニューヨーク市21　10月1日

親愛なる＿＿＿＿様
　読書週間集会は大成功でしたが、あなたが来て下さったらもっと良かっただろうと思っています。舞台で私はすっかりあがってしまって、私を認めて激励して下さるあなたの笑顔が必要でした。
敬具

Dear＿＿＿，
　The Book Week Assembly was very successful, but it would have been better if you had been there. I was very nervous up there on the stage, and I needed your smile of approval to spur me on.
Sincerely yours,＿＿＿＿

　今度はもっと幸福な場面の例である。愛想の良い思慮深い、もてなし役を務めるのにどうしたらよいかを学んだ聾のティーンエイジャーは、申し分のない社会生活を営む存在であるし、また聴者、聾者のどちらの集まりにおいても全く不安のない存在である。お客のもてなし方を学んでいて、お客に楽にしてもらい、他の人と近づきになれてい

るかに気を配り、必要な時には会話を始め、もてなす時に正しいことが言える、そういう聾児はいるのである。身のこなし方は、聞こえる男子、女子と同じように、聾の男女ティーエイジャーにおいても魅力的である。

　社会的礼儀のことで、私は一つはっきりさせておくべきと思っていることがある。聾の女の子がお茶の時間やその他の時に正しく給仕をすることだけを教えられたり、お客にお茶をどうやって運ぶかを知っていたりするだけでは、必ずしも社会的マナーがよく身についているとは言えない。社会的に相応しく、きちんと適当に訓練されていると言えるのは、する（do）ことよりも*話す*（say）によるのである。

　聞こえる兄弟姉妹が学んできたのと全く同じように、多くの聾の少年少女は他の人々に対する応対の仕方を学んできている。そのような聾児は個性と人格と魅力をもち、それを他の人との関わりの中に常に反映させている。耳の聞こえる子どもが土地言葉で話しことばに彩りを添えるのと同じように、聾児もそうすることができる。慣用表現あるいは皆がよく知っている表現の適切な使用は、聾児の発言を分かりやすくするし、活き活きしたものにしている。一例をあげると、測定不能の聴力の16歳の少女が、集会のプログラムの準備する担当となって、教師にどんな計画かと尋ねられた時、「私は―先生の学級の人とそのことについて話し合って、彼らが何を提案するか知りたいと思います。」と答えている。

　何歳であれ聾児は、物事を見る方法として言葉を使うことを教えられてきたのであれば、聞こえる子どもと全く同じように会話体の英語を自発的に適切に使うことができるのである。日常会話での楽しい意見のやりとりの手段として、彼らはみんながよく使う流行の表現を使

第Ⅹ章　広がる地平線

うことができる。それができる聾児は、同年代の聴者とばかりでなく、成人聴者とも同じ立場にいるのだと自ら気付くこともある。

　以下のいくつかの表現は、何人かの教師に私からお願いして、ある一日を通して生徒たちがたまたま述べた意見や表現の記録を蓄積してもらったものである。生徒たちは自分たちの表現が集められていたことは知らなかった。

　I knew what you wanted. *I read your mind*.（私はあなたがしてほしいことを知っていました。*あなたの気持ちは読んでいました。*）

　I don't know what you're saying because *I can't see through* Mr.C＿＿＿.（私は、Ｃ先生のことを*見抜けない*から、あなた（Ｃ先生）が言っていることは分かりません。）

　We had *a little something* to eat.（私たちは、何か食べるものを*ちょっとだけ*持っている。）

　Treading on dangerous ground means that you're putting yourself *on the spot*.（危険な場所に足を踏み入れることは、あなた自身を*危険にさらす*ことですよ。）

　I begged her for a long time and she finally *gave in* and said I could have the ballet shoes.（私はずっと彼女にお願いしていたけど、とうとう彼女は*折れて*、私にバレーシューズを買ってくれると言いました。）

　I got soaked to the skin.（私はびしょぬれになってしまいました。）

　That's *too wordy*. You can use one word to take the place of so many words.（くどすぎます。そんなに沢山のことばで言わなくても一言で間に合います。）

　言語指導のもう一つの面は、自分とは異なる他の人の見方や信念を

受けとめるように聾者を助け、その結果、彼らが十分な話し合いを通じて、他者の観点を理解し尊重できるようになることである。言語の理解と使用が限られている聾児は、自分とは一致しない意見に心を開くことを難しく感じることが多いものである。聾者にとって幸福で差別のない生活のために正しい言語を教えるということは、教師にとっての仕事であるばかりでなく、そうすることが教師の神聖な任務なのである。聾の少年・少女は何時までも学校に留まっているわけでもないし、何時までも教師がそばにいるわけでもない。聾児が学校にいる間に、彼等のお気に入りのフットボールチームから時事的な政治的論争に至るまで、いろいろな話題について仲良く意見を交わし合う経験が大事になるのである。

　この他に、この頃の言語指導では正確な英語で物事を効果的に述べる学習へのニーズを扱うべきである。他の人々に新しい考え方をうまく理解させるためには、彼の発言が望ましい結果を得るように話せなければならない。他の人に知らせるべきはっきりしたものを持っている聾児は、情報を明確に簡潔に述べるための言葉を必要としている。彼は説得力のある、興味をそそるような言葉、また何よりも聞き手によく分かる*明解な*言葉を必要としている。仮に彼が自分の考えを受け入れさせることに成功しなかった場合は、彼には品位を保って失敗を受け入れるための正しい言葉が必要となる。こういった言葉を子どもたちに分かってもらう最もよいやり方の一つは、時事問題についてクラス討論を行ったり、またクラス合同集会、親子懇談会、他の学校の同年代の聞こえる生徒との集会を開いたりすることである。他のグループとの会合の準備のためのクラス討議は、上学年での言語指導計画の重要な部分となるはずである。

　「現代の子どものための言語課目（Language Arts for Todays

Children)」では以下のように述べられている。
　「コミュニケーション能力の発達もまた自分自身を成長させる重要な部分となる。コミュニケーションすることを、容易にまた満足して学んできた子どもは、外向的性格および他者との友好的関係を形成する傾向にある。それに対して、言語発達に遅れがあるかコミュニケーションの努力がいつもうまくいかないと感じている子どもは、臆病になったり黙ってしまったり、あるいは世界に対して攻撃的となって手を出したりするかもしれないのである。」＊1

もう一つ、同じ著書の中に思慮深い言葉がある。
　「子どもの言語発達は、その子自身のパーソナリティーの発達と緊密に結び付いている。プレッシャーと緊張が増大する年代では、子どもは他の子や大人との間に特に温かい人間関係を必要としている。彼の日頃の感情は、日々の普通の生活に欠かせないコミュニケーションを通して表れてくるものである。会話や、それより少ないが手紙を書くことが、これらの人間関係を成立させる基本的な言語活動なのである。」＊2

　聾学校の教師は、生徒のできること、していることを知り、子どもたちが日々の生活で経験している出来事や状況のすべてについて、客観的かつ主観的に話し合うべきである。この話し合いの能力は、低学年のうちから基礎ができていれば、聞こえる子どもと同様に聾児も獲得できるのである。

　低学年でも同様であったが、上級学年レベルではなお引き続き、生徒が学習している内容について話すことは、教師にとって非常に重要

なことである。その学習が生徒にとって意味あるものか、学習内容についての彼らの概念が正しいかどうか、学んでいると思われることについて彼らがどう考えているのか、その情報について彼らがどんな価値や重要性を認めているのか、などを確かめるための話が重要なのである。満足のいく学習では、子ども達は教科書に書いてあるままに返答したりしないで、むしろ自分の言葉で情報を受け入れるべきである。聾の生徒が読んだり学んだりすることは、彼の思考や行動や生活のあり方を発展させたり影響を与えたりする限りにおいてのみ、彼にとって価値あるものとなる。

　上学年では非常に多くの教材が難しい言語形式の知識を必要としているので、作文のあらゆる作業を通じて、常に言語使用の正確さについて気をつけていなければならない。実際、教師は、どのようにして上学年の男女生徒に適切かつ正確な自己表現に必要なあらゆる言語規則を使う能力を与えるのか、その方法を見つけ出すという課題をもっている。しかし、どのように素晴らしい教師であれ、生徒が知るべき全ての言語規則の全ての形式を与えることは決してできないだろう。教師にできる最良のことは、一人一人の生徒に、論理的に考えること、物事を考え抜くこと、自分で推論すること、古い知識に新しいものを適用すること、古い知識を新しいものに結びつけることを教えることである。

　このことは、聾児が単なる*事実*（*facts*）ではなく言語の*規則*（*principles*）を教わっていれば可能なのである。25年以上もの間、聾児への言語教育についての論文を書いてきて、また、子どもにも彼のニーズにも無関係の教師作成ドリルで学校生活を過ごさせることの無益さを強調してきて、私はルース・スツリックランド Ruth Stricland がドリルについて述べたものを読んで、とても喜んでいる。

第Ⅹ章　広がる地平線

　　ドリルは一定の位置を占めているが、それがうまくいくのは、子ど
　もが理解しており、その子にとって実際に必要なスキルを磨く目的的
　な練習である場合だけのようである。教師の要求から誘導された二重
　写しのようなドリルは、何度も繰り返しても安定した永続的な学びを
　もたらすことはめったにない。自分の目的に役立つスキルを獲得する
　という子どもの願望から出た動機付けのある練習こそ高い価値をもつ
　ものであろう。子どもの内的動機付けが強ければ強いほど、習熟のた
　めの繰り返しは、より少なくなるのである。＊3

聾学校におけると同様、聞こえる子どもの学校でも、小学生に文法
を教える系統的なコースの価値については、意見の幅広い相違が常
に存在している。昔のことになるが、1896 年にマウントアヴィ（Mt.
Aivy）にあるペンシルバニア聾学校のデイヴィッドソン（Davidson）
博士は以下のように書いている。

　　専門的文法による入学試験に課す上級学校への進学準備をする生徒
　がいつも少なからず居るので、私達はより上級のクラスでこの教科を
　教えることを余儀なくされる。この学習によって大きな恩恵を受けら
　れる特殊な才能を持つ子どもがいないわけではないが、普通は、英語
　の指導にそれ程大きな価値があると思えないし、絶対に必要というこ
　ともなく、そのために割く時間は少なくなってしまう。＊4

では、聾学校の教師は文法についてどんなことをすればいいのだろ
うか？　もし、聞こえる生徒への文法指導の価値についての研究が、
その指導が生徒の自然な言語使用には殆どあるいは全く価値がないと
いうことを明らかにしたのなら、聾児が定義や語の文法的分解、文の
分析を学ぶことで何か役に立つことが発見できるだろうか。私は決し

て発見できないと思う。低学年の章で、聾児には使用することを通して文法事項を吸収させるということを述べてきた。例えば終止符、疑問符、コンマ、頭文字の使用といったことである。こういったことは、子どもたちにとって必要になるに従い、低学年からつけ加えられてきたのである。彼らは定義とか機械的暗記を通して学んできたのではない。従って上級のクラスでも、彼らにとって必要になった時に文法的事実が教えられるべきである。言語を正しく使用するということは強調すべきだが、形式的な定義を通してではないのである。

　近代的教育家が小学校における文法指導の科目について言っていることを見てみよう。「子どもと言語課目（Children and the Language Arts）」でエスター・スウェンソン（Esther J. Swenson）博士は、こう述べている。「言語構造の詳細を重視する言語分析は、子どもが意味的全体（meaningful whole）を把握するよりむしろ後に来るべきである。」[*5]

　同書で、ロイス・ガッド・ネメック（Lois Gadd Nemec）博士とロバート・ポーリー（Robert C.Pooley）博士はこのように述べている。
　　子どもたちは文構造を分析する何らかの必要が生じる遙か以前から、言語を使用することを学んでいる。したがって基礎段階では、言語それ自体の知識や限定的な文法への注意よりも、むしろ言語の実際的使用や使用を通しての習熟に最も重きをおくべきである。このことをカリキュラムの用語で言えば、分析的で構成的な文法は、基礎段階においては殆どないし全く不要であり、実際に話したり書いたりする時に働く口頭英語と書記英語の諸習慣こそ主要な関心事である、ということになる。[*6]

　また、これらの教育家は観察と研究の結果、次のような結論に達し

ている。

　　初等教育の段階で形式的文法に時間を費やすことは、英語を話すこと、書くことのスキルの練習から時間を奪うことになる。・・・小学生にとって英語を使うスキルは、英語という言語についての知識よりもはるかに重要なものである。文法的用語が将来役に立つからと言って、英語の構造的分析を教えるのに限られた時間を使うことを正当化することはできない。活動的な生活と豊富なカリキュラムのおかげでコミュニケーションが重要になるあらゆる状況において、実際に英語を活用することに集中することは、疑いもなく、小学校の英語教育の最初の仕事であると考えられる。[*6]

　聾児は、聞こえる子どもより更に多く、英語を使う継続的な練習が必要である。起きている間はいつも学校内でも学校外でも、コミュニケーションや学習や読むことを通じて、正しい英語を学ばなければならない。聾児が教室で学ぶ全ての言葉は、教室の外での彼の一部になるものだ。あらゆる言語学習は文法の使用を必然的に含んでおり、全ての教師は、文法についての包括的知識を持っていなければならない。教師は、様々な使用の機会を増やすことによって、生徒に正しい英語を用いる能力を育てる方法が分かっていなければならない。教師の側では、常に注意を払い効果的な説明をしていくべきであり、生徒の側では記憶を促す動機が必要であり、とりわけ十分に意味をもって繰り返し使用することが必要なのである。

　上級学年の生徒は、新出動詞の特定の時制が何かを自分で探し出すために、辞書で語形を見つける方法を知っていなければならない。彼等は参考書、百科辞典あるいは教科書の使い方を知っているべきであ

る。彼らは読む本から言葉を学び、彼らにとって役に立つだろう言語形式や表現を心に貯えていく。ティーンエイジャーの聾児が言語意識を持っているなら、ちょうど聞こえる子どもが聞くことを通して言語による知識を獲得するように、読むことから言語による知識を獲得することであろう。

　聾の少年少女が学校卒業後も言語の使用と理解を発展させたいなら、彼等は「自分自身で」学ぶための能力を在学中に強化しておかなければならない。聾児にとっても聞こえる子ども同様、学習は終わりのない過程であり、それは言語習得にも当てはまることである。聾児が学校を卒業する時に持つ言語の総和は、10年後の聾児にとって十分とは言えないだろう。彼は仕事と社会生活で成功するために、それまでに、より大きな英語駆使力を獲得しているはずである。彼が世の中の変化について知り、新聞、雑誌および本で読むことを理解したいならば、彼は英語の理解力を常に高めていくべきである。教科書と学校図書館の本は必要であるが、それらを越えて、読むことはなお一層必要である。従って、在学中だけでなくあらゆる時を通じて生徒を良き読書家とすることを、教師は常に最優先に考えておくべきである。教師は、彼らに話すことと書くことばかりでなく、理解することの重要性に気付かせるようにしなければならない。教師が言語の価値と必要性についての、この広い観点を常に持ち続けるならば、その教師は言語の知識を活用し改善し続けようとする欲求と能力を生徒に与える方法をきっと見いだすことだろう。

第XI章
自分自身で

子どもを教育する目的は
教師がいなくても
子どもが自分で歩めるように
することである。
　　　　エルバート・ハバード

在学する最後の2年間、生徒は卒業を間近に控え、彼等に迫る挑戦に向き合う準備をしなければならない。高等教育への準備のためにせよ、職業社会の生活に入るためにせよ、彼等の成功は相当程度、条件に適う英語の使用と理解に依存するのである。

　彼等を待ち受ける挑戦に向けて、私たちはこれらの少年少女にどのような準備をさせるべきだろうか？　その答は、彼らの望みを予測し、明確で正しく何にでも対応する言語使用を通して、彼らに全ての必要に応える知識と能力を与えるということである。私達は、これから与えられる大量の読み素材（reading material）を通して考える方法、それらの素材を評価して重要なものとそうでないものを分ける方法、蓄えられた情報を要約する方法を彼らに教えなければならない。私達は、読んだり学んだりしたことを客観的に見るように、自己表現に際しては明瞭かつ簡潔にするように、また読んだり学んだりしたことを報告する際には客観的であるように、彼等を訓練しなければならない。彼らはこういった内容の全てを自らなすべきであるし、聾学校を卒業する前に言葉を通してそうできるよう鍛えられなければならない。

　このレベルに達した生徒は、英語で書き、話す基本的なスキルを獲得するまで「苦労に苦労を重ねて」きた。彼らはこれまでに、他の人々を理解し、また明白で正しい英語で自己表現するというコミュニケーションの形を確立している。彼らの要求は、今や、新しくてより良い表現形に、また良い文章に見いだされる価値や喜びの鑑賞に、つまり幅広く豊かな語彙に、表現の正確さに、深い感情や美しさやあこがれを表す比喩的表現の使用などに向けられているのである。
　生徒達は文章構成の複雑さでは確かに手引きを必要とするだろうが、

それは彼らが作品の中で使っている言葉についての日々の討論を通してもたらされるはずである。彼らの言語理解力は大まかな性質のものなので、練習よりもむしろ理解や同化の過程を通して、彼らが心に思うことを話したり書いたりする新しい方法を吸収していくことができるのである。彼らはこの頃までに、自分が用いる言葉の質について真の責任感を感じているはずで、英語の使い方を改善していくことに明確な関心を示しており、自分の良い点も弱点も承知しているはずである。

　書くことについて何年も指導を受けてきて、今や彼らは、自己表現の仕方にそれぞれの個性を見せるようになっている。即ち、彼らみんながそれぞれ文のスタイルを持っており、書いたものに自分が投影されている。自己表現（self-expression）こそが基調となるのである。そこには表現の独立と同様に、より多くの思考の独立性が存在することになる。この時点では、作文はただ上手に書かれたという以上のものになる。その内容、アイディアの提示の仕方、慣用表現あるいは最新の表現の使用、多彩な語句あるいは非常に適切な語句の選択、そして主題の総体的な面白さなどによって、読む人にアピールするようになるのである。

　この学年の学級では、言葉の使い方において広範な個人的な差違が見られるようになる。才能に恵まれた子ども達は、自分の考えを表現するのにいっそう創造的になってくる。彼らが書くものは全て独創性に富み、語彙の選択には、しばしばほんものの才気が窺える。他方、より平凡な書き手の場合、作品をより興味深くし、それを読む人の心に訴えるようにするための指導が必要となるだろう。

　ある個性的な文章の例として、まもなく15歳になる全聾の少女が自発的に書いたものを、修正せずにそのまま提示しよう。この「随筆」は、

ある朝、担任の教師に手渡されたものである。

私と私自身

　私は平均的な女の子です。私には特別なところも困ったところもありません。私にはガキと言えるような弟が一人いて、それも多くの女の子に典型的なことです。私は男の子が好きだし、また他の人と同じように、出かけることが好きです。私は高校生の大多数と同じように、カレッジに進んで、就職して、それから身を固めたいと思っています。私は綴りをよく間違えますが、その代わりに代数がよくできます。私の英語は普通で、他の女の子が読むのと同じ位の数の本を読みます。私の外見（ルックス）は典型的なアメリカ人、つまり、褐色の目と褐色の髪です。先生は私の全てをよく知っているのだから、私はこれ以上書き続けるべきとは思いません。私は、先生が知っている他の女の子と全く同じなんです。

　この少女は独特の文体を持っており、彼女を知っている人は誰でも、作文の中から彼女の作文を見分けることができる。何であれ彼女が話したり書いたりするものには、はっきりとしたセンスの良さが感じられるのである。言語についての個性は、養い育てることが可能である。自分の文体を発展させることのできる人は、他の人々からよりよく理解され、認められ、他の人からの個人的な関心とコンタクトを得ることもできるのである。

　子ども達が自分の文体を確立することを助ける一つの方法は、まず彼らに勉強中の作家の作品の特徴評価を十分行わせることである。言語指導と文学教育の間には一方が他方を向上させるような緊密な結びつきがあるはずで、さらに良い文章を構成しているものが何かということについて、それぞれが子どもの理解を深めることに寄与するので

ある。

　こういった感覚を発展させるためのいくつかの活動として、以下のようなものがある。

　（１）作家研究－作家の個人的生活および作家が住んでいる世界の研究。それがどのように作品に反映されているかについて知る試み。子どもたちは、今や他者とともに考え、その思考と着想に沿っていくことができるはずである。

　（２）同一カテゴリーの動詞のリストを作ることおよび精細な意味の違いを調べること。

　　例：動詞 *look*（注意して見る）、*watch*（じっと視る）、*peer*（透かして見る）、*peep*（のぞき見る）、*see*（見る）、*glance*（ちらりと見る）、*notice*（気付く）、*stare*（見つめる）、*gape*（口をぽかんと開けて見る）、*gaze*（凝視する）、*spy*（見つけ出す）、*sight*（認める）、*spot*（見抜く）、*catch a glimpse*（ちらりと目をやる）、*observe*（観察する）、*focus*（焦点を合わせる）など。

　（３）五感についての形容詞のリストを作ること。

　　例：触覚について。*soft*（軟らかい）、*hard*（硬い）、*smooth*（なめらかな）、*rough*（ざらざらした）、*uneven*（でこぼこの）、*slippery*（つるつるした）、*sticky*（ねばねばした）、*bumpy*（がたがたした）、*satiny*（つやつやした）、*silky*（すべすべした）、*velvety*（柔らかな）、*prickly*（ちくちくする）、*fuzzy*（けばだった）、*hairy*（毛むくじゃらの）、*spiny*（とがった）など。

　（４）ピクチャー・ワーズや比喩的な言い方を集めること。

　　ピクチャー・ワーズ：*mammoth*（マンモス→巨大な）、*wee*（幼児の声→ちっぽけな）、*delicate*（繊細な）、*fragile*（もろい）、

dejected（しょげている）、*broken-hearted*（悲嘆にくれた）
　　　比喩的な言い方：*floating on air*（浮き浮きしている）、*up in the clouds*（ぼんやりして）、*fits like a glove*（ぴったり合う）
（5）同じ内容について異なった表現をさがすこと。
　　　at crack of dawn、*bright and early*、*up with the sun*（いずれも「夜明け」）
（6）一つの語が多様な意味をもつ慣用的表現を調べること。
　　　take a train 　（汽車にのる）
　　　take a walk 　（散歩する）
　　　take care 　（世話をする）
　　　take advantage of 　（利用する）
　　　take a cold 　（風邪をひく）
　　　take turns 　（交替して行なう）
　　　take pride in 　（自慢する）
　　　take issue with 　（異論をとなえる）

　このような活動は子どもに本当に正しい言葉を好きにさせ、彼らを助けて文章を良くしたいという気持ちにさせるだろう。
　創造的な文章を書くことがどちらかといえば苦手な聾の生徒もいるが、驚いたことに、その方が説明的な文章を書くよりは容易である。もし、読者がゲームの説明書や手作り（do it yourself）のための説明書に従ったり、あるいは与えられた指示通りに書類を埋めたりといった経験があるならば、明白で簡潔な指示を他の人に与えるのがどんなに難しいかをよく分かることと思う。説明は、重要でないものから重要なものを見分けること、また事実を論理的で簡明な順序で説明する能力を必要とすることから、簡単な条件下でも難しいものである。

折にふれて、聾者も人に何か書いて、ある特定の場所に行く、ある店を探す、複雑な行程の旅行をする、事務的な契約交渉をする、あるいは複数の輻輳した事務を処理する、などの指示する必要もあることだろう。では、教師は英語のこのような使い方について、どのように生徒に準備させることができるだろうか。何よりもまず、教師は学級で多くの多様な説明のための機会を作ることで、これに対応することができる。そのような指示の例を挙げれば、以下のようになる。

・だれかの家へ行くための指示を与える。
・旅行についての指示を与える。
・物の作り方や物事のやり方を記述する。
・建物や記念建造物の様子を記述する。
・図書館、事務所などの日常業務の手順を説明する。
・裁縫、水泳、料理などについてのやり方を教示する。
・アメリカの国旗、州旗、国際連合旗などについて記述する。
・国際連合、基本的人権の宣言について書く。
・合衆国大統領、副大統領、最高裁判所、国会の義務について書く。
・どのように本が作られ、新聞が印刷されるかについて述べる。
・図書クラブの会員資格について説明する。
・時事問題についての意見をもつ。
・ゲームやスポーツ（野球、ゴルフ、スキー）について解説する。
・外国の習慣について討議する。
・いろいろな国民休日の起源について叙述する。

聾児による説明文の例は、この章の最後に挙げることにする。

生徒の数多くの言語的ニーズに応えるために、レキシントン聾学校ではテキストブック（教科書）から多くの示唆を得てきた。ベイリー・アンド・ルイス　シリーズ（Baily and Lewis Series）は、上学年のクラスでは特に役に立つものであった。このクラスで英語の補助テキストとして用いられたのは、以下の通りである。

　　Adventure in English（英語の冒険）
　　　　Burleson, Allyn & Bacon, N.Y. 1939

　　English First Course（英語初級コース）
　　　　Stoddard, Bailey and Lewis
　　　　American Books Co., N.Y. 1948

　　English is Our Language（英語は我々のことば）
　　　　Sterling, Lindahl and koch
　　　　D.C. Heath & Co., Boston, Mass. 1950

　　Language for Daily use（日用言語）
　　　　Dawson, Miller and Zollinger
　　　　World Book Co., Yonkers-on-Hudson, N.Y.1955

　聾児は言語を使用する上で聞こえる子どものために書かれた本では扱いきれない多くの問題を抱えているので、言語学習をこれ等の図書に限る必要はない。反対に、聾児には *saw* の代わりに *seen*、*isn't* の代わりに *ain't* を使う練習とか、二重否定などを用いる練習の必要はないのである。

　ここで、私は第10学年の5人の女の子のクラスで、マーガレット・

ウッド（Margaret Wood）女史が指導した授業の逐語録を提出したいと思う。この女の子たちのうちの4人はナースリーの年齢で私達の学校に入学し、5番目の子は3年前に公立聾学校を卒業してから本校に入り、以来いっしょに学んでいる。この中で最も若い女の子であるロズリンはまだ15歳になっておらず、その他は3年前に我々のところへ来たフローレンスを除けば、16歳である。授業は実施されたとおりに記述され、修正はされていない。

　この記録は、着想豊かな教師と感受性の高い若者のグループがいる学級で実際に起こったことを示す最上の方法の一つである。注目に値するのは、教師が子どもたちの話し合いを取り仕切るのではなく巧みに導いていく様子であり、また子ども達からいろいろ考えが出てきて、それが集団としての努力を通じて最も適切な表現を与えられていく様子である。

　教師の目的
　　　クラスの子どもたちに、良い書き出しと結びの文について方向付けること。
　導入（動機付け）
　　　みなさんが知っているようにグロート博士は本を書いていらっしゃいますが、その中に私たちの授業の一つ付け加えたいそうです。私はあなた方が話し合って興味をもつと思ういくつかの話題（トピックス）を選んでおきました。最も関心のあるものを一つ選んでください。
　　　　1．教育の価値
　　　　2．英語は必要な教科である
　　　　3．聾児にとつての読話とスピーチの価値

　　　　　　（以上の内容について話し合った後，女の子たちは，「英語は大切な教科である。」をとりあげることに決めた。）

教　　　師　：それは大変よい選択です。あなた方は、なぜ英語が私たちの学校で必要な教科であると思うのですか？
ロズリン　　：アメリカ人の大部分が英語を話します。
アンナ マリー：アメリカ人といっしょにやっていくためには、英語を知らなければなりません。
ロズリン　　：英語は毎日の生活の一部です。
教　　　師　：たいへん良い考えです。
フローレンス：もし生徒たちが良い英語の基礎を持っていれば、理解が深まります。
教　　　師　：何を理解するのですか？
エレイン　　：（彼らの）勉強です。
教　　　師　：その方が良いですね。
アンナ マリー：読んだり、書いたり、話したりするために、良い英語の基礎が必要です。
ロズリン　　：「necessary（必要）」を別のことばで言えば「essential（不可欠な）」です。
教　　　師　：「necessary」か「essential」、どちらかを使いましょう。キャロル、意見があるようね。
キャロル　　：もし英語という言語がなかったら、私たちは他の人と理解し合うこともコミュニケートすることもできないと思います。
フローレンス：アメリカの生徒は、勉強を進め、理解できるように、良い英語の基礎を持つべきです。

第XI章　自分自身で

教　　　師：あなたがさっき言ったことと同じようですね。
エレイン：英語をよく知らない人を理解することは、誰にとっても難しいことです。(It is difficult for anyone to understand a person who has poor English.)
教　　　師：英語力のない人たちを理解することは難しいことです。(It is difficult to understand people with poor English.) でも、私たちはその人たちを理解するように努めましょう。
ロズリン：学校では基礎として、すべてが英語です。
教　　　師：よろしい。それはその通りです。
アンナ マリー：英語を理解することは、私達の勉強を助けます。
教　　　師：その考えも良いですが、さっき、私たちは別の言い方でそのことを言いましたよ。
ロズリン：英語は私たちの間のコミュニケーションの道具です。もしアメリカで成功したいと望むなら、流暢な英語が使えなければなりません。
教　　　師：皆さんは私たちの学校で英語がなぜ必要か、いろいろ良い理由を述べました。皆さんは何か学習すべき考え（アイディア）を持っているのだから、各段落に対して良い話題文（topic sentence）を考えていくことにしましょう。話題文とは何ですか？
アンナ マリー：話題文は段落の主要な考えを含むものです。
教　　　師：そうです。では、誰か話題文としてのアイディアを持っている人はいませんか？
キャロル：よい教育を獲得するためには、生徒は英語で優れた学習ができなければならない。
教　　　師：これは長くて、どちらかといえば、ぎこちない文です。

　　　　　　　これをうまく直せるかどうか考えてみなさい。
キャロル　　：ちょっと時間をかけて考えさせてください。
アンナ マリー：英語は、英語を話す国々で必要な科目である。
　　　　　　（English is a necessary subject in English-speaking countries.）
教　　師　　：文の終りのところが気に入りませんね。そこは同じことを繰り返している感じです。
アンナ マリー：アメリカの全ての学校で（in all American schools.）
教　　師　　：その方が好いでしよう。
ロズリン　　：英語は、毎日の生活で大切な部分を占めている。したがって、アメリカの学校では大切な教科となっている。
教　　師　　：なかなかいいですね。エレインは、書き出しの文について何か考えましたか？
エレイン　　：英語は学校の全教科の一部である。
教　　師　　：そうですね。今日はこれで時間になりました。明日、授業が始まる前に、他の話題文を考えておいてください。

　　　　　　　　　　第二目目

教　　師　　：昨日、皆さんは英語が必要な教科であるということを示す良い理由を述べました。今日は、良い話題文を作りたいと思います。文が長すぎないようにしなさい。それから、各文は要点を述べ、段落の主要な考えを盛り込むように注意しなさい。
アンナ マリー：英語は毎日の生活の中で重要な科目である。
教　　師　　：「毎日の生活の中で（in every life）」というところが気になるのだけれど。

第XI章　自分自身で

アンナ　マリー：「学校の勉強で（in school work）」ではどうでしょうか？
教　　　師：その方がいいでしょう。
ロズリン　：「学校で（in schoo1）」ではどうですか？
教　　　師：アンナ　マリーに好きな文を選ばせてあげなさい。
アンナ　マリー：私は、「私たちの学校で（in our schools）」の方がいいです。
教　　　師：フローレンス、あなたは話題文を決めましたか？
フローレンス：良い英語を知っているアメリカの生徒は、学校でより高度の勉強ができる。
教　　　師：長すぎます。
ロズリン　：彼女はいいアイディアを持っています。でも、こんがらがっています。
エレイン　：いいと思うけど、でも彼女は直せると思います。
ロズリン　：これはぎこちない文です。
キャロル　：もっと分かり易くできると思います。
アンナ　マリー：彼女は良い考えを持っています。でも、彼女はそれを正しく出していません。
エレイン　：私も皆に賛成です。でも、彼女はきちんとまとめられると思います。
ロズリン　：英語をよく知っているアメリカの生徒は、英語をよく知らない生徒よりもっと高度な勉強を進めることができる。—これではどうですか？
アンナ　マリー：それは、あなたらしくないわ。言葉が多すぎるわ。
キャロル　：くどい感じがするわ。
教　　　師：二人の言うことに賛成です。私もフロレンスは、もっとすっきりと自分の考えが言えると思います。アンナ　マリー、あなたはフロレンスを助けてあげられますか？

アンナ マリー：良い英語は、アメリカの生徒に高度の学習をより容易に理解させてくれるだろう。
ロズリン　　：文は良くなったけど、私は良い話題文だとは思いません。
エレイン　　：そうですね。それは結びの文にしたほうがいいですね。これはどうですか？―英語の基礎的法則を獲得することは、すべての人にとって必要な事である。
教　　師　　：この最初のところはすばらしいけれど、私はeveryone（全ての人）というのは、つまらないことばだと思います。
ロズリン　　：every student（全ての生徒）ではどうですか？
教　　師　　：そっちの方がいいでしよう。
ロズリン　　：良い英語を獲得して日常使用することは、全ての生徒が達成しようとすることである。(The acquisition and daily use of good English are what every student is trying to get.)
教　　師　　：文の後のところが気に入らないけど。
ロズリン　　：私も賛成です。これはどうですか。―よい英語を毎日用いることで、生徒は自らの向上を助けることができる。(With the daily use of good English the student can help improve himself.)
エレイン　　：自己を前進させる（advance himself）の方が良いと思います。こういうのはどうですか？　―良い英語の獲得と日常の使用は、アメリカの生徒が自己を前進させるのに必要である。(The acquisition and daily use of good English are what American students need to improve themselves.)
ロズリン　　：私もそう思っていたところです。

第XI章　自分自身で

教　　師　　：これは大変よい話題文です。
アンナ マリー：簡単だけど、良いと思います。
教　　師　　：これは要点を押さえています。キャロル、あなたが考えた話題文はどんなものですか？
キャロル　　：英語は多くの学校で必要とされる科目である。（English is a required subject in most schools.）
ロズリン　　：学校で最も重要な基本的科目は英語である。（The most important basic subject in school is English.）が良いと思います。
教　　師　　：皆さんは、今日、それぞれの話題文について、改善することができました。次の授業では、結びの文（closing sentence）について考えましょう。

第三日目

教　　師　　：今日は、結びの文について検討していきましょう。結びの文は段落に良い結末をもたらすものだということをよく覚えていてください。それは終りであるという感じと正しい印象を読み手に残すものです。段落全体と一緒になって効果を出します。結びについて、何を使うか、どう考えるか、何か決めましたか？
フローレンス：私たちはアメリカの生徒の英語を改善することについて述べてきた。これではぎこちないし、くどいのではないかと、私は心配です。
ロズリン　　：彼女は混乱しています。
エレイン　　：言葉がよくありません。
アンナ マリー：それでは意味が通りません。私も提案していいですか？

教　　師　：いいですよ。

アンナ マリー：これ等の理由によって、英語をよく理解することはアメリカの全ての学校で必要というのは本当である。(For these reasons it is true that a good understanding of English is necessary in all American schools.)

教　　師　：なかなかいいですね。

ロズリン　：上述の理由によって、英語は学校において必要な教科なのである。(For the above reasons English is a necessary subject in schoo1.)

教　　師　：悪くはないけれど、あなたはもっと良くすることができると思います。それを直すか、あるいは別のものを作るかしてごらんなさい。

キャロル　：これらが、なぜ英語が学校のプログラムにおいて不可欠であるかという理由である。(These are reasons why English is essential in school programs.)

教　　師　：大変よろしい。

エレイン　：英語について重要な規則を学ぶことは、生徒の学習をより理解しやすくする、あるいは、生徒の学習を*改善*する、あるいは、生徒の学習をより易しくする。(Learning the necessary principles of English gives the students a better understanding of their work or *improves* student's work, or *makes* the students understand their work more easily.)

アンナ マリー：英語についての重要な規則を学ぶということは、生徒が他の教科の知識を拡げることを助ける。(Learning the necessary principles of English helps the sudents

	broaden their knowledge of other subjects.）
教　　師：	ちょっと長すぎると思います。
アンナ マリー：	広い分野の知識を得るために英語が必要である。（To have a broad field of knowledge, English is necessary.）
フローレンス：	アメリカの生徒によりよい英語の基盤を与えるということはよい考えである。（To give American students a better English background is a good idea.）
教　　師：	あなたのさっきの文よりずっといいですよ。
ロズリン：	人々が人生の目標に到達するために、英語は不可欠である。（For people to attain their goals in life, English is an essential.）
教　　師：	あなたのさっきのものよりずっと良いです。
エレイン：	これらの事実は、英語が全ての教科の中で最も必要であるということを証明している。（These facts prove that English is the most necessary of all subjects.）
教　　師：	よろしい。
フローレンス：	英語なしに生徒は何ができるだろうか？あるいは生徒は英語なしにはやっていけないだろう。（What would students do without English? or, Students would not be able to get along without English.）

第四日目

教　　師：	さて、私たちは段落に分けて書く準備ができました。あなた方が最も良いと思った話題文で始めるようにしてください。あなたが考えたことを正しい順序に整理しなさい。そして、最も良い結びの文で終るようにしなさい。

必ず適切な題をつけるように。話題文が、あなたの作品の人称と時制を決めるのだということを忘れないようにしましょう。

（以下は，少女たちが書いた文のいくつかである。これ等はいずれも修正，訂正の手は加えられていない。＊以下、原文省略）

英語の重要性

英語はアメリカ人の毎日の生活において大きな部分を占めている。したがってそれは私達の学校の基本的な科目となっている。もし生徒が良い英語の基礎をもっているなら、生徒は学校での学習をやり遂げて、発展的学習もより早く進められるに違いない。多くの学業はこの科目の適切な使用を必要とする。成功に至ることを望む生徒には、英語は不可欠なものである。

―ロズリン

英語は必要である

英語は私達の学校において必要な科目である。それは全ての学生にその他の科目をよりよく理解させることを助けている。学生がどこへ行こうと、何をしようと、それは彼等の生活の一部となっている。それは、話すこと、読むこと、及び書くことによるコミュニケーションの手段である。このような理由で、英語はアメリカの全学校において重要な科目であるということは真実である。

―アンナ　マリー

不可欠なものとしての英語

英語の基礎的規則を獲得するということは、全ての学生にとって不可欠なことである。もし学生が 話すこと、書くこと、および読むことの良い基礎をもっているなら、英語は学習をより易しくしてくれるだ

ろう。もし良い英語を使う能力をもっているなら、学校での困難も少なくなるだろう。彼は、毎日、社会、学校、仕事のどこであっても英語を使っている。これらの事実は、英語があらゆる教科の中で最も必要であるということを証明している。

—エレイン

　上記の授業は、私には聾の生徒も聞こえる生徒と同様に教室での討論ができるのだということを明らかに示していると思える。この時間は、完全にリラックスして旺盛な興味に示す生徒たちによって楽しく進められていた。彼らは意見が相違した時も思い通りに話したが、いつも友だちとしての協力の精神を失わなかったのである。

　私には、この学級で行われたこの種の学習は若干の作文の指導を追加することによって、また、学級での学習に次のもののいくつかを含めることによって、最善のものになりうると思っている。

　学校近隣の建物についての描写：

　　　警察署

　　　マンハッタンハウス（新しいアパート）

　　　ポーランド大使館

　　　ニューヨーク養育院

　　　ハンター・カレッジ（＊ニューヨーク市立大学ハンター校のこと）

　904番地での私の最初の日　（訳注　"904番地"はレキシントン校
　　　　　　　　　　　　　　　　の番地）

　興味のあるイベント

　あらゆる種類の物語：

　　　ニュースに付けられた絵について

　　　想像的な物語

　　　ユーモアのある物語

　　　　個人的な物語
　　私の最初のデート
　　この冷戦
　　新年の誓い

　上述のような学習に加えて、最終学年生は間違うことなく以下のことができなければならない：
　　メッセージを受けたり、発したりすること
　　他の人とした会話についての報告
　　話や討論の要約
　　アンケートへの回答
　　就職用の申込書を適正に書くこと
　　困難なでやっかいな状況について、正しい言語の使用による対処の仕方を知ること
　　文法についての有用な知識を持つこと

　実際、彼等は聞こえる人と接することで決して不利益にならないような完全で有用な言葉をもっているはずである。
　この生徒達にとって、言葉は必要かつ個人的で、自分の満足に関わる状況を扱う、活き活きと楽しく確かな方法でなければならないのである。

作文の例
　　　　　　　　何というデートだったんだろう！
　私の初めてのデートは、興奮もロマンチックも、そして変わったこともないものだった。まさしく平凡な旧式のデートだった。これは全て 1956

年 11 月、アーニーが 1 ヶ月後の映画の上映予定を尋ねた時からはじまった。大いにためらいながら、私は結局誘いを受けた。

　その日がやってきたが、彼は一時間も前にやってきて、食堂が居間の隣なので、私がフルコースの食事をみんな食べ終るまで私を見ていた。やっと私たちはタイムズ・スクエアへ行き、目に付いた最初の映画館に入った。

　私の門限は 11 時半から午前 0 時なので、私たちは 11 時 25 分の汽車に乗るように計画し、それで、真夜中になる数分前に家に着くはずだった。私は走るのはしとやかさに欠けると思ったものだから、ほんの数分でその汽車に乗り遅れてしまった。私たちは 12 時 25 分の汽車に乗るために 1 時間も待たねばならず、そして午前 1 時に家のドアを開けて、ママのこわい顔を見ることになった。幸いにもママは分かってくれたけれども、この次には気をつけるようにと私に注意し、それで許してくれた。

　彼と二度と映画に行くもんか！

通知表

　食事をしている時、通知表のことが話題になった。「あ、ママ、思い出したわ」と小さいナンシーが立ち上がりながら言った。「私のが今日届いたの。取ってくるわ。」

　間もなく彼女は小さな手にその通知表をしっかり握って戻ってきた。「ママ、これが 1 月の通知表よ。」と彼女はささやいた。

　年上の家族のみんながそれを順に見ている間、ピンを落としても聞こえる位静かだった。「ナンシー・マックガバン、いったいどうしたの？」お母さんの厳しい声が陰気な静けさを破った。

　「おー、おー、おー、おー、ねぇ、ママ」彼女は何もないところから言い訳を引っ張り出して、もごもごと言った。「えーと、ほら、何でもクリスマスの後は値下げになるじゃあないの！」

　　　　　　　　　　　レキシントン街 904 番地
　　　　　　　　　　ニューヨーク市 21、ニューヨーク
　　　　　　　　　　1957 年 9 月 20 日
　　親愛なる　ミス・シュート
　私達の学級ではウッド先生といっしょに、あなたの作者としての力量や作品の文体について討論を重ねました。私は魅惑的な物語「青いコップ」を読んだ後、作者が私にとってどんな意味をもっているかがたいへんよく分かりました。私はあなたの本を全部読むべきと感じ、与えられた時間のうちに読み終えたところです。
　レキシントン図書館に青いコップの初版本を送って頂けたことを心から感謝したいと思います。
　　　　　　　　　　　　　　　　　　尊敬するあなたの＿＿＿＿＿＿

　　　　　　　　　　　　　選挙
　選挙は権利であり、義務でもある。それは選挙のできる年齢に達した全ての市民のためのものであり、選挙人はこの貴重なものの価値を認識しなければならない。彼にはその特権が与えられており、彼が望む如何なる人にも投票することができる。もし彼が選挙の義務を認識し、民主主義の高い理想をもっているなら、彼は全ての選挙に投票すべきである。もし彼が住んでいる地方によい政治が行なわれることを望むなら、彼は出かけて行って他の人に投票するよう説得に努めるべきである。もし彼がその地方で得ていることに本当に感謝しているならば、彼は全ての義務を尽くすことだろう。

　　　　　　　　　　　　　意見

全ての国家の祝日を月曜日に変えるという提案は馬鹿げた考えである。なぜか、もし私が合衆国大統領なら、そのようなことはしないだろう。祝日は伝統的なものであり、人々はこれまでやってきたようにするものなので、あれこれ言う以前によく分かっているはずである。第二に、有名なできごととその日付というものは一体のものであり、その正確な日付を生徒にどう知らせるかという問題もある。第三に、長い週末のせいで多くの事故が発生しやすくなるのではないだろうか。最後に、多くの雇用者が長い休日をとることで、仕事が停滞してしまうことだろう。もし国会がこの提案を通過させようとするなら、私はその考えに反対する人を集めて、この法律を通過させないよう影響を及ぼす時間を惜しまないであろう。

警察署

　くすんだ赤煉瓦のビルは、この近隣において最も重要な建物の一つである。正面には大きな窓が2つあり、1つは1階の左側に、もう1つは右側にある。その上に続く3つの階には2つずつ組になった6つの窓がある。ビルの屋上には3つの窓がある塔が立っている。大きな入口は2つの大きな窓の間にあり、ドアの両方の壁には2つおもしろい形をしたランプがついている。よごれた黒い門がビルの正面に沿って立っている。我々の大きなアメリカの旗が2階にひるがえっている。ビルの両側に別館がある。

第XII章
意志あるところに道あり

最善の突破口は
常にやり通すことである。
ロバート・フロスト
召使いから召使い達へ

言語指導を形式的、分析的に取り扱っている学校の教師が一人ならず言ってくれたことだが、本書には、現在適用しているシステムから自然法によるシステムへと変更しようとするとき、彼らの助けになる様々なヒントと提言が含まれているようである。

　この変更のためには何よりもまず、変更に対する強い意欲とその必要性の認識をもつべきである。私は全スタッフがこの変革に喜んで協力し合うべきことを強調したい。というのも満足すべき成果を得るには、変革は低学年から高学年の学級にわたって進めなければならないからである。私は長年、多くの先生達に多くの場所で教えてきたが、その先生達は自分たちが行っている方法は適切ではないという気持ちを示していた。彼らは言語指導のあり方を変えることは望んでいたが、どのように始めて良いか分からなかったのである。しかし、変換の車輪はゆっくりと廻りはじめたのである。

　ここで何度か私の注意を引いてきた問題点に言及しておきたい。私は聾児の言語指導において常に自然法を適用してきた。またこの数年間、文字通り数百の教師が成功裡にこの方法を適用してきているのを見てきた。しかし今日でも、途方に暮れることなしに楽々と自然法について行けるのは例外的な教師だけだと、時々言われることがある。私はそれを信ずることができない。聞こえる子どもへの言語教育について進んで読み学び、また幼い子どもの初期の言語習得の観察に時間を費やし、そしてその知識を聾児の指導に適用できる教師は、誰でも自然法について行けるはずである。もし、このような人は例外的な教師だということならば、私は訂正をせまられるだろう。しかし、聾学校の平均的教師が想像力を抑制し、指導を何年も前に計画された型にはまった授業に限ることを好んでいるとは、私にはとても信じられない。私は多くの教師がそうしてしまうのは、そうするように教えられ

たからなのだと考えている。

　自然法に切り替えたいと望む人は、レキシントン聾学校での私の経験のいくつかが役に立つことだろう。指導技術の詳細について述べるつもりではない。その多くは本書の各章に既に含まれている。ここで私は一つの方法から他の方法へ切り替えるについて、私が歩んだ道の一般的な考え方を述べたいと思う。

　私が始めてレキシントン校にやってきた頃には、当時、殆どの聾学校で行われていた同じ計画に従っていた。最も依存していたのは、分析的アプローチに基礎をおく言語読本のシリーズであった。言語規則の練習はきまりきったもので、子ども達の考えを表現するものではなかった。当時は既製の文章が一般的に使われていて、全ての子どもに課されたのは適切な動詞、代名詞、副詞などを挿入することであった。

　動詞の語形変化は、時制についての知識を与えるために使われ、質問と応答は用意された物語や文章について行われた。こういったこと全てに非常に多くの時間が割かれ、教師は創造的である必要はなかった。また言語について、それは聾児にとって何なのか、聾児に対してどう働くのか、といったことを真剣に考える必要がなかった。教師は毎日の授業で切り取られた断片を教えていた。質問形や直接話法、間接話法などに関する教科書もあったが、それもまた子供の実際の言語活動には関係しないものであった。

　私はそういう教科書を使っていない小さな私立聾学校で（教員としての）訓練を受け、そしてノースハンプシャ州のタムワース（Tamworth）にあるデイヴィッドソン個別指導学校（Davidson School of Individual Instruction）で幾夏か教えを受けたので、私は

正直に言って、一般的に行われている方法が理解できなかった。私の知る聞こえる子ども達のように自然に言葉を使えるようにするために、教師がどのように聾児たちを助けているのか、私には分からなくなってしまった。それまでの生活で、私は周囲にいる聞こえる赤ちゃんや幼児をずっと見てきた。私は子ども達を知っていたし、彼らがどのように段階を追って、幸福で役に立つやり方で、まず言葉を理解し次に使用するかということを知っていた。また私は（教師としての）訓練期間に、あたかも聞こえているかのように話しかけられ、いつも完全な英語ではなかったにせよ、話しかけに答える聾児を見てきた。あの学校では、子どもが話し手の顔に注目して話されたことを理解しようとし、また答えるのが当たり前のことであった。

　レキシントン聾学校において、校長としてハリス・テーラー（Harris Taylor）博士、指導教員としてエディス・ビュエル（Edith Buell）先生を得たことは私にとって幸運であった。この二人の教育者は、ともに先見の明があり、進歩的で新しいアイディアを受け入れる方であった。お二人は喜んで私の教え方をやらせてくださり、私が適用するいろいろなアプローチに興味を示してくださった。しかし、心から私のやり方を信頼していたにせよ、このお二人も他の大勢の人々と同じように、このような非公式なプログラムから全ての教師が成果を上げるという確信はなかったのである。

　レキシントン校での最初の数年間、私は私の方法で指導したが、他の先生は、やり方を少しずつゆるめてはきていたが、聾児向けの教科書を使用し続けていた。生徒が用いる言葉は正確であったけれども限られたものであった。

　テーラー博士が25年前に私を指導教員に任命した時、私がしていることを信頼してそのようにしたのだと思った。私のやり方は彼の信

じる教え方と似たもので、彼は私自身のクラスを越えて、私にこの方法を証明する機会を与えたいと望んだのであった。

　長い間行われてきた方法を変更することは容易ではなかった。それは一夜でできることではない。古い本を使っていた人たちは、考え方と言語へのアプローチの方法を変えるために時間をかけなければならなかった。彼等の多くは、私が教師になるずっと前から分析的方法に従ってやってきたのである。乗り越えるには不安があった。しかし、彼等は協力的であったし、また学校経営者も自然法を信じていたのである。

　手始めに、私は時代遅れの本を除き去ることとした。私は先生方に彼らが使っていた古い本から絵を切り取って使うことを提案し、彼らはそうした。生徒も先生も長い間同じ本の絵を用い、同じ物語で学習する習慣を身につけていたので、第一段階では子ども達に同一の絵を与えたが、彼らに自分で選んだキャラクター達に名前をつけさせることにした。これはさっそく個性化に役立つことになり、それぞれの子どもが自分の好きな名前を選んで、次いで、それぞれ絵について自分で考えた物語を話すようになった。このアイディアはみんなを喜ばせ、まもなく子ども達それぞれが自分の考えを確かに持っていること、また自分が書いた内容が大好きであることが明らかになってきたのである。

　全ての絵を使った後で、私は子ども達がまだ同じ絵を持っている小さな読本から何枚かの絵を取り入れた。私がこれを続けたのは、同じものを見ても人が違えば違った考え方をするのだということを知らせるためであった。その後は、雑誌から取り出した絵を用いて子どもはそれぞれ物語を書いた。それは他の誰とも違う、彼自身が選んだ絵に

ついての物語であった。

　当時、教師たちは特定の時間に特定の言語規則を教えるということがずっと習慣になっていた。言語学習においては非常に多くの工夫がなされていたので、先生方に毎週、ある程度は特定の言語規則に重点を置いてもいいことにしていた。しかし、私はそれは自然な状況の中で教えられるべきであり、決して決まり切った無意味なドリルは用いないようにと主張した。

　私達が動詞の語形変化の指導を止めたので、子ども達は一度にいろいろな動詞の語法の全部を学ぶ必要はなくなった。必要とされる時制が、その必要に応じて絶えず強調されることになった。
　口話英語（oral English）―口頭作文、物語を話すこと、なぞなぞゲーム―に重点が置かれ、私達は毎日のカリキュラムの中に話しことばを明確に位置づけるようにした。確かに子ども達は話しかけられた時に応答し、質問をしたり答えたり、またお話の時間に話をしたりする多くの機会をいつも持っていたが、私達はそれ以上を望んだ。つまり子ども達が会話すること、自然にかつ適切にそうすることを望んだのである。

　私達は学校に入って4年目の学級でこの学習を始めた。この学級は5歳ないし6歳で入学した生徒達である。雨の日に、教師は雨の日にすること、またその教師が幼児であった頃に雨の日にしたことを子ども達に話してやった。その時、教師は「雨が降る時には（When it rains）」、あるいは「雨の日には（On rainy days）」などで始まる句を与え、子ども達にそういう日にしたことを話させるようにした。その中から

いくつか例を示そう：
　　雨が降る時、私は外に出ません。私は家にいて人形と遊びます。（When it rains I don't go outdoors. I stay home and play with my dol1.）
　　雨の日には、ぼくはカウボーイの衣裳を着ます。ぼくはトム・ミックスのまねをします。（On rainy days I dress up in my cowboy suit. I pretend I'm Tom Mix.）

　同じことが明るい好天の日にも適用され、この時は「よいお天気の日には（On sun shiny days －）」「お天気のよい時は（When the sun shines －）」で始まる句を提示した。子ども達の答えの例を示す：
　　よいお天気の日には、私はボビーとスケートをします。私はとても早く滑れます。（On sunshiny days I skate with Bobby. I can skate very fast.）
　　よいお天気の日には、私は人形を車にのせて道をいったりきたりします。（On sunshiny days I wheel my doll up and down the street.）
　　お天気のよい時は、私は外で遊びます。（When the sun shines I play outdoors.）

　その他のよく使われた始まりの句は、「私がとても小さかった時（When I was very small）」、「ぼくが小さな男の子だった時（When I was a little boy）」、あるいは「私が大きくなったら（When I grow up）」などで、子ども達は自分のことを話して喜んだものである。例えば、「私が大きくなったら、お医者になって病人を診てあげます。（When I grow up I will be a doctor and take care of sick people.）」、「私は大きくなったら自動車の運転をします。私はそんなに早くは走らせません。（When I grow up I'll drive a car. I will not drive very fast.）」

といった具合にである。特に男の子たちは冗談を言うことに非常に興味を示した。意見には大きな差違もあった。子どもによっては他の子どもより面白いアイディアを持つ子もいるので、言葉の使い方において全ての子どもが一様であると思うべきではない。ある子が「私がとても小さかった時、私は指をしゃぶっていました。(When I was very small, I sucked my thumb.)」と書くと、他の子は「小さな子どもだった時、ぼくはドアのノブに歯磨きのペーストをいっぱいにくっつけました。お母さんはそのノブを握りました。お母さんはぼくをとても厳しく叱りました。(When I was a little boy I put a lot of toothpaste on the doorknob. My mather put her hand on the knob. She was very cross with me.)」と書くのである。

　口話英語のための話題は子ども達の経験から引き出された。—「私が見たこと」、「私が見つけたこと」、「私が行ったところ」、「私が作ったもの」、「お祖母さんを訪ねる」、「病気で寝ていたこと」、「すばらしい驚き」などである。

　5，6年次（小学校高学年担当）の学級の生徒達は、家庭で見たりしたりしたこと—彼らが好きな本の中の登場人物と好きな理由—彼らが休み中にしたいと思っていることとその理由—彼らのお気に入りの季節とその理由—サーカスやショーやパーティーで一番楽しかったこと—などについて話した。

　時々、彼らは自分たちの家族の誰かについて話すこともあった：

> 私の母は、まだ小さかった時ロシアで看護婦をしていました。母は彼女の母親の形見のイヤリングをつけています。

> 私の母は、ニューヨークで1897年に生まれました。母の父は生きていますが、母の母は亡くなりました。

第XII章 意志あるところに道あり

　教師たちは、いったん指導技術を会得すると、もう技術の上で不足するということはなくなった。教師のアイデアは限りなく、そして子ども達はそれに応えたのである！

　上級学年の生徒たちは話し合いの時間を、本について話したり、いろいろな主題について情報を提供したりすることに使った。また時には指示された話題で話し合った。積極的に、喜んで、聞き手の興味を引くやり方で話す準備しないまま話そうとする生徒などいなかった。時にはいくつかの慣用句が与えられ、それを話の中に組み込むことが指示された。このことが、何人かの18歳の生徒による以下の話のように、面白い物語を導き出すことになった。

　　私は、ある日ヘアピンをなくしてしまいました。私は床やベッドや椅子の上を探しました。すみからすみまで（high and low）探しましたが見つかりませんでした。「ヘニー」も探してくれました。そして、とうとう彼女は私のロッカーの中から見つけ出してくれました。

　　私は指輪を無くしたことがありました。すみからすみまで探しましたが見つけ出すことができませんでした。突然、私はソファの下がピカっと光ったのを見ました。それが指輪の石であることが分かりました。私はまたそれを手にすることができて、うれしく思いました。

　　「おーい。子犬ちゃんはどこ？」私の小さないとこが泣きだしました。「心配しないで、私が探してあげるわ。」と私は言いました。私はすみからすみまで探しましたが、子犬を見つけることができません。最後に私は戸棚のことを思いだし、最初の戸棚の隅でぐっすり眠っている子犬を見つけました。

子ども達は一風変わった愉快な出来事について話すことを大いに楽しんだ。よく「これは非常に変わっています。」や「みんなこれを聞いて大笑いするでしょう。」といった前置きが付いたものである。

　生徒たちは学習時間に話そうとすることを覚えておくために、話すつもりのことを簡単にメモしたりした。彼らが教師にことばが正しく書かれているかどうか、あるいは発音はどうかといったことを見てほしいと、時々言ってくることもあった。話し手にとって必要な場合は、参照のために紙切れが用いられた。やがて教師はこういう参照のための紙切れに接することがだんだん少なくなり、最後には全く必要がなくなったのである。
　子ども達が「物事について話す」あるいは学級の友達に話をするという活動を十分行った後で、彼らは自分たちの経験をもっと広めるように励まされた。もし十分に興味が湧くことなら、子ども達は話されたことを繰り返したい気持ちにもなることだろう。教師は随時「それは面白い。Ｎ先生にこのことを話してあげたい人はいませんか？　Ｎ先生は大笑いすると思いますよ。」とか、「Ｃ先生の学級の子ども達を呼んできて、あなた達の誰かが私達の小旅行について話してあげようよ。」とか、「家に帰ったら、お父さんにあのことをきっと話してね。」といったふうに示唆したものである。

　一年以内に、子ども達はいままでよりずっと多く話すようになった。彼らは級友や教師とばかりでなく、多くの人々と会話するようになった。彼らはコミュニケーションが好きになり、自分を表現することに自信を持つようになった。なぜならば、彼らの話す言葉は十分に面白く、流暢であり、正しくなり、彼等の書いたものは測り知れないほど

改善されてきたからである。言葉は生きたものになったのである。

　言語を通して可能なことを学んだ時、また、そこに知識ばかりでなく楽しさと満足を見出した時、子ども達は言語をもっと使いたいという動機付けを得たのである。子ども達は記憶に依存して空白を埋めるような古い方法や、いわゆる言語ドリルに立ち戻ることを望まなくなった。彼らは個人的に心を動かされたり、強く興味を引かれたり、また十分な満足が得られたりした全ての出来事について話すことや書くことを望んだ。アナウンサーが「ニューヨークタイムズ」の記事について話して「それはたいへん興味深いし、あなたもきっとそうでしょう。」と言うことがあるが、この言葉はレキシントン聾学校の生徒に同じようにあてはまったのである。

　聾児に正しい言葉を記憶させ再現させるという習慣は、最初から捨て去られた。ニュース記事、物語およびその他のあらゆる種類の書いたものは修正され、話し合われた。全ての誤りは注意深くその理由の説明がなされた。共通する言葉の誤りは記録され、誤った言語規則は、何年生であろうと再学習された。聾児は彼が使う言葉を理解していなければならず、*理解して*始めてその言葉は真に彼のものになるのだと皆が思っていた。よく理解しないまま言葉を使おうとすることが、聾児の乏しい英語の使い方の根本理由であると考えられたからである。

　前置詞、動詞、代名詞を教えるための動作学習（action work）は継続されなかった。これらの言語規則は、子ども達がそれを使うことが必要になる意味のある経験を提供することで学習されたのである。書かれたニュースや短い物語を通して、また読み素材、絵、会話、物語を語ること、ゲームなどを通して、これらの規則の正しい使用が確立していった。私達は「おもちや物語（toy stories）」（第Ⅴ章参照）を

用いた。適切な質問応答能力が自然な状況の中で発達した。物語やニュース項目についての質問に答えるという習慣も廃止された。既に知っている事実についての質問、1つの質問に対して長短2つの答を求めるようなやり方も続けなかった。子ども達は、やがて口話コミュニケーションの場面では、事実上「短い答（short answer）」が求められ、「長い答（long answer）」は書く学習の中で用いることが多いことを認識するようになった。いろいろな質問形は、自然な状況の中でそれが正当と思われる時に取り上げられた。その使用を繰り返し学習する必要があれば、教師はそのための自然な状況と活動を追加的に計画した。聾児は何か知りたいと思う時には質問をしなければならない。一日の流れの中で出てくる質問は重視され、必要な時にはいつでも用いることができたのである。

　伝統的方法から自然法への転換に際して、よく分からないようなことも時々あったが、やがて克服されていった。私達の学校での学習が自然法に移行された時期に、何人かの高学年の生徒は、教師が大量の書きことばのドリル課題を出さないので、先生としての仕事を果たしていないと感じていたことを私は憶えている。型にはまらない日常会話をあまり理解していなかった彼らは、そういう話を通して新しい言葉を学んでいるのだということが分かっていなっかった。私は担任教師が病気で、ある学級に代わりに行った時のことをよく憶えている。私は担任の計画を一読したが、その先生は関係節及びそれを用いるためのいくつかの動詞の学習を計画していた。生徒たちが入ってきた時、彼らは担任の代わりに私がいるので驚いていたが、それでも私を見てよろこんでくれた。女生徒の1人か2人が「しばらく話をしていいですか？」と言った。（聾児はどんな時でも座って話をするのが好きで

ある。）私達は 50 分の間、いろいろなことについておしゃべりをして楽しい時間を過ごした。次の日、その先生が登校したが、その学級の子どもたちは、先生に「昨日、グロート先生が代わりに来てくれましたが、グロート先生は私たちに何も教えてくれませんでした。私たちはお喋りをして、とても楽しい時間を過ごしました。」と言ったそうだ。実際には、私達は関係節について少なからぬ学習をしたのだったが。

　もう一つ憶えているのはビュエル先生が私を中学部から高等部に配置がえした時のことで、私は 5 学級の英語を受け持ったが、生徒が形式的な学習から独創的な学習へ切り替えるということが自分たちにとってどういう意味を持つのかを理解するまでには、しばらく時間がかかった。ひとたび、彼らが*自分のものである*言葉、また他の人との広く興味深い経験へと向かっていく言葉を使っているのだという事実に気付くと、話すこと書くことの両方にわたって彼らは自信とやる気を見せるようになった。彼らは良い語彙を持つことは学校の内外を問わず一つの財産であり、言葉は素晴らしいものであることを学び、また話すこと書くことの活動で使う言葉が良ものであればあるほど、それを聞いたり読んだりする人に良い影響をもたらすということを学んだのである。
　潜在的な表現の能力をもっていたこの生徒たちは、数年のうちに作文の能力が平均よりも良くなった。彼らは多くの生き生きとした語彙を身につけ、独創的で興味深いやり方で自己表現することができるようになった。増大していくこの言語使用力は、立派な興趣ある手紙を書くことに道を開いた。次に挙げる 1933 年の聾教育国際会議で公開実施された英語の授業記事は、聾児の言語指導においてナチュラル・アプローチがなし得ることをはっきり示してくれるだろう。この時の作

文は愉快でない経験に基づくもので、進め方の大枠は教師から与えられた。最初の日に主題が提示され、生徒たちは彼らの作文にどんな題名を付けたらいいか討論した。—「九死に一生（A Narrow Escape）」、「教室に閉じ込められて（Locked in a Classroom）」、「森の中の迷い子（Lost in the Woods）」など。それから子ども達はどんな状況があり得るかを考えた。そのいくつかは次のとおりであった：

1．空き家の冒険に出かけた。
2．森の中をさまよい歩いた。
3．淋しい街の通りを歩いた。
4．無人島に辿りついた。

次のステップはできる限り語彙を拾い出すことで、適切な語句のリストが作成された。次はその例である：

ignored — paid no attention to — disregarded
（無視した、注意を払わなかった、軽視した）

pleaded with — begged of — appealed to
（嘆願した、懇願した、訴えた）

persisted in — kept on with — continued to
（固執した、うるさく言った、〜しつづけた）

despised — held in contempt — had only contempt for
（軽蔑した、侮った、さげすんだ）

私はここで付け加えておきたい。しばらくの間、この学級の生徒達は各自のノートに「ちょっとした言い回し（little phrasings）」のリストを作っていたが、これらは辞書の中にある語と同じやり方で再分類してあった。「ちょっとした言い回し」は語彙を豊富にさせるための

方法の一つで、「*作文の新しい方法（New Method in Composition*)」*1 の著者によって考案されたものである。

　第二日目　教師は*自分の愉快でない経験*を話したが、その話の中で、起こったできごとを興味深く、またはっきりと説明するのに必要な範囲で、多くの「ピクチャー・ワーズ」、「テリング・ワーズ（telling words：思う、認めるなど作者の考えを述べる語）」、及び「ちょっとした言い回し」を用いた。役にたちそうな語が出てくると一人の生徒がそれを黒板に書き出した。私なら、男の子や女の子に黒板に前もって書いておいた語にアンダーラインを引かせながら、教師が話を進める方法にするだろう。その物語は一度だけの読話で読み取られたものである。

　家族の殆どが夕方から出かけて行ったが、妹と私は*厳しい*（strenuous）一日を過ごしたので、キャンプに残ることにした。しばらくの間、全てが順調に進んだが、それから何の前触れもなしに（without warning）、窓の外のポーチ（porch）を歩く音が聞こた。私たちはすぐに家に残ったこと*を後悔した*（regretted）。私は*力の限り*（to the best of my ability）怖ろしさを我慢し、パニック（in a panic）になっている妹に*落ち着かせ*（to calm）ようと努めた（exerted）。ドアのノブが回された時、私は努力したものの、怖ろしさで*身震いがとまらなかった*（trembles with fear）。運よくドアはかんぬがかかっていた。ノックの音！私はそれを*無視し*（ignored）ようとしたが、外にいる誰かはやめなかった（persisted）。もう私の心臓は止まりそうだったが、妹に静かにし続けているようにと*注意した*（cautioned）。私は恐怖でノックに返事ができないでいる自分を*軽蔑した*（despised）。その時、

窓のところに顔が*現れた*（appeared）が、驚いたことに、それはただの小さな女の子だった。私はいやいやながら（reluctantly）ドアを開け、その女の子を中に入れたものの、*まだ疑っていた*（still suspicious）。やがて私たちの恐れは*根拠のない*（ungrounded）もので、その女の子の方が私たちよりずっと*怖かった*（greater terror）のだということが分かってきた。彼女はこの辺りのことがよく分からず、迷子になっていて、私たちの灯を見えたので自然に足がこっちへ向いたのだった。
　私たちが、自分たちの恐れは*正しくない*（unwarranted）ことが分かりたいへん*安心*（relief）したこと、また二度とこんなに簡単にびくびくしないようにと*堅く決心した*（firmly resolved）ことは、皆さんにもよく分かることでしょう。
　語や句のリストを黒板に書いたあとで、生徒たちは、そのそばに代わりに用いることのできるその他の語や句を書いた。このようにして、語の広い選択肢が与えられていくのである。例えば：

　strenuous — hard — difficult
　（厳しい、辛い、難しい）
　immediately — at once — at that moment
　（直ちに、すぐに、その瞬間に）
　regretted — was sorry — repented
　（後悔した、気の毒に思った、後悔した）
　trembled with fear — shook with fright
　（怖ろしさでふるえた、恐怖でおののいた）
　cautioned — warned
　（用心させた、警告した）
　to the best of my ability — as best I could
　（力の限り、できる限り）

第XII章　意志あるところに道あり

　教師の物語が話されている間に生徒は自分たちの話を検討し始めていた。話題文が提案され、小黒板に書かれた。その一部を示すと「先週のある晩に私が経験したような恐怖を再び味わうことはないだろう。」、「過ぎ去った春のある日、私はウェストチェスター郡のカウンティーの荒れ果てた道にいることに気付いた。」、「ジョンと私が幽霊の出る家の中に入った途端、我々の災難が始まった。」
　この話し合いの後で生徒たちは黒板のところへ行き、彼らの物語に最もピッタリ合うように選んだ語を活かしながら、それぞれの作文を書いた。数年間、同様の作文の学習をしてきた生徒の学級であるため、生徒たちは苦労なしに適切な語句を選択し、その結果は驚くほど良好であったことを参観者は一致して認めたものである。だからといって、作文の*見直し*（rivision）という第三のステップになったとき、生徒たちが手を休めるということはなかった。それぞれの物語をみんなが読み、それぞれ他の生徒の物語の見直しに取り組んで、語彙や言い回しを変えたり、慣用表現を挿入したり、語順を変えたり、あるいは不必要な文を取り払ったりした。これには、時に原作者の意図を正確に知るための相談が必要であり、この見直し作業は大きな協力と理解の精神の下で進められていったのである。この見直しの終了後、変更が元の物語を改善することができたかどうか、どうしてできたのか、といったことについての話し合いがなされた。そのあるものについては、見直しがその物語を大きく改善したと認められたが、別のあるものは殆ど変わっていないとか、さらに別のものでは新しい語は元の書き手が使ったものほど良くないなどと意見が一致することもあった。こういった段落学習（paragraph study）の間中、子ども達は非常に友好的で協力的な精神と強い関心と喜びを示し、それぞれが作文をより良くすることを求めて、教師のみならず級友からの提案も大切にしたので

ある。

　語の選択や言い回しにみんなが満足すると、続いて意見と批評の時間になった。生徒たちはそれぞれの文章の初めの部分に着目して、いろいろの質問をした。:「その文は興味を引くだろうか？」、「その後の展開を考えさせるくれるだろうか？」、「そこでどんなことが起こるか？」、「残りの段落が明らかにすることを述べているだろうか？」など。

　次に物語について話し合われ、以下のような質問が検討された。:「そこ（作品）に要点があるのか？」、「作者は要点を押さえているか？」、「それぞれの文は物語を広げるのに役立っているか？」、「不必要に詳しすぎるところはないか？」、「ピクチャー・ワーズがあるか？」、「特に良い言葉があるか？」、「語が多すぎてくどくないか？」、「不必要な文はないか？」、「それを省いたらどうか？」、「どの文が特に良いか？」、「作者は自分の気持ちを物語に盛り込んでいるか？」などである。
　そして最後に、締めくくりについて話し合われた。:「終わりの文は物語の要点を締めくくっているか？」、「作者が出来事について考えたこと、感じたことを伝えている？」など。

　これで読者に、この少年少女たちが能動的な段落学習を行い、それが可能なやり方で進められたことを分かっていただけたと思う。しかし、もしこの能力がより確実に彼らの生活に結びついて適用されるのでなければ、何に役立てるためにこの能力があるのだろうか。答は「何にも役立たない。」である。したがって、次の日には次のステップが扱われ、望ましい結び付きが形成された。つまり、作文における場合と同じあるいは類似の語彙を用いながら、生徒達に、愉快でない経験に

第XII章　意志あるところに道あり

ついて親族や友人に知らせる手紙を書かせることにしたのである。子ども達が各自の手紙を書くために黒板のところへ行く前に、教師は自分の愉快でない経験について友達に書いた手紙を読んで聞かせた。この教師が前に書いた物語を読み返すと、読者には、それぞれの状況での言葉の緊密な結び付きと使い方がよく見えてくることだろう。手紙は以下の通りである。

　　　　　　　　　　　　　　　　　1932年7月15日
　　　　　　　　　　　　　　　　　キャンプにて

ヘレン様

先週のある晩、私に起こった*奇妙な経験*（funny experience）を話したら、あなたは吹き出してしまうことでしょう。でも、その時はそれはとても*嫌な*（extremely unpleasant）ことだったのです。

　メアリーと私は、*困難な*（difficult）一日を過ごして、他の人たちと一緒に村に出かけようとは思わなかったので、二人だけで家にいました。私たちは図書室に*快適に落ち着いて*（comfortably settled）、*物語に夢中*（absorbing story）になっていました。しばらくは何もかも*平穏*（serene）でしたが、そのうちポーチを誰かが歩く音がしたので私達たちは*ぎょっとしました*（startled）。その音を聞いて、私たちは家に残っていたことを後悔しました。私は*できるだけ*（as I could）自分の恐怖を押さえて、何でもないからとメアリーを*安心させようとしました*（attempted to assure）。メアリーはものすごく*怖がって*（utter fright）、父の大きな肘かけ椅子の陰に隠れました。私はひどく*怖くなりました*（badly frightened）が、マリーを*落ち着かせ*（calme）ようとして、まるで盲人の手を引く盲人のようになりました。*突然*（suddenly）ドアのノブがガタガタと音を立て！　それからノックの音が！　*幸運なことに*（through good fortune）ドアにはかんぬきがか

かっていた（latched）のですが、そのことを*思い出す*（remembered）まで私は*恐怖におののいてしまいました*（I shook with terror）。私たちは無意識のうちに普段は鍵がかかっていないという*思い込み*（premonition）があったのだと思います。息づまる短い時間の後、誰かがノックしました。私はそれを*無視しました*（paid no attention）が、その誰かは外で*頑張り続けました*（kept on）。私はメアリーにできるだけ静かにするように*注意しました*（warned）。私は自分が憎くらしくなる（haited）ほど石みたいに*固まってしまい*（petrified）、ドアの所へ行くことができませんでした。永遠のように思えた一瞬の静けさの後で、顔が窓枠にくっつけられていました。*ことばがでないほど驚いたことに*（untold amazement）、それは小さな女の子の顔でした！それで、私はまだ気がかり（apprehensive）ではあったけれど、その女の子を*しぶしぶ招き入れました*（hesitatingly admitted）。でも、その女の子は私たちより、もっとずっと*怖がっていて*（frightened）、私たちの恐怖がいわれのないもの（unwarranted）だと分かるまでに時間はかかりませんでした。彼女は近所に*引っ越して来たばかりの人*（newcommer）で、通っていた道からはぐれてしまった（had wandered）らしいのです。私たちの灯が見えたので、彼女は*助けてもらおう*（assistence）として急いだのでした。私たちの恐怖（terror）が*不必要だった*（uncalled）ことに気付いて、安心のあまり大きなため息をついていた私たちのことを、あなたは想像できるでしょうか？私たちは、これからは*想像の*（imaginary）恐怖に降参してしまう前に事実を*調べる*（investigate）のが、もっと*賢い*（wiser）だろうと心に刻みました。

　私たちのキャンプでの経験の全てが嫌なものであったわけではありません。それどころか、私たちは嫌なことより、ずっと多くの楽しい

時間を過ごしました。湖での毎日の水浴び、楽しい場所へのピクニック、森の中を歩き回るハイキング、その他のとっても楽しい活動で私たちの毎日は満たされていました。あなたにお会いしたらもっともっと詳しく話してあげたいと思います。
家族の皆さんによろしく － 小さな子にも大人の皆さんにも

敬具　　M_____

　物語で行ったように手紙でも同様に進めた。生徒たちは、彼らが最良と考えた語や句を黒板に表にして書き、そのあとで各語句のそばにそれぞれ同じ意味を持つ語句を書いた。手紙文も作文と同じような考えで進められたことが見て取れることだろう。生徒達は手紙の中では、時には修正した作文で使ったものとまったく同じ言葉を選んだが、多くの場合、むしろ同義語や同義句の方を好んだ。手紙には、いつも個人的な特徴がつけ加えられていた。もし生徒たちが興味をもち、また敏感であれば、彼らは表現をするのに何の支障もないということに気付き、そして識別性の高い語彙を増やしていくことに喜びを感ずることだろう。また彼らは自分の成長に自ら責任をもつようになるだろう。それこそが獲得されるべき最大のステップである。このクラスでは、次のような生徒の言葉を聞くのは珍しいことではなかった。:「私は作文を書いた時は違った表現を使いましたが、今はこの方が良いと思います。」とか、「私は先週の月曜日、動詞の用法を間違えましたが、今は正しい用法を知っています。」とか、「この間私は過去完了形で書きましたが、今日は過去形で書きました。その方がいいからです。」などである。
　教師がしばしば本当に驚くのは、子ども達は終了した作業を参考にすることなく、自分達がしたこと、しなかったことをちゃんと正確に

知っており、したがって誤りを繰り返すことをしっかりと避けていることである。必要なのはすべて彼らの学習に対する適切な態度である。

すべての活動が黒板に書かれたので、訪問者は観察することができたが、私は子供たちの作文をここに示すことはできない。しかし、自然法適用に価値があるということは、生徒たちが成し遂げたことによって証明されたと思う。

偶然のできごと、驚いたこと、外出、創作、そして無限の様々な主題が、おもしろく多彩な作文の基礎を提供し、豊かで人を聞きつける手紙の土台となった。いたずらについての作文を書き上げた一人の女の子は、彼女の家族との手紙を通して得た知識を使って、私が読んだ中で最高に面白く魅力的な手紙を書いてくれた。練習ではなく本当に書くということが、たいへん大きな利益をもたらしたのである。

実用の手紙（ビジネスレター）によく使われる言葉も、しばしば実際的なやり方で活用されてきた。私は常々、必要だから、年間計画に含まれているからというのが主な理由で、何の関連性もない実用の手紙を書かせるのは最もつまらないやり方であると思ってきた。そうではなくて、手紙を書く機会を創り出すことによって、やり方は違った様相を見せてくれるのである！いつだって情報を求める手紙を書く機会はある。たとえば、パンフレットを請求するため、蒸気船や展覧会の見学の許可を得るため、旅行についての詳細な情報を得るため、などである。しかし、勤め口に応募したり、品物を注文したり交換したり、（争いを）調停したり、またそのような類のことに関わる機会を見つけることは、いつもそう簡単であるとは限らない。

第XII章　意志あるところに道あり

　十分に目覚めた少年少女達の学級では、ゲーム形式や遊びの中に想像を入れ込むことで、多くのことをうまくやりとげてきた。次のプログラムは、手紙を書く通常の型通り方法への取り組み、品物の注文、また、こういう活動にありがちな厄介ごとを解決する際にしばしば必要になる調停などにおいて、私達が進めてきたまずまずの方法の一例である。教師は、目的を意識しつつ、子ども達に山の中にあるキャンプでクリスマス休暇の何日かを過ごすための招待状を書いた。そして一人一人の生徒に、アイス・スケート靴とスキーと暖かい革のジャケットを必ず持ってくるように伝えるのを忘れなかった。子ども達は、その招待状を受けとるや否や、その遊びに本気で取り組んだ。その招待についての話し合いの中で、ジョンはスキーを持っていないし、メアリーには暖かいジャケットがなく、ウィリアムはアイススケートを持ってない、その他の子もいろいろな必要なものを持っていないということが明らかになった。論理的に考えて次になすべきことは、各自の欲しい品物を店に注文するということで、生徒達は自分たちが決めた商店宛てに、品物に応じて手紙を書くことになった。面白くて心に残ったのは、男の子はスポーツ用品でよく知られている専門店を選んで手紙を書き、対して女の子はお馴染みのデパートを選んで手紙を書いたことである。それから子ども達は招待を受ける手紙を書いて、教師が必要であると述べた品々をすでに注文したことを説明した。次のステップは、様々な発展に満ちたものだった！ジョンのスキーは、予定通り受け取ることができたが、小さすぎて返却せざるを得ないものだった。ウィリアムはスケートを受け取ったが、手袋が届かなかった。メアリーのジヤケットが届いたが、それは希望する寸法と色ではなかった。全てのことに調整が必要であった。実用の手紙を書くための素

材の何と豊富で、それを行うことの何と楽しいことか！事が順当に運んで全てが十分に整うと、訪問を実現する日がやってくることになる。幸福な訪問になったことは言うまでもなかった！そして、彼らは山で楽しかったことを告げる手紙を友達に書いたのである。

　実用の手紙を書く確実な練習のやり方は限りなくある。非常に面白いゲームの一つに、学級の男の子を商社の代表者にして、女の子が書いた手紙に返事を書かせるというものがある。あるいは女の子が商社の秘書になって、送られた手紙に返事を書かなければならないことにする、などである。どんな教師も学級の子ども達を刺激することに本当の関心があれば、考え得る場面を無限に創出し続けることは容易なことだろう。教師は言語学習のための場面を創り出す工夫力を使うべきであり、このことは以前もそうであったように、今も真実である。しかし、実際に必要な場面が生じた時には、生徒たちはその場面に対応できるはずである。

　申し込みの手紙での言葉の使い方は、個人的な手紙文に応用することができる。あるクラスで、著者は生徒達に、田舎に引っ越した友人のことを話して、彼女が二人の小さな子供の世話をしてくれる「お母さんのヘルパー」となる女の子を探していることを告げた。その友人はまた戸外の仕事―草刈り、庭の草とりなど、男の子にできて当然とみんなが言っているようなこと―を助けてくれる男の子も探していた。生徒たちはその職務を満たすために必要ないろいろなことについて話し合った。女の子たちの結論は、本当に子どもが好きで、縫い物や繕い物ができ、子ども達を上手に喜ばせたり笑わせたりすることができ、世話の仕方を知っており、そしてその家が湖のそばにあるから泳ぎも

第XII章　意志あるところに道あり

知っていなければならないということだった。男の子たちが思ったのは、意欲的で、熱心で、庭仕事が好きで、戸外にいるのが好きで、そしていろいろなことに役立たなくてはならないということだった。ある積極的な男の子は、自分はシャッターにペンキを塗り、目隠しを作り、そしてフェンスを修理したことがあるということを手紙に書こうと決めた。こうして何通もの手紙がさっそく送られた。学習した言葉を更に向上させるために、その後、生徒たちは母親に手紙を書いて自分がしたことを告げ、彼らがその職務に向く資格について考えたことをもう一度繰り返し書いたのである。一人の生徒が書いた手紙である：

愛する　お母さんへ

　昨日私がしたことはお母さんには当てられないことでしょう。だから伝えなくてはいけないと思います！私は先生のお友達に、夏休みの間、「お母さんのヘルパー」として働く仕事に申し込む手紙を書いたのです。私は子どもの世話をした経験がある（弟のジョンの世話を何回もしたことを言っています。）と書きました。私はとても子どもが好きだし、いつも上手に子ども達を楽しませるということも書きました。また子どもの服を作ることが好きだし、繕ったりかがったりすることもきれいにできると言いました。その家族は湖の近くに住んでいるので、泳ぎがとても上手だということにも触れておきました。子ども達が私といっしょにいて安心だと、そのお友達に思わせることができたと、お母さんは思いませんか？　私がまだ15歳だということをその人には言いたくなかったのですが、先生は自分の年齢を言うのは当然であるとおっしゃいました。私は背が高くて、たいていの人は私のことを18歳だと思っています。手紙の返事がもらえたら、その仕事ができるかどうか、お母さんに知らせたいと思います。お母さんは、娘が成長して、もうすぐお母さんを助けることができるようになるの

が自慢ではありませんか？

　学校では全てうまくいっています。今日、私たちは皆、手紙書きで大忙しでした。とても愉快です。

　すぐに御返事を下さいね。家族の皆さんによろしく。
　　　　　　　　　　　あなたが愛する娘
　　　　　　　　　　　　　　イーディスより

　この申し込みの手紙の言葉は、全てこういうふうに自然かつ自発的に使われていて、子ども達にとっての生きた言語となった。こういうやり方で言葉が繰り返されるのでなければ、子どもはそれを自分の日々の思考の一部とすることはないだろう。

　以上の授業を詳細にわたって紹介したのは、何よりもまず、これらの授業が、平均的な能力の聾児に対し、限定的な語彙使用や関心もなく意味も感じられない言語使用に限ってしまう必要はないことを実証しているからである。彼は「聾者のように」話したり書いたりする必要はないのである。聾者は、聴者がなし得るのと全く同様に自然な望ましい言語使用が可能になるのである。他の人々よりも自己表現がうまくできる人もいるだろうが、それは聾者であろうと聴者であろうと同様で、そのいずれの場合も、教師が良いほど、家庭環境が良いほど、良い結果が得られるということは真実である。私の意見では、自然法は、言語が過度に分析的に示され、個性や生来の能力や報われるべき成果に配慮することも殆どなく教えられる他の方法よりも、ずっと良い結果を得ているのである。

　自然法で教育を受けてきた人たちのとっての最終の成果は、コミュ

ニケーションに対するより大きく強い意欲であり、自己表現へのより鋭い関心であり、増大し続ける書記能力であり、そして楽しみや自己向上のために本やその他の資料を読むことをよりいっそう頼みの手段とすることである。この数年間の成果は、子ども達のみならず、彼らと接した全ての人々に満足を与えてきたのである。

原著者による脚注

序章
1. 博士の言葉の引用は、すべて "Mental Development Through Language Study" *American Annals of the Deaf* 59：113－117　1914年3月号

第Ⅰ章
1. Strickland,Ruth, *The Language Arts in the Elementary School.* Boston: D. C.Heath and Co., c1951, p.59.
2. Pei, Mario, *All About Language*，New York：J.B.Lippincott Co., c1954, p21.
3. Lexington School for the Deaf, *Eighty-eighth Annual Report*, June 30,1955, unpaged.
4. Keller, Helen, *Helen Keller in Scotland*, London：Methuen & Co., 1933, p.68.
5. Levine,Edna S., and Groht, Mildred A.,"Nursery School and the Deaf Child", *Volta Review*, 57: 5-199（1955）p.199-200.
6. Mcarthy, Dorothea, "Language Development in Childfen," in *Manual of Child Psychology*, Carmichael, Leonafd,ed. New York: John Wiley & Sons, Inc., c1946, p.498.

第Ⅱ章
1. Frank, Mary and Lawrence K., *How to Keep Your Child in School.* New York : Viking Press, c 1950, p.37.
2. Van Riper.C., *Teaching Child to Talk*, New York: Harper & Brothers, c1950,p.58.

第Ⅲ章
1. Wagoner, Lovisa C., *The Development of Learing in Young Children.* New York : MCGraw-Hill Book Co., c1933, p.184.
2. *Ibid.*, p.187.
3. Heffernan, Helen, ed., *Guiding the Young Child. Boston*: D.C. Heath and Co., c1951, p. 102.
4. Ibid.

第Ⅷ章
1. Smith, Dora V., "Growth in Language Power as Related to Child Development"in *Teaching language in the Elementary school* (43rd Yearbook, Part Ⅱ-, National Society for the Study of Education). Chicago: University of Chicago Press, 1944, p.59.

2. Overstreet, H.A., *About ourselves ; Psychology for Normal People*. New York: W.W. Norton & Company, Inc., c1927, p. 170.
3. Weseen, Maurice H., *Cromwell's Dictionary of English Grammar and Handbook of American Usage*. New York : Thomas Y. Cromwell Company, c1928, p. 573.

第Ⅸ章

1. Dawson, Mildred A., and Others, ed., *Language for Daily Use*. Yonker-on-Hudson, N.Y. : World Book Company, 1955.

第Ⅹ章

1. National Council of Teachers of English, Comission on the English Curriculum, *Language Arts for Today's Children*, New York : Appleton-Century-Croft 1954, p.20.
2. *Ibid.*, p.4-5.
3. Stricland, Ruth, *Language Arts in the Elementary School* Boston ; D.C Heath and Co., c1957, p.329.
4. Davidson, Dr.Sammuel G., "Advanced Work in Language and Literature with Oral Classes", *Report of Proceeding of Fifth Summer Meeting of the American Association to Promote the Teaching of Speech to the Deaf*. Washington, D.C. : The Association, July 1896, p.143
5. Herrick, V. & Jacobs, L., ed., *Children and the Language Arts*. New York: Prentice-Hall, Inc., 1955, p.443.
6. *Ibid.*, p.289.
7. *Ibid.*, p.298

第Ⅻ章

1. Boylan, William A.; Fuller, Constance W; and Taylor, Albert S., *New Method in Composition*, New York : Charles Scribner's Sons, c1934.(o.p.)

参考文献

1. Arthy, A. Sterl. (chairman), et al. *Interrelationships Among the Language Arts,* Prepared by a comittee of the National Conference on Research in English, Champaign, Ill. : Council of Teachers of English, c1958.

2. Carmichael, L, E. *Manual of Child psychology,* 2nd ed. New Yofk ; John Wiley & Sons, 1954.

3. Dawson, M, A. *Teaching Language in the Grades*, Yonkers, N. Y, : World Book Co., 1951.

4. Herrick, V. and Jacobs, L., *Children and Language Arts.* New York : Prentice - Hall, Inc. , 1955.

5. McCarthy, Dorothea, et al., *Factors That InHuence Langlage Growth*. Prepared by a committee for the National Conference on Research in English, Chicago : National Council of Teachers of English, c1953.

6. National Conuncil of Teachers of English, Comission on the English Curriculm , *Language Arts for Today's Children*. New York : Appleton - Century - Croft, 1954.

7. Piaget J., *The Language and Thought of the Child. New York* : Harcourt-Brace & Co., 1932.(o.p.)

8. Russel, David H, (chairman), et al., *Child Development and the Language Arts*. Prepared by a committee of the National Conference on Research in English. Chicago : National Council of Teachers of English, c1953.

9. Seegers, J. Conrad (chairman), et al., *Interpreting Language*. Prepared by a comittee of the National Conference on Research in English. Chicago : National Council of Teachers of English, c1951.

10. Strikland, R., *Language Arts for Elementary School*, 2nd ed. Boston : D. C. Heath & Co., 1951.

11. Van Riper, C., *Teaching Your Child to Talk*, New York : Happer & Brothers, 1950.

12. Wagoner, Kovisa C., The Development of Learning in Young Children. New York : McGraw-Hill Book Co., c1933.

各章冒頭引用文の監修者注（参照文献のないものは英語版 wikipedia 等による）

Ⅰ章　Lytton Strachey(1880-1932) イギリスの批評家、伝記作家。ビクトリア女王伝(1921)など。　参照：平凡社百科事典

Ⅱ章　Proverb　22-6　旧約聖書　箴言　22-6

Ⅲ章　George du Maurier(1834-1896) フランスに生まれ、イギリスにおいて風刺漫画家、小説家として活躍した。 Trilby(1984) は女主人公の名前を題名とした小説。

Ⅳ章　Alfred Lord Tennyson(1809-1892)　ヴィクトリア朝時代を代表するイギリスの詩人。Ulysses(1842) はユリシーズ王の独白の形を取った詩　参照：西前美巳編「対訳テニスン詩集」岩波書店　2003 年（初版）

Ⅴ章　Sarah　Chauncey Woolsey(1835-1905) アメリカの児童文学の作者。

Ⅵ章　Oliver Wendell Holmes(1809-1905) アメリカの作家、医学者。Autocrat of the Breakfast Table(1858) は代表作の一つ。

Ⅶ章　Emily Dickinson(1830-1886) アメリカの女性詩人。引用詩は、死後に編集された詩集の中で「人生」に分類された詩。参照：亀井俊介編「対訳ディキンソン詩集」岩波書店　1998（初版）

Ⅷ章　William Sydney Porter(1862-1910) は、短編小説で知られるアメリカの作家 O・ヘンリーの本名。Strictly Business(1910) は最後の短編集。参照：大久保康雄訳「O・ヘンリー短編集（一）」新潮文庫　1969（初版）

Ⅸ章　Sir Walter Scott(1771-1832) イギリスの詩人。Marmion(1808) は長編の物語詩。引用詩は第 2 章への序曲の一部。　参照：佐藤猛郎訳「マーミオン」成美堂　1995

Ⅹ章　Philip Dormer Stanhope, Earl of Chesterfield(1694-1773)　イギリスの貴族、文人政治家。外交官時代に書き送った息子への書簡集で有名。

Ⅺ章　Elbert Hubbard(1856-1915) アメリカの作家、哲学者

Ⅻ章　Robert Frost(1874-1963) アメリカの詩人。ニューイングランドの田園詩人として知られた。A Servant to Servants(1915)　参照：亀井俊介・川本皓嗣編「アメリカ名詩選」岩波書店 1993（初版）

自然法
——聾児の言語指導法——
NATURAL LANGUAGE
FOR DEAF CHILDREN

平成 28 年 10 月 11 日　初版発行

- ■ 著　　　ミルドレッド・A・グロート
- ■ 訳　　　岡　　辰夫
- ■ 監　修　齋藤　佐和
- ■ 発行者　加藤　勝博
- ■ 発行所　ジアース教育新社
　　　　　〒 101-0054
　　　　　東京都千代田区神田錦町 1-23 宗保第 2 ビル
　　　　　Tel　：03-5282-7183
　　　　　Fax　：03-5282-7892
　　　　　E-mail：info@kyoikushinsha.co.jp
　　　　　URL　：http://www.kyoikushinsha.co.jp

印刷・製本　シナノ印刷株式会社

定価はカバーに表示してあります。
乱丁・落丁はお取り換えいたします。
禁無断転載
ISBN978-4-86371-385-7

デザイン　小林峰子（アトリエ・ポケット）